新媒体产业

New Media Industry

曾静平　王欢芳　郑湘明　著

人民出版社

目　录

导　言

　　新媒体的概念一直存在着争议。到底什么是"新媒体"？"新"与"旧"的边界如何划定？"新媒体"的立足点在哪里？凡此种种，不仅需要在学术领域的概念上正本清源，更是产业发展必须厘清和探寻的基点，是新媒体产业链拓展延伸必要摸准的核心。

　　从媒体产生的历史长河考察，报纸开辟了人类传播史上崭新篇章，相对于"原始传播"和"口语传播"，报纸媒体当之无愧是"新媒体"。1920年，广播媒介在美国的匹兹堡问世，这种能够听到主持人声音的传播介质，无疑更为让人"触摸到"最新的动态新闻气息，是一类更受受众青睐的"新媒体"，其活力与张力超越了相对刻板的纸质媒体。1936年，BBC（英国广播公司）成立世界上第一个商业电视台，"声像并茂"让人们感知到"鲜活的全新天地"，传播效果与传播价值远远超过了报纸杂志媒体和广播媒体，是20世纪30年代无与伦比的第一新媒体。报纸（杂志）、广播、电视三大传统媒体也是三大"新媒体"你方唱罢我登场，一个又一个传播介质新鲜出炉，开启了人类智慧传向远方的新纪元，开创了信息传播新时代，俨然新闻传播领域"三阳开泰"。

　　20世纪80年代，互联网进入美国千家万户，并于90年代逐渐走向世界，成为全球崭新的信息传播媒介。在1998年5月举行的联合国新闻委员会年会上，"第四媒体"概念被正式提出。"在加强传统媒体的文字和声像传播手段的同时，应利用最先进的第四媒体——因特网，以加强新闻传播工作"。1999年4月14日，在北京召开的第二届亚太地区报刊与科技和社会发展研讨会上，中国首次确定了第四媒体的概念，在新华社播发的通稿中有这样的表述，"中外专家提出，以因特网和信息高速公路为主体的第四媒体的影响在10到20年之内将可能超过报刊、广播和电视"。自此认为，互联网是全世界（包括中国官方）得以广泛认同的、与报纸（杂志）广播电视相提并论的"新媒体"。文中所有沿用的"新媒体"内容，均是围绕以互联网为主体的各种新媒体展开。

2011年的美国福布斯统计数据显示，在美国媒体消费总时间上，互联网占据着36%的比例，比2006年的19%翻了将近一番。与此形成对比，消费电视的时间从44%降到35%，电视广告额从40%降到33%。故此，广告主投放新媒体出版业的份额也在相应地增加，2011年互联网广告的投放值占出版业媒体广告总额的15%，达到350亿美元。国际电信联盟（ITU）发布调查报告称，至2016年底全球47%的人口将用上互联网，总人数约为39亿人。"人们不再'接入'互联网，而是活在互联网环境里面"。

我国的新媒体建设起步较晚，但成长迅速，产业规模巨大，市场前景广阔。现在，我国已经超过美国一跃而成为世界上互联网用户最多的国家，是全球互联网产业的中坚力量。党的十八大以来，以习近平同志为核心的党中央高度重视网络安全和信息化工作，作出建设网络强国、完善互联网管理领导体制、创造晴朗正气的网络空间、构建人类命运共同体等一系列重大战略决策，中国互联网发展和新媒体产业繁荣迎来了重大战略机遇期。

根据中国互联网络信息中心数据，2003—2010年我国互联网市场经济规模年均复合增长率高达63%。2010年，我国互联网市场经济规模已达1500亿元，比2009年增长了53.40%，五倍于同期GDP增速。截至2016年12月，我国网民规模达7.10亿，互联网普及率达到51.7%。同时，我国手机网民规模达6.56亿，手机上网主导地位强化，网民上网设备进一步向移动端集中[①]，为移动互联网的各应用领域的产业推展创造了良好条件。

---

① 中国互联网络信息中心：《第38次中国互联网络发展状况统计报告》。

　　根据艾瑞咨询集团发布的中国网络经济总结报告，2015 年中国网络经济营收规模首次突破 1.1 万亿元，为 11218.7 亿元，年增长率为 47.3%。其中，电子商务带来的营收占据核心位置，2015 年中国电商营收规模超 7000 亿元（指营收额而非交易额），占网络经济中的比例为 63.6%。其次是网络广告行业，2015 年网络广告营收规模超 2000 亿元，在网络经济中占比 18.7%。

　　新媒体的快速成长，不仅给人们的生活带来许多便利，而且以全新的产业模式推动着我国传媒事业与传媒产业的发展，倒逼全球新闻传播教育"与时俱进""临阵磨枪"，求证研究与布局谋篇前所未有的教育业态，继而相伴相生出打着"新媒体"和"新媒体产业"标签的新型教育产业。由于新媒体产业是计算机技术、数字技术和现代通信技术等创新和发展的成果，融合了多种技术革新，对人们生活，电信通信、广播电视报纸杂志等传统媒体的众多相关产业发展产生了极大的推动作用，成为推动世界经济发展重新布局、刺激市场繁荣和扩大多方就业的重要推动力。

　　目前，研究新媒体的角度多种多样，新媒体产业也成为一个热门词，对新媒体及新媒体产业的内涵与外延一直没有一个公认的权威概念，新媒体产业分野各有洞天。胡正荣主编的《新媒体前沿》致力于研究全球范围内新媒体的发展趋势，力求为我国新媒体发展提供一个全景式的、深入透彻的国际竞争环境的分析，个中涉及中国数字电视、电信新媒体、视听新媒体和数字出版等发展概况。翁立伟和宫承波的《新媒体产业论》从"网络媒体的产业化"、"手机媒体的产业化"、"互动性电视媒体的产业化"等角度阐述了中国新媒体产业动态。号称"中国拥有研究人员数量最多，规模最大，综合实力最强"的中商智业公司，其发布的《2013—2018 中国新媒体市场发展前景预测报告》，把新媒体产业领域细分为"移动媒体"、"移动电视媒体"、"手机媒体"、"网络电视"、"网络媒体"和"其他新媒体"。

　　吴信训主编的"国际新媒体产业瞭望"丛书获得了上海市高校人文社会科学重点研究基地基金资助，是上海市教委"085 工程"项目成果，颇受关注。吴小坤和吴信训的《美国新媒体产业》从"互联网产业"、"数字电视产业"、"数字出版产业"、"移动新媒体产业"和"动漫与游戏产业"五个方面展开进行论述。龙锦的《日本新媒体产业》与《美国新媒体产业》架构基本相同，仅少了"动漫与游戏产业"部分，曹月娟的《印度新媒体产业》则从"手机产业"、"互联网产业"、"动画产业"和"游戏产业"进行素描。

曾静平和杜振华编著的《中外新媒体产业》学术分野的侧重点是传播载体终端，涉及电脑媒体产业、手机媒体产业、楼宇广场媒体产业、车船媒体产业、星空媒体产业、动漫游戏产业、移动互联网产业、融合媒体产业等相关内容，对新媒体产业的概念、特征、产生背景、社会影响、产业发展以及新媒体带来的媒介产业融合、新媒体产业管理规范等问题进行了系统深入阐述。

细读慢品发现，当下的各类著论中，"新媒体"及"新媒体产业"概念逻辑不够分明。例如，数字电视、电信新媒体、视听新媒体和数字出版等有着各种交叠，"电信新媒体"与"视听新媒体"的缠绕更为显著。同样，"网络媒体的产业化"、"手机媒体的产业化"、"互动性电视媒体的产业化"界限含混不清。"手机媒体"没有"网络媒体"？"手机媒体"没有"互动电视"？"移动媒体"、"移动电视媒体"、"手机媒体"、"网络电视"、"网络媒体"的划分，明眼人一看便知问题所在——"移动媒体"难道不包含"移动电视媒体"、"手机媒体"？"网络电视"不属于"网络媒体"？"互联网产业"与"移动互联网产业"你中有我我中有你，交叉重叠不可避免，因为移动互联网无非是互联网的一种新技术业态，所引致的产业变化自然离不开母体的基础与基本。"数字"是互联网（移动互联网）的基石，"大数据产业"与"云技术产业"如影随形，将"数字电视产业"、"数字出版产业"与"互联网产业"、"移动新媒体产业"和"动漫与游戏产业"并行排列研究，似乎仍然没有吃透"数字"的精髓要义，没有深触数字技术这双"无形的手"的魔力。

综合考察业界内外专家的研究成果，结合笔者多年的调研和论证，尽量避免著论中产业切割的交叉重叠，保证研究的系统性与严谨性，本书主要从新媒体产业发生发展的实际应用着眼，重点剖析网站媒体产业（新内容产业）、网络广告产业（新广告产业）、动漫游戏产业（新形式产业）、网络购物产业（新营销产业）、软件制造产业（新制造产业）、短信 QQ 媒体产业（新载体产业）和融合媒体产业（新融合产业）等。全书共分九章。第一章为概述，从新媒体产业的定义、分类、特征和产业链几个方面进行学理论述。第二章是新内容产业，详尽解析网络媒体产业，包括商业门户网站产业、社交网站产业和当下火爆的网络直播产业，以及由各种互联网内容交织催化诞生的中国特色网吧产业。第三章是新营销产业，分析网络营销（包括短信营销微信营销等）的产业发展动态。第四章是新广告产业，探讨这一新型广告业态的表现形式与创意空间。第五章是新载体产业，涵盖了电子邮件产业、博客微博客产业、QQ 微信产业和短信产业，新媒体产业的"想象力"特质和层级理论有了注脚。第六章是新形式产业，展望动漫与游戏这一新的传播样式所带来的细分产业市场，这一产业贯穿于新媒体产业的方方面面，动漫游戏是网吧产业、QQ 媒体产业等的主要支柱。第七章是新制造产业，涉及新媒体硬件制造业(如互联网电视机、PC 及相关新媒体设备设施）和新媒体软件制造业（包括杀毒软件、财务管理软件、Q 币魔兽币、虚拟装备）。第八章是新服务产业，涵盖了新旅游服务、新教育服务、新交通服务等等。第九章是新融合产业，试图对三网融合发展路径和市场空间展开论述，同时触及方兴未艾的物联网产业和云计算产业。

| 第一章 |

概述

以互联网为主要代表的各种各样新媒体诞生以来，新型内容产业、新型制造产业、新型广告产业、新型软件开发产业、信息服务产业乃至新媒体独有的"网络水军"炒作产业等相关产业相继成长壮大，成为"战略性新兴产业"的核心，是新型文化产业的新新代表。

新媒体产业是科学技术尤其是数字技术、计算机技术等飞速发展的产物，是产业升级换代的历史承载和社会文明进化，是人类向往未来、追求美好生活方式的生动写照。新媒体产业从学科角度考察，与史学、新闻传播学、电信通讯、计算机、市场营销、管理学、广告学和艺术学等学科有着千丝万缕的联系，属于交叉融合学科范畴。新媒体产业既有新内容产业、新营销产业、新广告产业、新载体产业、新形式产业和新融合产业，还涉及通信设备制造、高端计算机制造和广播电视设备及数字视听产品制造等新型制造业领域，实际操作过程中变数较多，实战性较强。因此，厘清新媒体产业的基本定义、产业分野、产业特征以及产业链，既需要科学合理进行多学科整合，又要紧扣时代脉搏，从中外新媒体产业发展的实际出发，理论联系实际展开论述。

第一节　基本定义

"新媒体"是热门话题，也是争议颇多的议题。围绕新媒体的概念之争，就有不下十种。有专家认为，"新媒体就是手机电视"，无疑太过狭隘；也有学者说，"新媒体是某种新技术命名的媒体"，这又好像忽视了融合的力量；还有学者将新媒体说成是"人对人的传播"，这只是体现了传播对象与传播路径的差异，似乎失之片面。而"除了网络媒体之外，一切借助于数字技术和网络技术形成的、有别于传统传播形式的、革新的信息传播渠道都可以被归结为新媒体"的观点，将互联网络这一最重要的新媒体排斥在外，在逻辑上似乎显得前后矛盾。

一、新媒体涵义

美国传播学教授帕夫利克在《新媒体技术——文化和商业前景》一书中，描述了"新媒体景观轮廓和概念脉络"，给我们对新媒体的界定提供了启示。帕夫利克指出，新媒体技术的基本环节，即生产、发送、显示和存储①。生产指的是那些用于搜集和加工信息的技术，包括计算机、电子照相机、扫描仪以及遥感技术。发送指的是电子信息在传输和运转时所采用的技术，包括无线广播、以地面为基地的远程通信、同轴电缆、卫星通信、无线传输和电力网。显示指将信息直接传送给终端用户、受众人员或者消费者，它们包括呈现不同格式电子信息的各种设备。存储指的是那些用于储藏电子格式信息的介质。

我们认为，新媒体是运用计算机技术、电信通信技术、数字广播技术等高科技手段，通过互联网、无线通信网、数字广播电视网和卫星等传播渠道，通过电脑、手机、车船、楼宇广场、飞机火箭飞船和mp3、mp4等全天候全方

---

① 参见［美］帕夫利克：《新媒体技术——文化和商业前景》，清华大学出版社2005年版，第2页。

位的多样式接收终端，以个性化、精细化和联动化的传播方式，实现点对点、点对多、多对点以及多对多的传播。

二、新媒体特点

自从 1998 年 5 月"第四媒体"的概念被正式提出开始，第五媒体（手机）、第六媒体（楼宇广场）、第七媒体（车船）和第八媒体（星空）等相继被排序列入新媒体阵营。如果说，报纸杂志媒体、广播媒体和电视媒体的出现，形如"三阳开泰"，开启了人类心智传输的新窗口，开创了信息传播的新纪元，那么，后五种新媒体的横空出世，正像"五子登科"，使世界真正进入"人体即媒介"的"地球村"时代。三大传统媒体和五种新兴媒体的竞争与合作，形同"八仙过海——各显神通"。

新媒体的"新"主要是相对传统大众媒体而言，归根结底就是传播载体新，传播方式新，传播效果新，继而带给受众新的思想，新的思维方式，新的生活方式，新的精神境界。美国经济学家詹姆斯科塔达（James W. Cortada）在 Digital Hand 一书中，详尽描述了数字信息技术在 20 世纪后半叶及 21 世纪初扮演的角色和发挥的作用，包括对制造、运输、零售、金融、电信、媒体和娱乐行业等多个产业产生了深刻影响。

1. 新媒体及其产业的产生与成长过程，是信息通信技术不断更新进步、各种媒体交叉融合的过程。帕夫利克认为，"新媒体技术边界处于一个不断变化的流动状态，几乎不会受到约束"。澳大利亚学者大卫（David）在其著作《澳大利亚的媒体通信》（The Media Communication in Australia）中论及"融合"的力量和效果。他认为，传统媒体之间的融合、电信媒体之间的融合以及传统媒体与电信媒体的融合，集中到一点组成了"互动信息平台"，诞生了"互动产业"。

2. 新媒体的产生速度快，成长迅速，与传统媒体的成长规律不可同日而语。进入 21 世纪，互联网媒体不断更新，移动互联网疯滋漫长，APP、新闻客户端、微信客户端等各种新媒体纷至沓来。无论是互联网媒体、移动互联网媒体，还是手机媒体、楼宇广场媒体、车载媒体和星空媒体等，其成长速度远远超过了传统报纸杂志广播电视媒体的既往成长速度。广播和电视媒介分别在诞生近 40 年和 15 年后，才拥有 5000 万听众和视众，而互联网媒体从 20 世纪 80 年代对全世界公众开放，到拥有 5000 万数量的用户只花了 4 年时间，手机媒体、楼宇广场和车载媒体等的产生与成长速度更是快得惊人。

3. 新媒体改变了以往"居高临下"的传播样式。新媒体不再是高高在上的说教，其自有的伴随、实时、平等、互动、开放、亲和、发酵、鼓噪、喧哗等等传播形式，拉近了传受者的距离，有些地点和时间打破了传受者的界限，实现了传者、受者与围观者(吃瓜者）等的集中大统。新媒体随处可见随时可用，"议程设置"变化多样，"意见领袖"更迭频繁，"沉默的螺旋"在新媒体空间里大展身手。

4. 新媒体展示了前所未有的传播效果，在应急机制中有着不可替代的作用。新媒体不受时空阻隔，不受"把关人"严密管控，可以无时无刻"无障碍传播"。运用新媒体传播，建立的英国传播学者戴维·莫利（David Morley）概念中的"媒介新秩序"，和尼葛洛庞帝(Nicholas Negroponte）的"记忆办公室"构想不谋而合。新媒体受众人群日趋庞大广泛，新媒体传播的到达率高，目标受众明确，传播效果优势明显。

新媒体是高科技的产物，是人类潜质的彰显，是想象力和创造力的体现。从某种意义上说，新媒体就是新技术媒体，新媒体就是想象力媒体。新媒体产业，就是新技术产业，就是想象力产业。新媒体经济，当然就是新技术经济，就是想象力经济。①

根据新媒体的概念，新媒体的分野为两大类：一类是全新技术载体和全新的传播特征与方式，例如互联网（含博客、播客、D 客②、电子邮件、QQ 等）与手机短信微信；另一类是传统媒体应用高新技术嫁接到新的载体上，影响新的受众，产生新的媒体市场，手机电视、手机广播、手机报纸和车（船）载媒

---

① 参见曾静平：《新媒体正名——名家观点》,《中国广播影视》首页, 2008 年 3 月下半月刊。

② D 客即视频博客，有人称为维客、闪客。由于视频博客主要源自数码（digital）设备，曾静平在做客央视国际网络时，将其称为"D 客"，与博客播客统称为"网络三剑客"，得到广泛认同。

体、楼宇广场媒体、星空媒体等，都属于此种类型。

三、新媒体的"新"特点

新媒体有着与传统报纸杂志广播电视"旧媒体"完全迥异的传播渠道与受众人群，有着不同寻常的实时性、移动性、伴随性、草根性、联动性、时尚性和定位性等"新气象"、"新特点"。

1.实时性。由于新媒体的技术特征所在，无论是何种形式的新媒体，都可以在第一时间第一落点传递最新最快捷的信息，让用户即时感受和体验外界的瞬间变化。由此可以看出，新媒体传播更是"新闻传播"，是以秒为单位计算传播速度的信息速度比拼。

2.移动性。新媒体用户感受和体验其实时性特质，主要是倚靠接收终端的移动性特质来实现的。手机、PDA、车船接收设备和星空接收终端等移动新媒体终端的出现和发展，使得用户无时无刻、随处随地可以看到自己所需要的资讯，享受到新媒体的传播魅力。

3.伴随性。新媒体的移动性特征为"伴随传播"创造了条件，信息传播者可以一边发送一边观察体验接收者的状态进行实时反馈调试，信息接收者则可以一边享用信息娱乐文化大餐，一边驾车一边读写一边餐饮等等，不耽误任何事情。

4.草根性。新媒体用户中，日益增多的移动人群对各类信息的选择期望，发生了根本性变化，更愿意欣赏源自普通百姓的平民式草根作品。这类作品源头渠道广泛，内容丰富多彩，原创性强，富有灵感和激情，信息传播者和信息接收者"天涯近比邻"，有着天然的亲近感。随着人民生活水平的提高，数码产品进入到寻常百姓家，原创素材越来越多，中生代和新生一代已经不再满足于观赏"行家里手"的专业作品，期望创作拍摄"自己"的作品，在各种形式的新媒体上一展身手。这种饱蘸地域特色、来自基层百姓的草根文化作品，不仅可以激发受众对新媒体品牌的忠诚度，彰显了个性化特征，而且避免了大量新媒体信息雷同的同质化竞争。

5.联动性。新媒体与传统广播电视最大的差异在于多向联动，即"联动性"，如 IPTV 就被形象地解释为联动个性化电视（Interactive Personalized TV）。新媒体不但能像传统媒体那样接收广播电视节目，查阅各种信息，还能实现传者与受者之间、受者与受者之间等的多向互动，随心所欲阅读收看任何时候的文稿节目，并且可以非常容易地将报纸杂志广播电视信息和互联网浏览、电子邮件以及在线信息咨询、娱乐、教育及商务等多种功能结合在一起。新媒体改变了传统媒体单一单向的传输模式，既可以单向传播，也可以双向或者多向联动实现信息异动。这种互动式、联动式的传播方式，让受众耳目一新，真正享受信息时代的愉悦与快乐。受众在接收信息之余，可以即时传达自己的意愿和建议。联动性是新媒体的灵魂，它可以灵活地部署各类增值服务，根据用户不同的年龄、职业、收入状况、爱好，提供不同的个性化服务，为新媒体产业链的延展壮大提供了先决条件。

6.时尚性。新媒体是从"旧"媒体脱胎换骨而来的，是新潮时尚的代名词，这包括时尚的产品终端、新鲜刺激花样翻新的节目内容，别具一格的联动方式等。远程教育、可视电话、会议电视、"电子政务"等成为"移动城市"、"智慧城市"的重要内容，网上购物、网上银行、网上证券、网上彩票等电子商务日渐兴起，而在有些地方，甚至希望将具有新媒体代表性的终端（如显赫一时的 CMMB 即中国移动多媒体广播和现在流行的智能手机）视为高端时尚礼物，送给至爱亲朋。"歪果油仁"将支付宝、网络购物、共享单车和高铁视为中国"新四大发明"，也在某种程度上反映了新媒体的时尚性得到了全球性共识。

7.定位性。当下的手机电视、车载电视、广场电视、星空电视和掌上电脑（PDA）电视等新媒体都具有传统媒体所不具备的 GPS（全球定位系统）功能（中国正谋求开发和应用属于自身知识产权的北斗定位系统，以取代 GPS），运营商可以依据 GPS 提供的不同区位的信息，锁定目标受众，即时调配节目和服务。受众也可以根据自身的位置和行进方向需求，选择所需要的节目或者服务，包括道路拥堵情况、最佳行车路线等交通路况信息，前进方向的人流车辆状况，即时天气资讯等等。

四、新媒体产业及其属性

与新媒体至今没有明确定论一样，新媒体产业也没有一个准确而权威的概念。综合各路专家学者已经给出的基本定义，根据新媒体的基本业态和我国文化产业发展的实际情况，我们认为：

新媒体产业是融入全球信息产业浪潮，以计算机技术、电信通信技术、数字广播技术和云技术等高精技术为主导，融合报纸杂志广播电视内容，开启的电脑、手机、车船、楼宇广场和飞机火箭飞船等各种各样新媒体终端的新兴产业形态。新媒体产业既包括新媒体内容产业、新媒体载体产业、新媒体广告产业、新媒体营销产业、新媒体服务产业和新媒体融合产业，还涵盖了新媒体制造产业以及新媒体延伸产业。

1. 新媒体产业是信息产业。在我国，新媒体产业是新一代信息技术产业，划归到新兴文化业态，属于文化产业范畴。2009 年国务院颁发的《文化产业振兴规划》第七条"发展新兴文化业态"已经明确了新媒体产业在我国文化产业中的特殊地位，这就需要我们按照我国文化产业发展的整体布局来规划和发展新媒体产业，需要国家网络与信息化办公室、国家发展改革委员会、工业和信息化部、文化和旅游部和国家广播电视总局等的通力协作。业界和学界务必通晓新媒体产业的基本属性，按照文化产业的理论来建构、创造和发展新媒体产业理论。

2. 新媒体产业是高精技术主导的融合产业，集中体现在传统媒体与电信通信技术的融合。全世界各个国家和地区早在 21 世纪之初，就开始了媒介融合的尝试和新媒体产业探索。2000 年 1 月 10 日，世界上最大的互联网服务公司美国在线和世界上最大的传媒公司时代华纳宣布合并，合并后的美国在线—时代华纳公司成为融媒体、娱乐和通信为一体的世界新媒体产业巨头，公司市值高达 3500 亿美元。2006 年 6 月 8 日，中国移动和凤凰卫视结成战略联盟，共同开发、推广和分销移动内容、产品、服务和新媒体应用。我国政府主导的"三网融合"及党的十八大以来国家推崇的媒介融合产业发展大计，都是当下和未来新媒体融合产业的重要组成部分。

3. 每一代通信技术的发展进步及跨平台融合，都在助长新媒体产业急剧增长。2G 时代，新媒体内容产业局限于图文传播，产业链相对短小单一。2008 年，中国电信运营商重组之后，中国移动、中国电信以及中国联通都成为全业务运营商，基于固网的互联网业务与基于移动通信网络以及目前的 3G 网络移动互联网业务之间的相互融合步伐进一步加快。在 3G 以至 4G、5G 时代，各种智能终端不断被设计制造出来并得以广泛应用，移动互联网业务已经成为全球移动运营商发展的重点，是新媒体产业的新生力量。①

第二节　新媒体产业分类

根据国民经济的一般分类，新媒体产业包括新闻出版、广告业、知识产权、电子出版物等服务类产业，属于第三产业。

继第一、二、三产业后，在工业发达国家，把信息产业作为所在产业核心的新兴产业群，称为第四产业。我国对信息产业分类没有统一的模式，一般认为包括七个方面：一是微电子产品的生产与销售；二是电子计算机、终端设备及其配套的各种软件、硬件的开发、研究和销售；三是各种信息材料产业；四是信息服务业，包括信息数据、检索、查询、商务咨询；五是通讯业，包括电脑、卫星通信、电报、电话、邮政等；六是与各种制造业有关的信息技术；七是大众传播媒介的娱乐节目及图书情报等。可见，新媒体产业纵贯第四产业中除了第一项外的其他六个方面，是第四产业中的支撑与骨干。因此可以说，新媒体产业同时跨越了第三产业和第四产业。

2012 年，我国战略性新兴产业分类出炉，共包括节能环保产业、新一代信息技术产业、生物产业、高端装备制造产业、新能源产业、新材料产业、新能源汽车产业等七大产业。其中，新一代信息技术产业涵盖了下一代信息网络

---

① 参见杜振华、曾静平：《3G 发展的动力源及其与文化创意产业的融合》，《移动通信》2008 年第 1 期。

创业、电子核心基础产业和高端软件以及新型信息技术服务等三个大类，基本上廓出了新媒体产业的全貌特征（见表 1.1）。

表 1.1　新一代信息技术产业分类

新一代信息网络产业	新一代移动通信网络服务	移动电信服务： 核心网建设、组网，接入网建设、组网，通信网优化、维护，基础语音服务，数据卡上网服务，数据及信息服务
		其他电信服务： 话音服务，数据通信服务，可视电话服务，多媒体彩信服务，彩铃服务，手机阅读服务，光纤出租服务，光纤接入的其他相关服务，出租数字电路服务，基于物联网的行业应用服务，基于物联网的公共事业服务，基于物联网的支撑性服务，IPTV 服务，便携手持设备电视服务，固定移动融合服务，位置服务
	新一代互联网服务	互联网接入及相关服务： 家庭用户光纤接入服务，企业用户光纤接入服务，基于 IPv4/IPv6 技术过渡的骨干网络改造，基于 IPv6 技术的骨干网络运营服务，基于 IPv6 技术的接入网组建，IPv4 向 IPv6 改造，IPv6 网络运营服务
		互联网信息服务： 网络文化娱乐服务，网络媒体服务，网络基础应用服务，教育、医疗、旅游等领域公共事业信息服务，卫星导航多模增强应用服务系统，卫星遥感系统综合应用平台，行业综合性公共信息网络平台
		其他互联网服务： 基于 IPv6 技术的提供网络服务的软硬件平台建设，互联网资源协作服务，非金融机构支付服务，电子商务网络支付服务
	新一代广播电视传输服务	有线广播电视传输服务： 高清／超高清电视服务，3D 电视服务，交互电视服务，视频点播服务，时移播放服务
电子核心基础产业	通信设备制造	其他计算机制造： 工业控制计算机，高端路由器，宽带网络接入服务器，信令网关，IP 中断媒体网关，云存储设备，云终端设备，海量数据智能处理平台，绿色云计算平台，云应用开发支撑平台，物联网网关，无线射频（RFID）产品

电子核心基础产业	高端计算机制造	通信系统设备制造： 新一代移动通信基站设备，新一代移动通信网络控制设备，新一代移动通信基站天线，新一代移动通信电路交换机，新一代移动通信分组交换机，数字程控交换机，卫星通信传输设备，散射通信设备，载波通信设备，通信导航定向设备，交互式广播网络
		计算机整机制造： 新型计算机，高端服务器
		计算机零部件制造
		计算机外围设备制造
	广播电视设备及数字视听产品制造	广播电视节目制作及发射设备制造
		广播电视接收设备及器材制造
		电视机制造： 高清／超高清电视机，交互电视机，节能电视机，3D 电视机，OLED 电视机，激光投影电视机，网络及智能电视机，新型数字显示终端
		音响设备制造
		影视录放设备制造
	高端电子装备和仪器制造	电子工业专用设备制造
		传感器生产设备
		电子测量仪器制造
	基础电子元器件及器材制造	光纤、光缆制造
		半导体分立器件制造
		功率晶体管
		电力电子元器件
		光电子器件及其他电子器件制造
		电子元件及组件制造
		其他电子设备制造
	集成电路	集成电路设计
		集成电路制造

高端软件和新型信息技术服务	高端软件开发	软件开发： 桌面操作系统，服务器操作系统，智能终端操作系统，搜索引擎，数据库管理系统
		数字装备设备嵌入式软件
	新型信息技术服务	信息系统集成服务： 信息系统设计服务，集成实施服务，运行维护
		信息技术咨询服务： 信息化规划，信息技术管理咨询，信息系统工程监理服务，测试评估认证，信息技术培训
		数据处理和存储服务： 企业对企业（B2B）电子商务服务，企业对个人（B2C）电子商务服务，第三方电子商务平台服务，数据存储、备份服务，数据传输服务，数据集成服务，软件运营服务（SaaS），软件支持与运行平台服务（PaaS），基础设施运营服务（IaaS），数据加工处理服务
		数字内容服务： 数字游戏，数字动漫，数字文学，数字影音，数字学习，数字版权保护，动漫游戏设计制作
		数字内容加工处理服务
	呼叫中心	客户交互服务

资料来源：依据国家统计局的战略性新兴产业分类摘选。

　　新媒体产业指的是依附于数字技术、计算机技术和网络技术等高精科技而发展起来的新型产业，这种基于数字技术、网络技术的新媒体，具有先天的技术优势与作为媒体的信息服务功能，是数字经济与传媒产业实现对接的最佳选择。这种具有社会公益和经济利益双重属性的新媒体，既负有传播先进文化的责任，又有商业盈利的需要。当前，世界上尚未出现专门的新媒体产业条分缕析的著作。从我国对新媒体产业的研究成果来看，新媒体叫法很多，新媒体产业分类角度各异。本书中所论及的新媒体产业，主要在新内容产业、新营销产业、新广告产业、新载体产业、新形式产业、新融合产业和新制造（包括虚拟装备制造）产业等几个方面展开，构筑出一幅新媒体产业的宏图画卷。

一、新内容产业

互联网站的创立，是新媒体产业赖以生存和发展的基础。1989 年，世界"万维网之父"蒂姆·伯纳斯·李（Tim Berners Lee）向欧洲核子研究中心主管提出设计万维网的构想，并于 1991 年得以实现并正式向世人公开，而后逐渐推向全世界，各类网站建设在全球的各个国家和地区迅速推进。1995 年 8 月，全球有各类网站 1.8 万家。2004 年 5 月，全球网站数量达到 5000 万家。2006 年 10 月，这一数字突破 1 亿关口。2014 年 9 月，当万维网（World Wide Web）诞生 25 周年时，国际在线数据统计网站"互联网实时统计"（Internet Live Stats）更新的数据显示，全球互联网网站数量已经超过 10 亿家，且仍在急速增长之中。

10 亿家互联网站，散布于世界各国，是互联网世界的颗颗星座。随着计算机技术的升级换代，办公和家庭计算机的普及，全球上网人数以每月 20% 左右的速度增长。2012 年，全球互联网用户总数达到 24 亿，美洲及加勒比地区互联网用户数为 5.29 亿，欧洲 5.19 亿，非洲 1.67 亿。亚洲是全球互联网用户数最多的地区，总数达到 11 亿，其中中国网民 5.64 亿，居世界之首。[1] 到 2016 年底，全球 47% 以上的人口使用上了互联网，网民总人数接近 40 亿。

新内容产业指的是区别于传统媒体产业的网站媒体产业，主要分为两大块，一是万维网的直接收益，二是商业门户网站、搜索引擎网站和社交媒体网站所创造的经济效益。

万维网的创立，为该公司带来了滚滚财富，单域名注册的年费和虚拟服务器的管理费用就是一天文数字。据知，万维网的域名注册包括英文国际域名（如 .com.net.org 等）、英文国内域名和 CNNIC 通用网址等上十种，价格从

---

[1] 依据瑞典互联网市场研究机构 Pingdom 2013 年 1 月 17 日在其网站公布的数据，新浪科技当日转载。

85 元 / 年、160 元 / 年、400 元 / 年到 3000 元 / 年不等。仅以平均一个域名年费 400 元 / 年计算，全球 10 亿家网站的域名年费就高达 4000 亿元人民币。加上虚拟主机租用、服务器托管、智能解析和网站建设等"捆绑式"一体化收入，以及热度颇高的万维网广告收入，万维网的年度总收益超过了万亿元人民币。

互联网站媒体产业的收益是多元化、多样化的，既有流量费用、软硬广告，还有吸引风险投资之后的其他业务收入。商业门户网站曾经风靡全球，创造出前所未有的新型"注意力经济"，雅虎、新浪、搜狐成为标志性门户网站。1997 年，英特尔前总裁安迪·格罗夫（Andy Grove）提出了"争夺眼球"的概念，"注意力经济"引人关注。注意力经济，是以最小成本吸引客户注意力，培养潜在消费群体，获得未来的无形资本。注意力是企业在网络经济中把潜在购买力变现的前提和关键，是虚拟经济的"硬通货"。

近年来，脸书（Facebook）、推特（Twitter）和图享（Instagram）等社交网站的兴起，带来互联网世界别样风情和网民在互联网天地的别样体验，是互联网站媒体"新经济"的重要形态。新经济是指以网络和信息技术为基础，全面改造传统产业，提高全社会生产率的经济状态。新经济包括 20 世纪 90 年代以来以信息产业为核心，以网络为基础的、带有新科技革命特征的社会生产力，以及由美国所推动的全球化资本主义特征的生产方式。

互联网媒体经济是全球信息化导致各国的经济边界日益弱化的全球经济一体化，新经济之所以"新"，正是源于互联网经济的外延竞争力和网站媒体本身的内生动力，推动了其产生与发展的原动力——信息、技术革命所具有的全新的革命意义。同以往的任何一次技术革命不同，信息技术革命改变的不仅是人类对自然资源的利用方式。新经济的影响所及必然导致人类对自然资源利用率的提高，它是通过改变人类信息的传输、储存方式来实现的。

进入 21 世纪以来，随着互联网用户数不断提升，互联网媒体经济持续升温。2007 年，全球互联网市场规模为 460 亿美元，2010 年突飞到 2.3 万亿美元。来自波士顿咨询集团的一份最新报告称，全球前 20 个经济体的互联网经济规模在 2016 年达到了 4.2 万亿美元。我国的互联网经济总量日新月异，是中国经济最为重要的助力引擎之一。

二、短信媒体产业

短信媒体产业是新载体产业的重要一员，一度充当着传统媒体产业与新媒体产业融合发展不可或缺的主要角色。

1973 年 4 月 3 日，第一部真正的便携式手机发明者——美国摩托罗拉公司的马丁·库珀（Martin Lawrence Cooper）向竞争对手——贝尔实验室研究主管乔尔·恩格尔打了第一个电话，标志着手机在世界上正式诞生。1992 年，从沃达丰公司发送的世界上第一条手机短信开始，手机的新媒体功能日益显现。随着手机广播、手机报纸、手机电视和手机网络的陆续开通，手机媒体家族愈发"人丁兴旺"——手机电影、手机文学、手机搜索、手机音乐等先后涌现，成为"第五媒体"已无争议。

根据 GSM（全球移动通信系统）数据，到 2012 年末，全球正在使用的手机和各种移动设备总数已经达到 68 亿部，相当于全球人口的总数。以平均每部手机最低单价 1000 元人民币和年通信费 600 元人民币计算，单单全球手机媒体的设备制造产业市场就超过了 10 万亿元。全球知名市场调研公司 CSS Insight 发布报告"CCS Insight Mobile Phone Forecast（CCS Insight 移动手机市场发展预测）"称，2017 年全球手机出货量比 2016 年上升 2%，达到约 20 亿部。其中，智能手机占到绝大多数，2017 年全球的智能手机出货量约为 15.3 亿部。巨量智能手机终端或为新媒体短信产业和新媒体其他产业的硬件支撑。

手机短信是当今无可争议的移动通信之王，在很长时间里是手机媒体增值服务的领头羊，手机用户的激增也伴随着手机短信数量不断上升。根据英国市场调查机构 Portio Research 的调查报告，2011 年全球发送了 7.8 万亿条短信，2012 年短信发送量将增长至 9.6 万亿条。这一数据远远高出这一机构《2007—2012 移动信息预测》的"2012 年，全球短信发送量达到 37000 亿条，短信业务收入将达到 670 亿美元。"①

进入 21 世纪以来，我国短信发送量呈现爆炸式增长但又在近两年呈现快

---

① 据腾讯科技：《移动 IM 持续增长受限短信依然是移动通讯之王》，2012 年 9 月 26 日。

速回落的势头，短消息发送量从 2000 年的 10 亿条飚升到 2012 年的 8973 亿条。从 2013 年开始，随着微信等即时通信新媒体的发展，我国长时间飙升的短信（包括彩信）使用数量呈现下降势头，并自 2014 年开始千亿条次断崖式下降，2016 年全年的短信业务量仅为 6671 亿条，已经低于 2008 年 6997 亿条的业务量（见表 1.2）。

表 1.2　中国近年来短信彩信数量统计表

年份	短信数量（亿条）	彩信数量（亿条）
2000	10	——
2001	189	——
2002	900	——
2003	1371	——
2004	2177	——
2005	3046	——
2006	4295	——
2007	5946	——
2008	6997	——
2009	7727	455
2010	8250	556
2011	8788	600
2012	8973	696
2013	8917	656
2014	7631	647
2015	6992	618
2016	6671	557

注："——"为未统计。

数据来源：依照工业和信息化部年报资料整理。

手机短信传播不仅成为寻常百姓的常用联络工具，也逐渐登上"大雅之堂"。出现重大突发事件时，手机短信是危机传播的迅速准确而有效的手段。在信息化时代的很多时候和越来越多的地方，手机短信还是电子政务的重要组成部分。在事件营销时，手机短信是我国广播电视举行大型活动时与受众沟通互动的主要桥梁。

手机短信平台在一些大规模的群体事件以及区域性的公众危机中发挥着重要的信息传播作用。据统计，2003 年非典时期，北京地区日均发送短信量达 2亿条，相当于正常时期的 1200％。近年来，北京、上海、天津、江苏、浙江等地先后建立了地质灾害天气和交通出行手机短信预警机制，给人们出行带来极大便利，反映出短信传播不仅仅是新媒体产业的重要内容，更是人们应急预警不可或缺的有效手段。

2012 年 7 月 21 日，北京市迎来了 61 年来最大的一次单日降雨量，一夜之间 37 位市民无辜丧生，不少市民谴责政府部门没有及时给市民发送暴雨预警短信。在这次"短信预警"事件中，北京市气象局将矛头直指三大电信运营商。北京市气象局副局长曲晓波辩称，联通曾经帮气象部门做过测试，一条短信出去之后，一秒钟最快能发出去 400 条。按照这个速度，全市市民都收到短信要很长时间，预警也就没有意义了。但三大运营商都否定了气象局的说法。北京移动与北京联通回应表示，全网发送短信没有技术障碍，在防灾、抗灾、救灾通信技术保障方面从来没有"做不到"这个词。在当时的技术条件下，单独一家电信运营商编发完成 2000 多万条短信只需 25 分钟左右。如若三大运营商来分发短信，那么需要的时间就更短。

据公开的新闻报道，2011 年春节除夕当天，北京三大运营商的短信量超过 10 亿条。这意味着，每秒钟三大运营商的短信并发量总共在 11574 条。一位华为技术分析师告诉记者，从宽带网络的承载上来看，每秒钟 1 万条短信在整个网络中占用的资源只是"毛毛雨"。百度、腾讯、阿里巴巴等互联网大企业高峰时的访问请求超过 10 亿次／秒，背后的运营商网络也能正常运转。除了采取"点对点"这种占用较多资源的模式发送短信外，应急短信一般从建立在每个省、直辖市的短信中心发出，直接送达用户手机上。这种方式采取的是

"一对多"的发送模式，占用无线资源更少。

目前，电信运营商平台上的短信天气地质灾害预警群发作为一种基础服务相对发达。但是，我国很多地方的气象水文等政府管理部门并没有授权三大运营商提供地质灾害等短信服务，给广大民众造成了无法想象的生命财产损失。电信运营商如果没有得到有关方面授权，私自群发与公共信息相关的短信，是违法的。此外，这类天气地质灾害等群发短信，一般是海量信息传播，按照一条短信 0.1 元，每群发一次就是巨量费用，费用由谁来承担需要提前协商，需要国家层面有相应的应急预案。在浙江、广东、福建等经常出现台风、暴雨等恶劣天气的省份，运营商与公共服务部门已经配合得比较默契。2012 年 7 月 24 日，第 8 号强热带风暴"韦森特"席卷广东。24 日深夜，广东移动配合气象部门，连夜向深圳、中山、珠海、江门、云浮等预计受灾影响最严重的 8 个城市的移动用户发送预警短信达到 4500 万条。

三、QQ 媒体产业

QQ 媒体产业是新载体的另一重要组成要件，是新媒体层级产业布局最为出彩的想象力华章。

腾讯把"连接一切"作为战略目标，提供社交平台与数字内容两项核心服务，通过即时通信工具 QQ、门户网站腾讯网（QQ.com）、腾讯游戏、社交网络平台 QQ 空间、移动社交和通信服务微信、WeChat 等网络平台，满足互联网用户沟通、资讯、娱乐和金融等方面的需求。截至 2016 年第二季度，QQ 的月活跃账户数达到 8.99 亿，最高同时在线账户数达到 2.47 亿，微信和 We-Chat 的合并月活跃账户数达 8.06 亿。QQ 群用户活跃度的提升，受益于腾讯为激励群主所引入的收入分成机制。QQ 钱包支付服务广受欢迎，2016 年春节假期期间，通过 QQ 钱包收发的红包数量仅在 6 天内达约 60 亿。就 QQ 空间而言，智能终端月活跃账户同比增长 6%，如照片贴纸分享及相册编辑等功能的增强带动了用户活跃度提升。

QQ 是腾讯推出的一款基于互联网的即时通信平台，其主要用户平台为电脑端及无线终端，支持在线聊天、语音通话、视频、在线（离线）传送文件等全方位通信社交功能。QQ 用户可在电脑、手机以及无线终端之间随意无缝切换。自 QQ 提出"乐在沟通"新主张，QQ 实现了更好的移动化社交、娱乐与生活体验，并展现出强劲的商业化能量。QQ 语音通话、视频、游戏、多彩气泡、原创表情、文件传输、个性主题、阅读、闪照、附近的人等功能均收获了用户热捧，满足了不同场景下的沟通和分享需求。

QQ 空间（Qzone）是中国最大的社交网络空间，是 QQ 用户的网上家园，是腾讯集团的核心平台之一。在 QQ 空间上可以书写日志，上传用户个人的图片，听音乐，写心情，通过多种方式展现自己。除此之外，用户还可以根据个人的喜爱设定空间的背景、小挂件等，从而使每个空间都有自己的特色。当然，QQ 空间还为精通网页的用户提供了高级的功能：可以通过编写各种各样的代码来打造自己的空间个人主页。

腾讯开放平台是腾讯为广大开发者提供的一个大舞台。合作伙伴开发的游戏和应用程序可以利用腾讯开放平台提供的各种 Open API，获得 QQ、QQ 空间、朋友网、腾讯微博等多个社交平台的开放能力，给应用带来巨大的流量和收入。截止到 2013 年底，腾讯开放平台的第三方开发者累计总收益超过 50亿元。

广点通是腾讯效果广告平台，依托腾讯优质流量资源，通过专业数据处理算法，为用户提供成本可控、效益可观的价值链闭环。整合 QQ 空间、QQ 客户端、手机 QQ 空间、手机 QQ 等腾讯大社交平台资源和外部优质流量的广点通，可以给广告商提供跨屏的多种广告形式。

腾讯云致力于打造最高质量、最佳生态的公有云服务平台。基于 QQ、微信、QQ 空间、腾讯游戏等海量业务的技术架构和精细化互联网运营经验，腾讯云为广大企业和开发者提供云计算、云数据、云运营等一体化云端服务能力，助力企业建立灵活高效的 IT 架构，轻松连接未来，产品包括云服务器、云存储、云数据库和弹性 web 引擎等基础云计算服务以及腾讯云分析（MTA）、腾讯云推送（信鸽）等大数据运营服务。

QQ 音乐是腾讯公司推出的网络音乐平台，是目前中国互联网领域领先的正版数字音乐服务平台，同时也是一款免费的音乐播放器。QQ 音乐始终走在音乐潮流最前端、向广大用户提供方便流畅的在线音乐和丰富多彩的音乐社区服务。海量乐库在线试听、卡拉 OK 歌词模式、最流行新歌在线首发、手机铃声下载、超好用的音乐管理，绿钻用户还可享受高品质音乐试听、正版音乐下载、免费空间背景音乐设置、MV 观看等特权。

四、新融合产业

融合媒体即是报纸杂志广播电视等传统媒体间，网站媒体、QQ 媒体、短信媒体、电子邮件媒体、博客微博客媒体和微信媒体等新媒体之间，以及传统媒体与新媒体之间，经过相互依存、相互渗透、资源共享和利益共赢，所形成的一种新型媒体。这种新型的产业形式，即是新融合媒体产业。

传统媒体历史悠远，积淀厚重，有着强烈的受众黏合度，有着其自身的不可替代性。报纸的浓郁墨香让中老年读者爱不释手，它可以传阅可以收藏甚至可以传代，不需要借助任何电子设备就能诵读；广播的即时性满足了听众随时随地的信息需求，它的伴随性解决了很多漫长行程中的枯燥，完全可以不受外界干扰享受娱乐休闲资讯；电视声像俱佳，现场感强烈，让观众身临其境浸染其中。受众在选择媒体上不存在排他性，可有多种选择。于是，传统媒体之间的融合应运而生。

2004 年 5 月，原牡丹江广电集团和报业集团重组合并为牡丹江新闻传媒集团，在全国率先实行了产业化、公司化改革，第一个实现了同一区域内跨媒体的融合重组。经过近 10 年的改革与发展，这家全国第一个企业性质的传媒集团，现拥有五张报纸、一个期刊、三个广播频率、五个电视频道、一个新闻网站，已经发展成为一家横跨报纸、杂志、广播、电视、音像出版、网站等多种媒体，涵盖广告、影视、网络、印务、出版发行、传媒教育、旅游、国际贸易等多种业务领域的全媒体集团。

中央电视台与地方广播电视台一直长期协作，无论是《新闻联播》数十年来广泛采纳全国各级广播电视台选送的新闻素材、综艺娱乐节目的全国性巡演联播和开门办春晚等举措，还是体育赛事转播的全国联手及联合组建奥运会电视转播"国家队"、携手国内外优秀纸质媒体的系列动作，都让中央电视台尝到了融合产业的甜头。2008 年底，中央电视台异常"温情"地牵手全国 49 家地方电视台，共同成立了一个"中国电视新闻直播联盟"。2009 年 9 月 27 日，中央电视台财经频道（CCTV—2）与浙江日报报业集团签署战略合作协议，探索电视媒体与平面媒体合作发展的新路径，实现人员共享、选题共享、设备共享的合作新模式①。新华社凭借全球新闻网络，积极进军电视媒体市场。新华社与黑龙江电视台、江苏电视台等媒体的合作已经多年，收获颇丰。

新华社与黑龙江电视台共同对新华社的中国新闻名专栏《新华视点》电视版、黑龙江电视台的《今日话题》节目进行整合，将《新华视点》打造成为有广泛影响力的品牌电视新闻节目。同时还在扩大新闻播出量、建立重大新闻和突发事件快速反应机制、打造新闻直播平台等方面进行了合作②。

新媒体与传统媒体原本有着密切的联系，早期互联网的大量内容就源自传统报纸杂志广播电视。因此，如果说传统媒体之间的融合是近水楼台，那么，新媒体与传统媒体间的融合可谓水到渠成。

2000 年 1 月 10 日，美国在线公司和时代华纳公司合并，组建"美国在线——时代华纳公司"，成为全世界最为庞大的因特网和传媒业集团。这起引爆全球关注的"媒体蛇吞象"事件，拉开了全球传统媒体与新媒体全面融合的序幕。据悉，新公司的价值高达 3500 亿美元，相当于当时墨西哥、巴基斯坦的国内生产总值。

韩国广播公司（KBS）是韩国最大、最具代表性的广播电视台。1997 年 11 月，KBS WORLD Radio 开始网络广播，实现了广播机构与听众及网民融为一体的新概念的广播，实现了"边听边看"的广播时代，满足世界各地听众新的需求。

为了开拓市场，韩国各大报业媒体不仅强化了自己的网络建设，而且纷纷

---

① 参见陆地：《跨界，中国媒体产业经营的五个突破》，《新闻战线》2011 年第 3 期。

② 参见董琳：《新华社音视频部和黑龙江电视台开展全面战略合作》，新华网北京 2009 年 3 月 7 日。

打算进军广播电视行业，希望通过建立自己的广播电视台来赢得市场。韩国的电视台和通讯社也纷纷加强网络建设，将制作精良的视频产品放到网上供人们收看。

2007年1月，中国移动与凤凰卫视签署战略联盟协议，在创新移动内容、产品、服务和应用的开发和推广方面展开合作。同日，中国移动与新闻集团和星空传媒集团有限公司（"星空传媒"）签署了战略合作备忘录，双方将致力于建立长期的无线媒体战略合作伙伴关系，合作包括开发、集成及营销多媒体内容及其他移动增值服务。

从2006年开始，中央电视台投入人力财力物力，专注传统电视与新媒体的综合利用。第一步，将原来容易引起歧义的"央视国际网络"改名"央视网"；第二步，借力2008年北京奥运会独家承揽新媒体转播权的良好机遇，扩大品牌影响力；第三步，2009年12月28日，正式开通以视听互动为核心、融网络特色与电视特色于一体的全球化、多语种、多终端的公共服务平台——中国网络电视台。

五、新制造产业

在互联网的带动下，新媒体内容产业、新媒体广告产业、新媒体营销产业和融合新媒体产业等迅速成长起来，在这些新媒体产业的背后，其实还有总被忽略到另外一个新生产业——新媒体制造产业，即在新媒体的驱动下，所派生出来的以个人电脑为主体的各种生产制造市场急剧升温，包括用来打网络游戏的各级虚拟装备、用于QQ魔兽联众等玩家的Q币、魔兽币、联众币和比特币等虚拟产品制造和销售，成为新媒体时代的另类消费热潮。

随着互联网的普及，个人电脑（含笔记本电脑）生产制造日益火爆，催生出了全世界一大批电脑制造厂商。2011年，全球个人电脑出货量达到历史最高的3.64亿台，直接销售业绩近2万亿元。在当下电脑制造巨头中，全球笔记本电脑出货量的冠亚军仍是惠普和联想，各占有20%左右市场份额，戴尔、苹果、华硕、宏碁、微软、三星、索尼、东芝和神舟等分享剩余60%的电脑制造业市场。

联想是一家营业额达 460 亿美元的《财富》世界 500 强公司，是以个人电脑制造销售为主营业务的全球消费、商用以及企业级创新科技的领导者。2004 年 12 月，联想以 17.5 亿美元的现金、股票以及债务并购全球电脑制造大鳄 IBM。IBM 公司 PC 部门的现任领导班子加入联想集团，联想获得 IBM 公司 Thinkpad 笔记本电脑的 5 年品牌代理权。同时，联想公司把总部迁往纽约 IBM 公司 PC 部门的设计和开发中心所在地。这一举动被业界称之为"蛇吞象"事件，开启了联想真正意义的国际化之旅，联想品牌逐渐成为向西方国家和消费者提供产品的可靠供货商。并购时，联想集团的营业额是 30 亿美元，2010 年猛增到 216 亿美元，市场份额由并购前的 2.0%—3% 的市场份额，攀升到 12.2%。

联想独一无二的混合制造模式是集团强大的竞争优势，在巴西、日本、美国和中国多地设立自主生产基地，自主生产量远高于其他硬件供应商。自主生产基实力，加上与 ODM（原始设计商）制造商的战略合作，为联想打造了高效卓越的供应链，以快速响应市场变化、加快产品创新，并支持业务的快速发展。在清晰有效的战略下，联想继续扩大市场份额并实现利润持续增长，保卫及提升核心个人电脑业务的盈利水平，个人电脑业务占总营业额 65% 上下。

在新媒体制造市场中，虚拟装备行情看涨，各种虚拟货币俨然比法定的人民币、美元、欧元还要时尚流行。搜索进入"游戏装备"，各种"红包""礼金"扑面而来，"登录送 Q 币"、"升级送现金"、"在线领红包"等比比皆是。从 2016 年"网游装备交易价格排行榜"来看，为装备游戏"流放之路"而配置的"全 F 顶级 BD 血雷锤全身顶级套，战撸一切，土豪求秒，极品顶级坐骑，赤兔·飞鸿，劲足属性"，以 25000 元冠绝全场，"R2"（顶级精华）、"剑侠情缘Ⅲ"系列（95 挑战仙侣大铁玄晶瑰石、战无 95 大铁瑰石、挑战仙侣庭园 95 醉月玄晶大铁瑰石）、"奇迹 MU"系列（13 祝福权杖、风陨落、敏弓暗套）和"街头篮球"（白闪 8000）等装备价格从 7700 元到 20000 元人民币不等。"页游装备交易价格排行榜"榜单显示，烈焰、传奇霸业、烽火战国系列、大天使之剑系列和奇迹战神等游戏装备最受欢迎，价格区间跨越 400 元到 3200 元人民币。在网游账号交易价格排行榜中，《梦三国》的账号以 71000 元人民币的高价夺得了第一名。

网络游戏装备市场的火爆，还诱发出新型的犯罪形式，既有网络游戏玩家铤而走险借高利贷或经济受贿，也有不法分子无孔不入在网络营销装备市场大行欺骗之道。2014年，一伙90后青年在网上大量发布低价售卖网游装备广告诈骗获利，广州南沙警方抓获犯罪嫌疑人6人，破案200余宗。短短一年半的时间里，这个诈骗团伙竟然获利1500万元，人均获利达250万元。2016年，浙江一中层干部受贿14万余元被查处，其中大量贿金用于买游戏装备，最多时一个月用于《穿越火线》等网络游戏和购买相关装备要用掉6000元。①

第三节　产业特征

新媒体产业的发展要以技术发展为前提，没有新技术的出台，新媒体的发展将步履蹒跚。同时，新媒体最终是以内容来打动受众，在技术发展的基础之上，新媒体的内容产业链条发展是关键。与传统媒体相比，新媒体是一种富有想象力的现代媒体，市场空间具有开放性。在现代市场经济中，新媒体可以"无孔不入"，其产业规模随着技术进步而扩张，随着内容的不断渗透与融合而增长，并且市场将变得越来越开放，兼容各种新的元素。总的来说，新媒体产业具有三大特征，主要包括技术依赖性、内容融合性和市场开放性。中国新媒体产业的发展壮大，与国家政策法规的引导与管理制度密切相关，因此新媒体产业还有着政府主导性特征。

一、技术依赖性

互联网、无线通信、卫星发射、宽带、数字电视等高科技的迅速发展，

---

① 参见毛勇锋、徐建国：《线上沉迷网游，线下失守底线，宅男中层干部受贿14万余元，其中不少用于买游戏装备》，《钱江晚报》2016年5月11日。

3G、4G技术和数字流媒体的广泛应用，数字文化、信息、娱乐产品的不断涌现，以及三网融合等技术的发展，为新媒体产业的发展提供了技术支撑与外在动力。数字技术与网络技术的发展，使计算机变成了新媒体信息共存的平台，可以实现全球资源最大限度的共享。同时，数字技术的发展使信息的利用更加便捷，信息产品的开发更加深化。数字媒体的存储功能使文本的存储、加工、修复、上传与下载更加便捷；强大的数据库功能可以实现个性化点播、专题分播、重播、编排创新；将模拟转化为数字的应用可以永久保存一些珍贵的模拟信息资源；数据查询与搜索功能方便受众的学习、交流与挑选；未来音频与视频搜索技术的研发成功，将使人们更加方便地找到电视广播节目。

作为应用技术的新媒体技术，其快速发展与应用，需要企业研发机构的参与，需要研创人员的辛劳智慧、想象力和创造力。新媒体技术的发展与运用，既是新媒体产业发展的前提，又需要新媒体产业的繁荣发展作支撑。

在人类历史长河中，每一次技术变革与创新，必将带来一场翻天覆地的产业震荡与重构。从蒸汽机的发明带动全球运输业的发展进步，到造纸印刷技术的出现衍生出报纸杂志等早期传媒产业的新生，及至广播电视技术的横空出世，延续了近百年的电子传播产业兴盛。以互联网为主体的新媒体产业体系中，每一个技术环节技术链条都关乎着整个系统工程，每一项技术发展进步，都在拉动着和引领着产业延伸与产业扩张。

在群雄并起的web1.0时代，信息技术的变革和使用对于网站的新生与发展起到了关键性的作用，第一代互联网表现在技术创新主导模式、基于点击流量的盈利共通点、门户合流、明晰的主营兼营产业结构、动态网站。网景研发出第一个大规模商用的浏览器，雅虎的杨致远提出了互联网黄页，谷歌后来居上，推出了大受欢迎的搜索服务。中国的新浪搜狐最初也是以技术平台起家，腾讯以即时通信技术发迹，盛大以网络游戏大展宏图，在这些网站的创始阶段，技术性的痕迹相当之重。

在web1.0技术背景下，无论是早期融资还是后期获利，网站依托的都是为数众多的用户和点击率，以点击率为基础上市或开展增值服务，决定了盈利的水平和速度，充分地体现了互联网的眼球经济色彩。web1.0的技术发展，互联网站出现了向综合门户合流现象，早期的新浪与搜狐、网易等，继续坚持了门户网站的道路，而腾讯、MSN、谷歌等网络新贵，都纷纷走向了门户网络，尤其是对于新闻信息，有着极大的、共同的兴趣。这一情况的出现，在于门户网站本身的盈利空间更加广阔，盈利方式更加多元化，占据网站平台，可以更加有效地实现增值意图，并延伸由主营业务之外的各类服务。

在web1.0合流的同时，还形成了主营与兼营结合的明晰产业结构。新浪以"新闻 + 广告"为主，网易拓展游戏，搜狐延伸门户矩阵，各家网站以主营业务作为突破口，以兼营项目作为补充点，形成"拳头 + 肉掌"的发展方式。

在web1.0时代，网民们美其名曰的"网上冲浪"其实就是围绕这些网络"恒星"所作的圆周运动，网民仅仅充当互联网的读者而不是作者，这时的互联网是"只读"的。Web2.0的出现，结束了网民周期性到处"瞎逛"的"赶集运动"，带给广大网民一个可以读写可以互动可以联动的互联网，可以"当家作主"无限畅游的互联网。Web2.0的出现，带给网民的是平等、交互和去中心化的互联网世界。网民不应该只是互联网的读者，也是互联网的作者，不只是在互联网上冲浪，本身就是波浪制造者。在Web2.0技术背景下，Blog、Wiki、TrackBack、P2P、RSS、Ajax、XML和SNS等互联网新技术新产品应运而生，互联网产业链呈现裂变式扩大。

在Web2.0时代，每个用户都拥有自己的博客、自己维护的维基、社会化书签或者音视频播客。互联网用户通过Tag、RSS或者IM、邮件等方式连接到一起。按照六度分隔理论，每个个体的社交圈都不断放大，最后成为一个大型网络，这就是社会化网络（SNS）。①

作为Web2.0时代的互联网新应用，博客在2005年获得了产业突破。在相继成为网络、报纸、杂志和电视等众多媒体的热门词汇之后，博客从一种很少涉及的专家应用发展成了基础的互联网应用，成为新媒体产业的新成员。

XML是"Extensible Markup Language"的英文缩写，中文译做"可扩展标记语言"。在XML出现之前，几乎所有的Web页面都是使用HTML编写。

---

① 参见：Web1.0与2.0区别.csdn，2013年12月2日。

XML 将 SGML 的丰富功能与 HTML 的易用性结合到了 Web 应用中，它允许定义数量不限的标记来描述文档中的资料，同时允许嵌套的信息结构。XML 的广泛应用直接促成了 Web2.0 时代的到来，开辟了 Web 应用的新天地。

假如说 Web1.0 的本职是联合，那么 Web2.0 的本质就是互动，它让网民更多地参与信息产品的创造、传播和分享，而 Web3.0 是在 Web2.0 的基础上发展起来的能够更好地体现网民的劳动价值，并且能够实现价值均衡分配的一种互联网方式。web3.0 不仅仅是技术上的革新，而是以统一的通信协议，通过更加简洁的方式为用户提供更为个性化的互联网信息资讯定制的一种技术整合，是互联网由技术创新走向用户理念创新的关键一步，即"要求互联网价值重新分配"。

即将到来的 Web3.0，将催生新的新媒体产业王国，这个王国不再以地域和疆界进行划分，而是一个以兴趣、语言、主题、职业、专业进行聚集和管理的王国，每一个网民都有机会打造出一个新的互联网王国而成为一个"国王"，也有可能会在互联网王国的民主竞选中成为"总统"。新生的媒体产业在人类智能、人类超智能和人工智能等的多重驱动下，具有无与伦比的想象空间。

二、内容融合性

最近几年，传统媒体之间、传统媒体与新媒体之间、新媒体与新媒体之间的融合越发引人关注。媒介融合是以新技术为基础、以内容整合为主导、以行业融合为特色、以政策法规为支撑的各种媒介之间的战略联盟。如今，随着基于网络信息和数字技术而发展起来的新媒体形态层出不穷，人们对媒介融合更多地深入到了信息技术的角度。应该明确指出，很多人将对"媒介融合"局限在技术融合这个单一层面，陷入了"技术融合"的误区。媒介融合的前提首先是理念融合，继而是技术融合，但又不仅仅是理念融合和技术融合，更需要将内容融合到新媒体发展的保障体系之中，这是新媒体产业形成的重要元素。

"内容为王"是多年来传统媒体一直引为重视的主题，在新媒体市场份额越来越大的今天，内容融合愈显重要。新媒体的产业发展，明确了新媒体的市场占领不仅需要技术的支持，同时也需要新的内容加入。这里所指的内容的融合性，既强调新媒体自身的内容创造，也重视新媒体植入更多的传统媒体的文字、图片、音视频等的内容。

1. 互联网络与传统媒体融合。传统媒体作为一个有很强专业性的媒体，有着很高水平的新闻获取和制作经验，相对于新媒体来说，其在新闻的采编方面能够驾轻就熟，能轻松自如地把握政策上的问题，这无疑是得天独厚的优势。同时，传统媒体的内容品牌起点就会相对较高，网民对其信息的认知度和可信度也会大大提升。

在传统媒体与互联网内容融合的初级阶段，网站内容基本上是传统媒体部分内容的文字翻版，所提供的信息类别和数量都很有限，检索功能、娱乐服务、受众互动等方面的建构工作较为落后，呈现出一般信息多，实用信息少；静态信息多，动态信息少；转载信息多，原创信息少的现象。同时，传统媒体没有看到网络未来发展空间，对网站寄予的希望很小，认为网站只是传统媒体的附属品，所以对电视网站投入的精力和人力都很小，部分网站的内容更新速度较慢，不能做到实时更新，对一些突发事件的报道情况较为滞后。

目前，报纸杂志广播电视等媒体网站的内容一改原先多为静态、刻板的风格，内容活泼而抓人眼球，语言活泼，娱乐性较重，容易被网民所接受。传统媒体有很强的信息采集经验，可以沿用至互联网络，有着专门负责采集信息和编辑的工作人员对各个板块的内容进行实时更新，在整合报道电视媒体内容的同时加入新的内容元素。网站的信息内容，也在这一基础上更具有多元性，各方面的信息应有尽有，从一般性知识的普及，到新闻内容实时网络化报道，再到信息内容的具体分类，开辟出很多板块内容。由于传统媒体受到严格的时间限制和内容监控，节目内容的制作也根据时段来进行选择，而网络空间的无限与时间的无限，很多无法在传统媒体上播出的内容节目可以放置互联网，同时根据互联网的受众口味，发掘并且编辑更多的趣味性较强的信息供网民选择。

2. 手机终端与传统媒体融合。在手机领域方面，上海文广在新媒体与传统媒体内容融合方面有着很好的典范。2002 年开始，上海文广便着力在新媒体业务方面布局，先后成立上海东方宽频传播有限公司（SMGBB，宽频门户网站）、上海百视通公司（主营 IPTV）、上海文广互动电视有限公司（SiTV，主营数字电视）、东方龙（主营移动多媒体业务）和文广新媒体（主营 WAP、彩铃等 SP 业务），成为国内最早拓展新媒体业务的广电企业之一。

奥运会、足球世界杯、亚运会等重大国际体育赛事向来是各大媒体关注的焦点，以手机电视、IPTV 等为代表的新媒体为体育赛事提供了难得的报道平台。调查表明，手机电视最大的潜在消费群体是城市白领和时尚一族，他们对体育赛事有着由衷的热爱。因此，重视对体育赛事的报道，是手机电视短时间内有效吸引受众、迅速扩大收视群体的重要契机。2006 年德国世界杯前夕，国际足联首次发布了该赛事的手机数字版权，上海文广新闻传媒集团（SMG）斥资一亿多元人民币购得中国地区的手机独家播映权，并在中国移动的梦网平台上开设"掌上世界杯"独家视频栏目。SMG 此次转播报道充分考虑到了手机电视快捷、灵活、个性、互动的传播特点，向慕尼黑派出30 多人的网络和手机转播报道组，为用户提供全部 64 场比赛期间任何触发事件的即时快报、每场比赛的四分钟官方视频集锦内容、赛场内外的精彩花絮、德国演播室的实时评球等节目。与传统电视媒体报道不同的是，考虑手机小屏幕播放的特点，转播选择了专用机位，通过智能画面跟踪技术和优化设计为用户提供高清晰和近距离的影像，使球员生动的表情和球场上快速更换的细节完整地展现出来。

2005 年 9 月 28 日，上海文广与中国移动共同宣布，正式开通手机电视"梦视界"，提供下载点播和直播等形式的手机电视节目。这次双方联手正式推出的手机电视业务，是全国唯一具备移动手机电视运营牌照的业务。上海东方龙移动信息有限公司是上海文广旗下全面负责该业务的公司。"梦视界"的开通意味着一个面向全国用户的手机电视平台的诞生，中国手机电视业务也由此从"测试级"升级到"运营级"。此次试商用过程中，"梦视界"可向上海、广东、福建地区用户手机提供视听节目的直播、VOD 点播服务，全国其他地区的移动用户则可通过下载播放的方式收看。内容上，此次提供直播电视频道 6 套，点播节目每天更新节目数量可达百余条。

上海文广将传统的电视媒体的优势，巧妙地融合到手机媒体中来，不仅获得巨大的经济效益，也将新媒体的产业链开发提高到一个新台阶。

3. 车（船）载终端与传统媒体融合。车载电视节目有着一些不可忽视的特点，与传统电视媒体相比，尽管传统电视能够实现直播，但受众却不一定拥有足够的时间能够即时收看，因为大多数人都有一个相对固定的上学上班的时间安排，而车载电视"边走边看"的特点，让受众实现了"赶路"和"直播节目即时收看"的两全其美。而与传统电视节目的不同之处在于，流动人群在赶路，尤其对乘坐地铁和公交的人来说，乘车时间决定了他们不可能完全观看一个长达40分钟以上的电视节目。这就要求车载电视节目必须是短小精悍的。节目短小的好处在于保证了节目内容的完整性，可以让绝大多数受众在乘车的过程中，获得完整的而不是碎片式的信息，有利于培养受众的收视期待和媒介使用习惯。

车载电视应该加大资讯和娱乐类节目的信息量，并发挥电视直播优势，将最新的新闻、天气、交通状况等受众最关心的内容播报出来，服务乘客的出行需要，达到资讯供应的最大化。近几年，车载电视的信息化服务水平已经提高很多。公交车载电视在信息资讯服务提供方面已经大大改善，尤其在北京公交车载电视上，定时有关于天气预报、饮食常识、交通状况的一些报道。目前的车载电视节目制作与传统电视节目相比还显得很粗糙，对于目前的车载电视节目，还需要通过不断调整节目内容与编排形式，提高节目的质量，满足受众需求。车载电视还可以针对各条线路乘客的主要构成，有选择性地投放与传递节目内容和广告信息，通过节目内容的丰富和调整，提高公交车载移动电视节目的针对性。

三、市场的开放性

传统媒体由于资金、政策等各方面的问题，常常形成行业垄断或者是区域垄断。与传统媒体相比，新媒体空间具有全球性、广泛性和无限性，这就使得新媒体产业市场更具开放性。新媒体产业市场的开放性一方面指的是新媒体市场是面向全世界开放、面临全球化竞争的市场，地缘管束相对弱化；另一方面指的是各种类型的企业、各种类型的人群都可以参与到这个市场，并共同将这个市场的蛋糕做大。新媒体产业市场的开放性特征，是新媒体产业快速成长的重要因素。

中国传媒研究中心发布的《中国新媒体产业现状及发展趋势》显示，2006年中国新媒体产业市场首次越过千亿台阶，总值达到1140亿元人民币。未来五年，我国新媒体市场将达3000亿美元。数字技术、移动传输和宽带将是主要的利润来源。在当今信息社会，主要特点就是时效性。快速、方便、优质的数字传播技术几乎能使数字信息覆盖各个角落，使受众能够根据需要随时随地查阅信息，减少信息时效性对受众的约束。同时，随着信息技术的快速发展以及新媒体产业技术传输成本的相对降低，人们能够轻松获得更多的信息。电子期刊、电子书、网络视频、数字电视、车载电视、手机电视、手机短信、手机WAP等都可以通过电脑、电视、手机、PDA、mp4等获得，提高了信息的受众面，能够有效消除信息量的差距。

随着Web2.0技术的发展及应用范围的扩大，网络营销的盈利模式越来越成熟。新媒体作为互联网媒体的重要组成部分，其营销传播的能力与价值正在逐步得到认同，受到越来越多企业和营销机构的关注，近年来其市场规模也保持着高速增长的态势。随着无线通信网络的发展，新媒体呈现移动化趋势，其分流传统媒体的广告资源和用户资源更加明显，盈利模式日趋多样化。因此，新媒体市场的无限性为新媒体的发展提供了强大驱动力。

新媒体经济就是想象力经济。发挥人类最大想象力，在技术先行的基础上，新媒体的幻想很可能会变成现实。3G服务就是在想象力基础上变成现实的一种新媒体运营模式。目前，国内三大运营商都已经推出了3G服务。由于比2G手机强大数十倍甚至上百倍的上网速率，也为无线上网增添了强劲的动力。消费者对于无线上网、移动上网的热衷性，也加快了3G行业发展的步伐。

2007年，中国在10个城市进行TD-SCDMA扩大网络规模技术试验，使中国 3G 产业在以 TD-SCDMA 为主要力量的方向上快速起步和发展，3G 的演进也在坚持自主创新的前提下，融合先进技术，继续向移动通信的前沿领域挺进。信息产业部在确定了三大 3G 标准为中国通信行业标准之后，又发布了涉及 WCDMA、CDMA2000、TD-SCDMA 三大 3G 技术的 130 项推荐性通信行业标准。3G 标准体系基本确立，无疑对中国 3G 的商用和产业化起到极大的促进作用。

2008 年，TD-SCDMA 终于面对普通消费者。2008 年 4 月 1 日，中国移动宣布在北京、上海、天津、沈阳、广州、深圳、厦门和秦皇岛正式启动 TD 网络的试商用。在 2008 年北京奥运会上，基于 TD 无线带宽优势，无线宽带上网、奥运手机电视、奥运视频点播、奥运快讯、奥运多媒体彩铃、手机对讲 POC 等六项奥运亮点业务成功亮相，并经历了全面的实战。中国兑现了在北京奥运会期间提供 3G 服务的承诺，中国 3G 产业正在加速成熟。

2009 年 1 月 7 日，中国工业和信息化部为中国移动、中国电信和中国联通发放 3 张第三代移动通信（3G）牌照。中国移动使用我国具有自主知识产权的 3G 标准 TD-SCDMA，中国电信获得 CDMA2000 牌照，中国联通获得 WCDMA 牌照。2009 年成为中国 3G 正式商用元年。

2011 年，我国 3G 进入规模化发展阶段。1—11 月份，中国电信、中国移动和中国联通三家基础电信企业共完成 3G 专用设施投资 941 亿元。3G 基站规模达到 79.2 万个，其中 TD 基站 22 万个，3G 网络已覆盖所有城市和县城以及部分乡镇。11 月末，3G 用户达到 11873 万户，比年初新增 7168 万户，其中 TD 用户 4801 万户，新增 2731 万户。在移动电话净增用户中，3G 用户所占比重从年初的 43.7% 上升到 72.5%。

2013 年 5 月，中国 3G 用户已突破 3 亿。2013 年 12 月 4 日，工信部正式向三大运营商发布 4G 牌照，中国移动、中国电信和中国联通均获得 TD-LTE 牌照。2015 年 2 月 27 日，工业和信息化部向中国电信和中国联通发放"LTE/第四代数字蜂窝移动通信业务（FDD-LTE）"经营许可。

2016 年 11 月 22 日，国际电信联盟（ITU）发布了《衡量信息社会报告（2016）》，对 175 个国家和地区的信息通信（ICT）发展和应用情况进行评估，发布了 2016 年 ICT 发展指数（IDI）排名（采用数据截至 2015 年底）。根据最新报告，我国 IDI 排名第 81 位，较上年提升 3 个名次，IDI 数值为 5.19（全球平均水平 4.94），IDI 数值增幅位居全球第 13 位。固定和移动宽带高速发展成为我国 IDI 排名提升的核心因素，我国固定宽带普及率达 18.6%，同比提升 4.2 个百分点，全球排名由 63 位上升至 55 位。4G 技术的全球布局推进，移动互联网技术的发展，使移动新媒体产业在多种新媒体产业发展中居统领地位。

第四节　产业链分析

新媒体产业链与传统媒体不同，产业链更长更丰富。整个新媒体产业链由多个个体组成，包括设备制造商（传统媒体产业并不涉及）、内容提供商、网络运营商、平台提供商、广告运营商、软件及技术提供商（传统媒体产业并不涉及）、终端提供商、受众和检测机构等等。

由于纵贯新媒体产业链的核心是免费使用的全球化互联网，具有竞争基础的高度一致，用户群体又高度分散，这就创造了一个从零到无限，自由而宽阔的产业价值域，而且是一个有着高度弹性的价值区域，既可以实现整个媒介产业的价值范畴，也可以实现单个媒介企业的价值范畴。新媒体产业价值链的起点，始于货币成本趋近于零的那一刻，也就是互联网让用户得以免费传播和使用信息的时刻。大凡需要用户直接为技术的应用付出货币成本的，不论技术本身如何先进，其血缘都可以追溯并归属到传统媒体的范畴 ①。

在整个新媒体产业链中，设备制造商、内容提供商、网络运营商、平台提供商、广告运营商、软件及技术提供商、终端提供商、受众和检测机构等每个个体都有各自的作用且环环相扣，相互影响相互呼应形成了一个有机的整体，形成完整的新媒体产业链（见图 1.1）

---

①　参见周笑：《理解新媒体的产业价值》，《视听界》2011 年第 1 期。

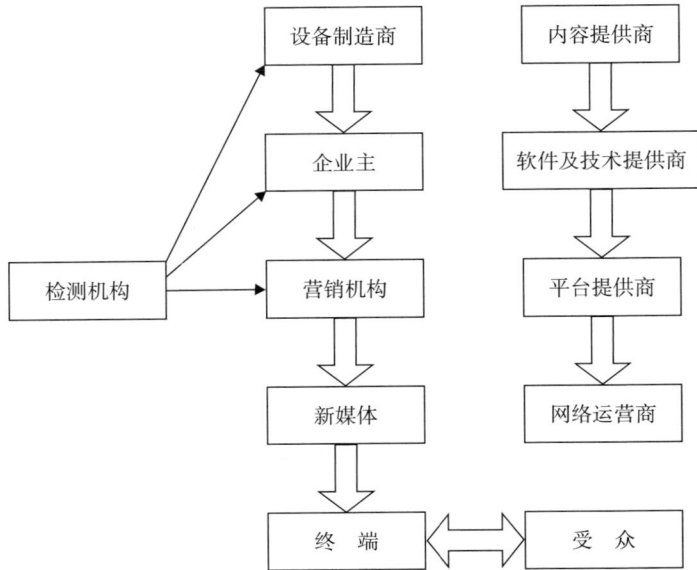

图 1.1 新媒体产业链

一、设备制造商

设备制造商是新媒体产业链的重要一环。试想，如果没有平板电视的制造生产，古老陈旧的"大尾巴"笨重电视机很难真正走入高端写字楼豪华商场，更不可能发展成为"广场电视"，让"天幕电视"演变为一道亮丽的城市风情，呼朋引伴吸引到俊男靓女先睹为快。没有新型平板电视，楼宇电视将在萌芽时期"死于非命"，车载电视和星空电视简直就成为天方夜谭。

根据国家统计局 2012 年提供的我国战略性新兴产业分类，新一代信息技术产业的设备制造包括高端计算机制造（内含新型计算机和高端服务器的整机制造、计算机零部件制造和计算机外围设备制造），其他计算机制造（工业控制计算机、高端路由器、宽带网络接入服务器、信令网关、IP 中断媒体网关、云存储设备、云终端设备、海量数据智能处理平台、绿色云计算平台、云应用开发支撑平台、物联网网关和无线射频 RFID 产品），通信系统设备制造（新一代移动通信基站设备、新一代移动通信网络控制设备、新一代移动通信基站天线、新一代移动通信电路交换机、新一代移动通信分组交换机、数字程控交换机、卫星通信传输设备、散射通信设备、载波通信设备、通信导航定向设备和交互式广播网络），广播电视设备及数字视听产品制造（广播电视节目制作及发射设备制造、广播电视接收设备及器材制造、电视机制造、音响设备制造和影视录放设备制造）。单电视机制造就有高清／超高清电视机、交互电视机、节能电视机、3D 电视机、OLED 电视机、激光投影电视机、网络及智能电视机和新型数字显示终端等八个品类。此外，还有高端电子装备和仪器制造、基础电子元器件及器材制造和集成电路制造等等。

2012 年我国战略性新兴产业分类缺失了手机新媒体和其他移动手持终端新媒体产业。实际上，手机特别是智能手机和其他移动手持终端的制造业与新媒体产业息息相关，应该在新媒体产业链中续补上去。

二、内容提供商

内容提供商包括内容的生产制作者和提供者，新媒体的内容提供主要来源于三大阵营：专业的内容提供商（含传统媒体）、新媒体运营商企业主和爱好新媒体内容创作的个人。

专业内容提供商主要指提供影视、新闻、音乐的专业制作公司和传媒机构等，传统媒体也在积极参与新媒体的内容制作，两种类型的内容提供商均由技术的发展和普及为实现基础。新媒体时代也称为自媒体时代，即以个人为单位，自主创造节目，自由上传。平民获得更多机会发声，智慧积累的方式由少数精英的生产扩大为全民生产，各种知识冲破二八定律①，按照长尾理论或早

---

① 二八定律又名帕累托定律，也叫巴莱多定律、80/20 定律、最省力的法则、不平衡原则等，是 19 世纪末 20 世纪初意大利经济学家帕累托发明。他认为：在任何一组东西中，最重要的只占其中一小部分，约 20%，其余 80% 的尽管是多数，却是次要的，因此又称二八法则，并被广泛运用到生活和企业管理方面。

或晚的整体疯狂膨胀、混杂无序，形成信息内爆。

三、软件技术提供商和网络运营商

如果说，传统媒体时代的产业发展是"渠道为王"或"内容为王"，那么，新媒体产业时代完全可能是"技术为王"或"想象力为王"。掌握信息时代的前沿核心技术，兼备超乎寻常创意想象，就将是新媒体产业的王者。

软件技术提供商是指新媒体整个产业链的运作中业务、资费、管理等环节的软件提供者和技术提供者。

网络运营商是指拥有骨干和核心网络资源，通过建立虚拟网络来进行运营服务，为平台提供商提供网络支持。网络运营商包括无线网络运营商、固网运营商、数字广播网络运营商等。

四、平台提供商和营销机构

平台提供商是指内容呈现平台，指为网络分享、交易等服务提供网络空间、技术支持、服务支持的计算机网络系统的网络运营者，如国内知名 C2C 网站：淘宝网（www.taobao.com）、视频直播网 PPLive（www.pplive.com）和优酷网（www.youku.com）等。

营销机构主要指根据信息发布者需求，提供营销活动前期调研、营销方案制定、方案的执行监督等服务，如广告公司即广告运营商、PR、SP 公司等。部分营销机构单独或协同监测机构提供营销活动监测及效果评估服务。

五、受众

传统媒体时代，受众是指信息的接收者。新媒体时代，受众是具有信息接收者和信息生产者双重身份的人，可以自我产生内容，并将其传送给他人。新媒体的发展是在互动技术、搜索技术等基础上实现的。因此，新媒体对受众技术的使用、掌握以及文化素质水平提出了更高的要求，新媒体的受众人群主要集中在上班族和学生群体，其中上班族多为企业管理者、技术人员等中高收入者。通过研究发现，传统媒体的受众呈现老龄化趋势，新媒体人群的消费能力远高于传统媒体。

六、检测机构和企业主

检测机构指的是提供效果评估的机构，对广告的传播效果、到达效果、用户行为等指标进行综合评估、分析，为下一步企业主营销计划提供参考。相对于传统媒体的检测机构，新媒体的检测机构涉及的检测范围、传输网络多，传播行为复杂。

企业主指使用新媒体进行营销活动的发起者，新媒体营销服务费用的提供者。企业主同时是新媒体信息来源的重要发源地，企业主进行信息发布时，一方面通过营销机构发布信息，另一方面企业主也可以自己发布营销信息。

随着新媒体产业内部分工不断向纵深发展，价值创造活动通常由多个企业协同完成。用产业链的学说来观察新媒体产业发展，可以看到新媒体产业链的环节相对传统产业的环节更为繁多，且产业链中上下游链条依附关系更为紧密。

当前，新媒体产业链有 6 个主要关键环节，即策划创意—内容制作—生产复制—交易传播—反馈复制—加工再造。产业内部的分工与合作不但大大提高工作效率，还扩大了价值增值流量。6 个方面紧密联系，为新媒体产业循环发展提供了良好的环境。在所有 6 个关键环节环环相扣的产业链中，策划创意所占比重最大，它决定着整个产业制作生产的作品能否适合市场需求，能否大规模批量复制，能否实现版权市场价值、达到低能耗、高产出的目标。其次是交易传播环节，各占产业链价值的 50% 和 35% 左右，这两个环节对新媒体产业价值链的贡献率达到 85% 的比重，成为新媒体产业发展和聚集的关键环节。

在 3G、4G 和未来 5G 时代，以"技术为王"或"想象力为王"的趋势将更加明显，内容创意上的收入将达到整个产业链产值的近 1/2。在发展新媒体产业的道路上，政策法规是主导、内容是基础、技术是支撑、创意想象是根本，这是新媒体产业发展的内在规律。

第二章

新内容产业

在互联网为主导的新媒体时代，网格化、自制化、客制化、定制化、类型化、创造化和再造化的创新型内容作品，逐渐成为新媒体产业的主角，即区别于传统媒体时期内容产业的"新内容产业"。

经历 20 多年的发展壮大，新内容产业正步入精耕细作时代。不同地域不同规模的互联网企业，从不同概念不同视野不同维度不同模式出发，或通过内容搬运和内容集萃，或经过内容分割和内容重置，或经历内容溯源内容追踪和内容甄辨，或升华为内容分享内容创造和内容再造等各种类别的"新内容产业"策划运作经营，看似"腐旧僵枯"的信息内容，大浪淘沙般闪烁出各具特色的"新内容产业"精英——商业门户网站、搜索引擎网站、社交媒体网站等。无论从网站点击率的全球排名国内排名，还是网站创造的社会影响力和经济效益，这几类"新内容产业"的代表都位居前列（见表 2.1）。

表 2.1 国内外主要网站排名表

国外网络名称	域名	排名	国内网络名称	排名	域名	排名
美国谷歌	google.com	1	百度	1	baidu.com	1

国外网络名称	域名	排名	国内网络名称	排名	域名	排名
脸书	facebook.com	3	腾讯网	2	qq.com	2
推特	twitter.com	7	淘宝网	3	taobao.com	3
领英	linkedIn.com	10	搜狐网	4	sohu.com	4
美国在线	aol.com	57	360 安全中心	6	360.cn	6
有线电视新闻网	cnn.com	15	新浪网	7	sina.com.cn	7
美国全国广播公司网	nbc.com	357	网易网	39	163.com	39
哥伦比亚广播公司网	cbs.com	275	央视网	20	cctv.com	20
英国广播公司网	bbc.com	74	国际在线	641	cri.cn	641
日本放送协会网	nhk.or.jp	16	央广网	329	cnr.cn	329
娱乐体育电视网	espn.com	17	凤凰网	85	Ifeng.com	85

美国是全球互联网的发祥地，从 1969 年互联网在军事上的应用，到 80 年代逐渐渗透到寻常百姓家庭，互联网传播日渐深入人心。20 世纪 90 年代初，美国将互联网应用于商业领域，直接刺激和带动了整个经济的急剧增长。现在，互联网经济已然逐步取代了保险、通信和汽车制造等成为美国的第一大经济，很多国家和地区的互联网经济也正迎头赶上时代潮流。当下，新内容产业已经是美国乃至全球最大的新兴产业形态。

伴随着新信息内容的价值凸显，打造具有自身特色的精品信息源制作精品节目，成为很多新媒体公司的发展战略。在国家层面高度关注、大量资本涌入、更多人才精英渗透等因素的影响下，新内容产业步入到了刊发播出与阅读收视并重的时代，"剧圈用户艺圈钱，网络写手亿万千"的图景已经成为过去，而创新创造才是互联网时代内容产业的第一生产力。

第一节　起源与发展

新内容产业最早在商业门户网站发力，然后卷入到搜索引擎网站、报纸杂志广播电视等媒体网站。最近一段时间，社交媒体网站风头正炙，带给整个世界全新的产业模式。在新内容产业的驱动下，全球互联网经济快速增长，互联网发祥地美国更是最早受益者。在1992—1999年间，美国有409家互联网公司上市，市场价值达1.3万亿美元，其中仅1999年就有309家互联网公司上市。按照《数字经济2000》的统计数据，1999年美国互联网市场收入达到了5239亿美元，比上一年增长了62%，占了美国整个经济收入的8%，全国经济增长值的1/3。互联网从业大军人数上升了65万，相关工作岗位同比增长了36%，总数达到250万，互联网领域的从业人数超过了保险业、通信业和公共设施产业，是航空、医疗、法律从业人数的两倍。互联网经济中每位员工的产值达21.1万美元，比上一年增加了19%。在1992—1999年间，美国互联网创造的百万富翁比过去50年所有工业创造的百万富翁还要多。互联网经济的爆炸式增长，实现了美国资源和财富的再分配，知识型年轻化的互联网经济独占鳌头，整个国家焕发了活力。

2006年，美国互联网经济的产值达到8500亿美元，从而超过汽车业的7280亿美元和人寿保险业的7240亿美元。到2010年，美国不仅继续雄踞互联网产业的霸主地位，拥有全球互联网产业30%的产值，净收入更是超过了40%。在西方发达国家，互联网过去15年在工业化国家为GDP增长的贡献率高达10%。[①]

---

①　参见美国麦肯锡全球研究所（MGI）：《麦肯锡研究报告：美国仍是全球互联网产业最大参与者》，2011年5月24日。

据英国国家统计局及北爱尔兰综合调查部门发布的调查数据表明，2008年包括北爱尔兰在内的英国家庭，超过1650万人（占65%）已上网，相比2007年增加了120万（8%）的用户，56%的英国家庭通过宽带上网，而70岁以下大学毕业或有相关证书的成年人上网人数达93%。

英国牛津大学牛津网络学院发布的《2009英国网络发展报告》指出，网络已成为英国人获取信息的第一媒介，是人们获取信息的重要来源，65%的人在获取信息时都首选网络，人们对于网络信息的信任度在不断增强。同时，受众的媒体接触逐步发生变化，网络在人们获取信息、提供娱乐方面发挥着更重要的作用。在英国，几乎一半的人群拥有类似脸书的社交网络。

自1994年我国接入互联网以来，我国的政治、经济、文化、生活等各方面都发生了深刻的变化。互联网真正实现了"地球村"的构想，全球信息互通，信息共享，变得轻而易举。中国对世界的影响力通过互联网的传播，正在以各种形式日益渗透到各个国家和地区。

我国的互联网经济方兴未艾，对GDP直接拉动和影响逐年增大。2006年，我国的互联网市场收入约占GDP的2%。我国网民的激增，增加了对互联网多样化个性化的需求，直接拉动了我国互联网经济的繁荣。现在，我国互联网媒体经济、网吧经济、下载创意经济等持续升温，互联网经济总量创出新高，约占GDP的5%。

互联网经济的持续发展，繁荣了我国的劳动力就业市场，缓解了我国的就业压力。2007年，我国互联网及关联行业的就业人口接近3000万人。2015年7月下发的《国务院关于积极推进"互联网+"行动的指导意见》，直接加速了我国各省市自治区各种形态的互联网小镇建设和互联网及关联行业的就业人口剧增，互联网＋金融特色小镇、互联网＋电商产业小镇、互联网＋云商模式小镇、互联网＋农业生态小镇等等遍地开花。2017年，我国互联网及关联产业的就业人口超过了一亿大关，成为全球金融危机背景下最重要也是最具活力的就业港湾。

网吧是中国特色新的消费热点和经济增长点，网吧为网络游戏提供了重要场所，吸引无数网络游戏的爱好者，而网络游戏商不断开发新的网络游戏为网吧注入了新的活力。网吧产业不仅带动了网吧本身的发展，同时和网络游戏也形成了一个产业链，两者互通互联，是新内容产业发展的又一个新的增长点。

下载创意产业是新内容产业的热门之一，最常见的是音乐下载和影视下载，其商业模式主要包括有偿下载、无偿下载和拒绝下载，这其中包含了巨大的商机。目前，我国的下载创意产业方兴未艾，巨大的市场仍旧在挖掘之中。

新内容产业的影响在扩大，产业机会不断增长。在过去的 20 多年时间，人们将新闻、游戏、通讯、商务、气象、旅游等信息搬到互联网上，就产生如此多的创新机会，诞生了一个万亿计的新型产业。未来的新内容产业，可以洞见的想象空间更是几近无限。

新内容产业的发展能达到今天的状态，离不开无数技术人员对网络技术的钻研以及他们积极向上的创新精神。政府管理政策对网络的支持也对网络发展起着直接的推动作用，尤其是美国政府在 20 世纪 90 年代提出的"信息高速公路"概念，对现代计算机网络信息更是起着很大的积极效用，是新内容产业的直接主力。其中，戈尔父子功不可没。

老戈尔是美国钢筋水泥高速公路的倡导者，而小戈尔（后来当选美国副总统）则是信息高速公路理论与实践的功勋人物。1992 年，当时的参议员阿尔·戈尔提出美国信息高速公路法案。1993 年 9 月，美国政府宣布实施一项新的高科技计划——"国家信息基础设施"，使所有的美国人方便地共享海量的信息资源。所谓"信息高速公路"，就是一个高速度、大容量、多媒体的信息传输网络。其速度之快，比目前网络的传输速度高 1 万倍；其容量之大，一条信道就能传输大约 500 个电视频道或 50 万路电话。此外，信息来源、内容和形式也是多种多样的。网络用户可以在任何时间、任何地点以声音、数据、图像或影像等多媒体方式相互传递信息。

互联网络拥有着很多重要的媒体功能，如政治功能、文化功能、经济功能和娱乐功能等。其中，网络媒介的经济功能给整个世界带来了非同一般的影响力。施拉姆在 1982 年出版的《男人、女人、讯息与媒介》一书中就明确指出了媒介的经济功能。施拉姆认为："采用机械的媒介，尤其是电子媒介所成就的一件事，就是在世界上参与建立了史无前例的宏大的知识产业。"① 在网络媒介盛行的今天，施拉姆的这个观点依然为信息社会和知识经济的发展所证实，电子商务、网络广告的急剧发展就是一个很好的证明。

第二节　商业门户网站产业

商业门户网站，是互联网作为新媒体传播进入寻常百姓视野的第一缕新风，是报纸杂志广播电视等各种传统媒体复制转接到新型传播渠道的新派探索，其本质就是一个内容信息集萃"万花筒"，商业门户网站产业即是通过集中各类新闻资讯以全新传播方式在全新终端展示而实现并崛起的新内容产业市场。雅虎、搜狐、新浪、网易和腾讯等，就是门户网站中内容集聚产业的成功范例。

随着互联网技术的发展，围绕网络展开的商务活动日益增多，门户网站越来越多地被用于商业活动中，以内容信息服务为主的相关衍生业务潜滋暗长。各种应用系统、数据资源和互联网资源在这里可以快速地完成企业对客户、企业对内部员工和企业对企业的传输与反馈，促进交易便捷、快速完成，是网络世界里信息内容大集成。有人形象地把门户网站比作网络世界的"百货商场"或"网络超市"。

从目前门户网站的界面分布情况来看，主要提供新闻、搜索引擎、网络接入、聊天室、电子公告牌、免费邮箱、影音资讯、电子商务、网络社区、网络游戏、免费网页空间等集中化综合化内容服务。

一、雅虎

雅虎（Yahoo.com）由杨致远和大卫·费罗（David Filo）1995 年 3 月 1

---

① ［美］威尔伯·施拉姆、威廉·波特：《传播学概论》，陈亮等译，新华出版社 1984 年版，第 155 页。

日创立于美国加州森尼韦尔市，公司员工 1.1 万人，是 20 世纪末互联网奇迹的创造者之一，在 21 世纪初迎来最辉煌时期，企业品牌价值在世界品牌实验室编制的 2006 年度《世界品牌 500 强》排行榜中名列第 13 名。2000—2006 年，一直霸居全球互联网排名第一的宝座。2006 年全球互联网公司前 20 名中，雅虎独霸 3 席，雅虎、雅虎日本和雅虎中国分别位列第 1 名、第 7 名和第 14 名。

最初，雅虎只是对网站站点进行了简单分类的分级目录，让网站资源变得有序，便于互联网用户查询和使用。随后，雅虎逐步扩张，建立了集搜索引擎、电子邮箱、即时通信、网页广告和网站建站平台于一体的生态系统，覆盖人们生活的方方面面，成为世界上最大的互联网门户网站。雅虎的门户网站频道包括财经频道、体育频道、娱乐频道、汽车频道、搜索资讯和雅虎两性等核心内容设置，搜索引擎是雅虎的主要盈利手段，包括网页搜索、图片搜索、音乐搜索、地址栏搜索、资讯搜索和雅虎搜索社区，雅虎是全球互联网上最早提供公众免费邮箱的公司。雅虎是唯一全面免费提供防病毒系统的邮箱，享有盛誉的反垃圾邮件系统技术，大容量 G 邮箱可以让用户像操作客户端软件一样享受丰富的功能和速度。随着雅虎邮箱空间的增加，高质量的搜索和信息整理功能成为新的需求。雅虎公司遍及 24 个国家和地区，为全球超过 5 亿的独立用户提供多元化的网络服务，同时也是一家全球性的因特网通讯、商贸及媒体公司。

雅虎是全球第一家提供因特网导航服务的网站，是最老的"分类目录"搜索数据库，也是最重要的搜索服务网站之一，在全部互联网搜索应用中所占份额达 36% 左右，所收录的网站全部被人工按照类目编辑分类，其数据库中的注册网站无论是在形式上还是内容上质量都非常高。2003 年 3 月，雅虎完成对 Inktomi 的收购，成为 Google 的主要竞争对手之一。

雅虎旗下有 Yahoo！、中国雅虎、雅虎香港、Yahoo！奇摩（中国台湾）、雅虎中文、Yahoo！ Asia（亚洲）、Yahoo！ Canada（加拿大）、Yahoo！ 7（澳大利亚）、Yahoo！ Japan（日本）和 Yahoo！ Korea（韩国）等全球域名，分设中、英、日、韩、法、德、意、西班牙、丹麦等 12 种语言版本，各版本的内容各有侧重互不相同。2015 年，雅虎成为"全球第三大移动广告公司"。

令人唏嘘的是，曾经"等同于整个互联网"并为美国谷歌、脸书及中国的新浪、搜狐和网易等紧紧追随和模仿的雅虎"帝国"，在错过了并购谷歌、脸书和微软等重大机遇之后，在2016年7月为美国通讯巨头Verizon（威瑞森电信）以48.3亿美元收购。现在的雅虎，只剩下雅虎邮箱被那些有情怀的人偶尔拿来回忆回忆了。

专业人士认为，过去20年间，雅虎最严重的问题就在于始终没有能够找到自己的身份定位，没有明确的核心业务和商业模式，没有雅虎标签式的核心竞争力。雅虎在20年成长过程中，先后发行过的20版公司介绍，最直接的证明了雅虎的品牌定位始终在科技公司与媒体公司之间不停摇摆，徘徊在生死边缘也只是意料中的事情。[①]

二、新浪

新浪是国内最先发力汇集各种资讯的门户网站，重点以聚焦新闻发家，将世界各地、中国各地大报小章的新闻事件新闻人物汇聚一起，形成盛极一时的新浪网络新闻特色。"看新闻，上新浪"，这个聚焦于新闻的口号，是新浪最为成功的品牌宣传，由此奠定了新浪长期以来中国门户第一的江湖地位。新浪坚守快速和海量新闻理念，推崇平等和自由主旋律，不断提升新闻资讯的整合和传递这一核心竞争能力。正是放大了网络最基本功能中的新闻资讯功能，打开了新浪"新内容产业"模式的新局面。

1999年4月12日，新浪网全新改版，实现了中国、北美的全面资讯整合。4月17日，新浪网"名人访谈"专栏开通，在新浪网直播间里，著名导演张艺谋与网友畅谈他的新片《一个都不能少》，香港凤凰卫视中文台著名主持人吴小莉与网友进行了两个小时的实时谈心与交流，台湾著名网络爱情作家痞子蔡和众网友们一块谈论他那极具声誉的网络爱情小说《第一次亲密接触》，在

---

① 参见余佩：《雅虎终于死了：从1000亿到破产贱卖，最后连名字都没保住》，《第一财经》2017年1月25日。

汇聚传统媒体资讯的基础上，增加了新浪独家特色的内容资源。

2000 年 7 月 12 日，中国奥委会授权新浪网成为第 27 届悉尼奥运会中国体育代表团、中国体育代表团官方网站唯一互联网合作伙伴，新浪网奥运专题网站同日开通。"唯一互联网合作伙伴"的特性，使新浪网拥有了独家信息来源和资讯获取迅捷的优势。新浪网在悉尼现场设立新浪网新闻工作中心，在悉尼获取奖牌的运动员、教练员在比赛结束后第一时间做客新浪悉尼新闻工作中心与网友共享胜利的喜悦。"唯一互联网合作伙伴"的独特称谓，赋予了新浪奥运活动多种特殊含义，包括负责承建和维护八月下旬正式开通的第 27 届奥运会中国体育代表团官方网站并独家运营，享有官方网站 2000 年开通期间的网上所有经营权。悉尼奥运会开幕伊始，新浪网奥运会专题网站访问量连创新高，短短 5 天之内访问人数接连巨幅攀升。9 月 19 日，新浪网奥运专题网站在 24 小时内的访问量超过了 1070 万。

为了及时收集各地新闻，新浪"城市频道"设置了"上海、天津、重庆、广东、河南、四川、福建、闽南、浙江、江苏、河北、湖北、湖南、陕西、辽宁、黑龙江、安徽、江西、吉林、山西、海南、山东、广西"总共 23 个"中心区域"，城市直通车开往了"宁波、大连、无锡、冰城、长春、石家庄、靖江、海门、尚志、皇城相府、红河、青岛、呼和浩特、保山"14 个"特色城市"。

三、搜狐

1995 年，搜狐创始人张朝阳从美国麻省理工学院毕业回到中国，利用风险投资创建了爱特信信息技术有限公司，1998 年正式成立搜狐网。

有人说搜狐是新浪的模仿者和跟进者，是新浪的手下败将，此话未必准确，但多多少少可以窥见搜狐的成长历程。商业门户网站早期的成长之路，基本上走的是集成各种传统媒体资源，改编（有一段时间完全是复制照搬）成互联网形式的内容，加上醒目标题（为惨烈竞争格局下"标题党"的兴起埋下伏笔），吸引网民注意。搜狐与新浪亦步亦趋，属于门户网站成长过程中的共同发展道路。当年，中国网络两巨头新浪搜狐的"新闻之争"传为美谈。

进入 21 世纪，搜狐积极进取心态，在发展内容产业方面亮出自己的绝活。2016 年，搜狐启用明星代言人，为搜狐广告线上线下造势，搜狐董事局主席兼 CEO 张朝阳也出马为新闻客户端站台，"看新闻，还是得用搜狐"。张朝阳表示，2016 年搜狐在内容业务上重新回归进攻态势，包括媒体和视频。张朝阳表示，很多年轻人对新闻的阅读只是在刷朋友圈，但这种阅读是被动的，并且比较零碎。搜狐希望通过以专业化的资讯平台提供专业化、精确化的内容，服务新生代网民对新闻资讯的需求。

在具体的内容来源上，搜狐讲求原创和自媒体并重，根据不同行业的特性、以及搜狐自身的基因，来确定比重。张朝阳举例称，在娱乐和科技板块，会进一步加强原创的头部内容，其他的健康、时尚等板块还是以自媒体为主，包括机构和个人。在娱乐内容方面，搜狐的报道力量一直很强，以后准备继续沿袭。搜狐科技自媒体公众号非常多，在发挥原有核心基因的基础上，仍会加强投入原创报道。

随着搜狐内容的自媒体化，编辑的角色也在发生变化。以前编辑的工作是根据传统媒体的内容去组织稿件，现在则变成自媒体的管理者，根据文章出产量、网友的评论、收藏、点赞等方面去做人工打分，这个打分会对机器推荐的概率影响很大。

张朝阳认为，搜狐的新闻客户端是一个综合平台，既自产、又做内容交换和分发，不仅有自媒体数据，还有搜狐视频和搜狐网的数据，加上搜狐从门户发端时代积累的编辑经验，和新近兴起的网络媒体相比，搜狐在内容聚合和内容产业开发方面不输友商。

目前，搜狐新闻客户端的新闻推荐机制有两种：编辑筛选＋机器推荐。在首页内容中，一部分是"编辑流"的内容，包括搜狐原创的内容，及编辑手工选择的内容。另一部分是基于下拉推荐以后产生的内容，即"推荐流"，来自机器和数据计算。在"编辑流"方面，搜狐有明显的优势，有着多年经验的编辑部的新闻能力很强，能很好地判断哪些内容是今天读者最感兴趣的。在推荐流背后，则是精准的用户画像。搜狐视频着重新型视频内容的开发，主要投入网络剧、美剧、韩剧以及综艺节目，自制剧近年来逐渐崭露头角。

张朝阳表示，搜狐新闻是新闻的正规军，也是第一个互联网公司最早的门户，既有积累了多年的功底，又顺应了移动互联网的特点，加入了个性化推荐，搜狐应该可以成为资讯新闻处理的最前沿。①

四、网易

网易是为互联网用户提供了以内容、社区和电子商务服务为核心的中文在线服务的"中国领先"门户网站，是拥有最为快速、全面、准确的信息内容资讯平台。2010年10月11日，网易将旗下新闻资讯类频道进行新一轮的页面改版，首次提出"有态度的门户"的内容建设理念。1997年6月公司成立以来，网易一直为促进国民数字化生活指数、缩减数字鸿沟而努力，致力于把千百万网民聚集在一起，在实现资讯共享的同时，提供更多更好的资讯服务，创造更愉悦的在线冲浪体验。

网易谋求做足"内容产业"文章，内容频道为网民提供新闻，信息和在线娱乐服务。为了获取和整合更丰富的内容资源，网易同国内外上百家网上内容供应商建立了合作关系，确保提供全面而精彩的网上内容，推出了新闻、财经、科技、体育、汽车、娱乐和教育等10多个各具特色、涵盖万千的网上内容频道。

2016年岁末，网易为满足业务发展需要，强化"有态度"传媒理念，扩充长尾内容的产出和运营，内容部增设内容运营中心，负责网易号平台运营体系的建设，将各内容频道整体合并为新闻中心，负责网易有态度的原创内容、新闻建设等工作。为保持和扩大网易直播业内领先优势，合并直播、娱乐、时尚、科技、公开课为直播事业中心。同时，为支持和鼓励内部创业，内容部增设项目类工作室，为内部创业项目孵化提供土壤和平台。

网易在线游戏在中国 MMORPG 游戏市场保持领先地位，是网络游戏自主

---

① 参见杨舒芳：《搜狐全面回归内容领域将保持进攻态势》，搜狐科技，2016年3月16日。

开发和成功运营的大成者，在开发实力、产品线和市场占有率上是国产网游的龙头老大。网易创作或合作推出运营的包括最受中国玩家欢迎的 2D 回合制游戏《大话西游》系列、《梦幻西游》，3D 固定视角、即时战斗制游戏《大唐豪侠》，全 3D、即时战斗制游戏《天下三》、《新飞飞》等。

网易的游戏策略是从 2001 年开始的。2001 年 12 月，网易率先推出了首款自主研发的大型网络角色扮演游戏《大话西游 Online》，这款游戏是国内成功运营的第一个国产网络游戏。2002 年 8 月，在原作的基础上开发了《大话西游 Online II》，2003 年 11 月推出大型 Q 版网络游戏《梦幻西游 Online》。《大话西游 Online II》注册人数超过 1.5 亿，同时在线人数最高突破 126 万，并多次获得玩家最喜爱网络游戏奖和最佳原创国产网络游戏奖，位居国内所有运营网络游戏公司三甲之列。

2015 年 11 月 12 日，网易旗下 NetEase Capital Venture 向总部位于芬兰赫尔辛基的游戏工作室 Reforged Studios 投资了 2500 万美元，目标投向 2016 年移动设备上的史诗级军团作战型游戏。

作为首批登陆 Daydream 平台的游戏厂商，网易证明了自己在 VR 游戏领域的实力。VR 这项"黑科技"将成为影响整个游戏行业的变量。此次《末日先锋》作为首批 VR 产品登陆 Daydream 平台，再一次证明了网易在研发上的创新实力，也让世界看到了中国游戏厂商在 VR 游戏领域的更多可能。

第三节　搜索引擎网站

如果说门户网站造就了新内容产业中的"搬运复制产业"，那么，搜索引擎网站则是新内容产业中的内容类聚、内容溯源、内容追踪和内容甄辨的产业新军。除了专心专业的搜索引擎巨头谷歌百度，商业门户网站雅虎搜狐等也意在"内容搜索产业"分得一杯羹。随着网络商业应用功能的增加和新内容产业的不断精细化，搜索产业越来越移动化立体化综合化完美化，产业链日益丰富，产业规模增长迅猛，谷歌、百度和 Alexa Internet 等几家公司的市值就高达万亿美元。

以门户网站起家的雅虎，却没有专注成为最权威的门户网站，没有维护和拓展品牌大客户资源；孤注一掷与谷歌火拼，却没有做成搜索界的领头老大。当年谷歌，"求收购"、"求投资"，却被雅虎断然拒绝，"高冷"的雅虎却无动于衷。到了2002年，雅虎幡然悔悟，开始认真考虑收购谷歌，才发现已经买不起，并最终出局了。这一行业内外时时被拿出来引为经典的案例，足以说明搜索引擎网站产业的快速发展。

一、谷歌

近年来雄踞全球互联网网站排名第一的，就是世界上最早进入到搜索引擎领域的拓荒者。1997年，杨致远的斯坦福大学校友拉里·佩奇和谢尔盖·布林搞了一个叫"BackRub（网络爬虫，谷歌搜索的技术雏形）"的研究项目。1998年，因为创业艰辛，佩奇和布林主动找到雅虎，要将这一天才项目以100万美元售卖或者希望注资，遭到雅虎拒绝，两人在斯坦福大学的学生宿舍内共同开发了谷歌在线搜索引擎，迅速传播给全球的信息搜索者。同年8月7日，谷歌公司在美国加利福尼亚州山景城以私有股份公司的形式创立，9月4日，谷歌网站正式上线。谷歌彼时（1998年）的页面，标识后面也是个惊叹号，貌似模仿"Yahoo！"的翻版。2006年4月12日，谷歌公司在北京宣布，公司全球中文名字为"谷歌"。2006年10月，谷歌以16.5亿美元收购影音内容分享网站YouTube，这是谷歌公司成立以来最大笔的并购。

2010年3月23日，谷歌宣布关闭在中国大陆市场搜索服务，将搜索服务由中国内地转至中国香港。西方舆论认为，谷歌的退出，无疑是将其在中国大陆市场所占的份额和利润，对包括百度、腾讯在内的其他同行对手拱手相让。而更多中国民众在惋惜谷歌退出中国大陆搜索服务的同时，心平气和停用谷歌搜索引擎，以表达对谷歌公司拒绝遵守中国政府规定这一行为的抗议。

现在的谷歌公司，业务网点遍及全球，公司员工61914人，2015年营业收入714.87亿美元，不仅是全球公认的最大搜索引擎，还将产业触礁伸及互联网搜索、云计算、广告技术等多种业务，同时开发并提供大量基于互联网的产品与服务，其主要利润来自 AdWords 等广告服务。在 2015 年度"世界品牌500 强"排行中，谷歌超越苹果和亚马逊重返榜首。2016 年 6 月 8 日，《2016年 BrandZ 全球最具价值品牌百强榜》公布，谷歌以 2291.98 亿美元的品牌价值列百强榜第一位。

谷歌搜索引擎主要的搜索服务有网页、图片、音乐、视频、地图、新闻、学术、购物、导航、快讯、图书、博客和问答等多项业务，服务遍及美国、中国、俄罗斯、法国、德国、日本、韩国、阿根廷、澳大利亚、奥地利、比利时、巴西、保加利亚和加拿大等五大洲四大洋的上百个国家和地区。

谷歌的中国大陆业务多有波澜，自进入中国市场后，引起了业内的激烈竞争。在中文搜索引擎市场中，虽然谷歌的总体市场份额不及百度，但在 25 岁以上的用户市场中处于领先地位。在技术层面上，谷歌和雅虎都具有非常强的竞争力，国内高端用户习惯使用谷歌查找境外资料。

2013 年 6 月 11 日，谷歌收购导航软件公司 Waze，进而拓展在线实时定位服务，维护其在智能手机地图服务的领先地位。地图服务为智能手机上最常用的应用之一，可以为用户提供定制化服务，对于增加移动服务用户黏性而言至关重要。

2013 年 10 月 3 日，谷歌收购 Flutter，将其核心技术手势识别技术推展到谷歌眼镜、Android 设备及其他产品。在不久以后，谷歌还会推出更多类似于Kinect 的手势功能。

现在越来越多的人开始熟悉并转向谷歌搜索，这位"世界搜索行业的巨头"以最便捷的网上信息查询方法开创了网络搜索行业的一个奇迹。谷歌的使命就是为用户提供网上最好的查询服务，通过对 30 多亿网页进行整理，可为世界各地的用户提供适需的搜索结果，而且搜索时间通常不到半秒。其中，谷歌使用的专利技术 PageRank 功不可没。通过使用 PageRank 技术检查整个网络连接结构，并确定哪些网页重要性最高，然后进行超文本匹配分析，以确定哪些网页与正在执行的特定搜索相关。通过对由超过 50000 万个变量和 20 亿个词汇组成的方程进行计算，PageRank 能够对网页的重要性作出客观的评价。在综合考虑整体重要性以及与特定查询的相关性之后，谷歌可以将最相关最可靠的搜索结果放在首位，只需片刻即可完成所有运算，而传统的搜索引擎在很大程度上取决于文字在网页上出现的频率。

谷歌创始人拉里·佩奇指出，"完美的搜索引擎需要做到确解用户之意，且返用户之需"，谷歌需要通过研究、开发和革新来实现长远的发展。尽管谷歌已是全球公认的业界领先的搜索技术公司，但其目标是为所有信息搜寻者提供更高标准的服务。为了实现这一目标，谷歌要求工程师们每周都花一天时间在个人感兴趣的项目上。这种近乎强制性的要求促使 Google News 之类的新服务品种出现，每个月都能吸引 710 万浏览者，同时也导致了社区网络站点 Orkut 的出现，并整合到整个搜索网站之中。

2017 年 12 月 3 日，谷歌 CEO 桑达尔·皮猜的身影出现在第四届互联网大会会址浙江乌镇，再次引燃大众对"谷歌和 Facebook 何时可以进入中国"的探知欲。谷歌退出中国市场七年有余，关于"谷歌即将回归"的消息传出了无数次。自 2015 年出任谷歌 CEO 之后，皮猜曾两次到访中国，但全程十分低调且主要与"围棋"有关。进入 2017 年，谷歌瞄准了中国的"人工智能"市场开始了实质性行动。业内自称了解谷歌公司计划的人士爆料，称谷歌积极推广 TensorFlow，希望其成为世界 AI 系统构建的一种普遍方式，同时，面向中国学术界和科技界进行多次广泛宣传，增加中国市场整体 AI 投资。谷歌 TensorFlow 的许多服务需要接入谷歌云服务，这也让 TensorFlow 在中国市场略显不完美，谷歌 CEO 皮猜一改以往低调姿态公开参加世界互联网大会，预示着谷歌在中国的新媒体市场会有新的大举措。①

二、百度

百度是全球最大的中文搜索引擎网站，名字来源于"众里寻他千百度"。

---

① 参见赵钰莹:《世界互联网大会露端倪，谷歌进入中国倒计时》，2017 年 12 月 3 日，见 it168 网站。

1999 年底，李彦宏看到了中国互联网及中文搜索引擎服务的巨大发展潜力，毅然辞掉硅谷的高薪工作，携搜索引擎专利技术，于 2000 年 1 月 1 日在北京中关村创建了百度公司。

2001 年 8 月，百度发布 Baidu.com 搜索引擎 Beta 版，从后台服务转向独立提供搜索服务，在中国首创了竞价排名商业模式，2001 年 10 月 22 日正式发布百度搜索引擎。公司创建以来，百度一直孜孜不倦地追求技术创新，依托于博大精深的中文智慧，致力于为用户提供"简单可依赖"的互联网搜索服务。百度一直致力于倾听、挖掘与满足中国网民的需求，秉承"用户体验至上"的理念，除网页搜索外，还提供 MP3、文档、地图、影视等多样化的搜索服务，率先创造了以"贴吧、知道"为代表的搜索社区，将无数网民头脑中的智慧融入了搜索。

与传统的网络模式相比，百度利用互联网的深度沟通、高效互动、能够跟踪受众行为的特性，充分打破了很多网络广告仅仅是对传统平面和户外广告的拷贝的营销误区。除此之外，百度还突破了很多广告主和决策人只看重广告的表现形式，热衷于广告创意上推陈出新的局限，在访问网页是否能吸引访问者的眼球、是否有明确的联系方式等方面大做文章。[1]

百度拥有数万名研发工程师，这是中国乃至全球最为优秀的技术团队。这支队伍掌握着世界上最为先进的搜索引擎技术，使百度成为中国掌握世界尖端科学核心技术的中国高科技企业，也使中国成为美国、俄罗斯和韩国之外，全球仅有的 4 个拥有搜索引擎核心技术的国家之一。

从创立之初，百度便将"让人们最平等便捷地获取信息，找到所求"作为自己的使命。公司秉承"用户至上"的理念，不断坚持技术创新，致力于为用户提供优质高效的互联网搜索产品及服务，其中包括以网络搜索为主的功能性搜索、以贴吧为主的社区搜索、针对各区域各行业所需的垂直搜索以及门户频道、IM 等，全面覆盖了中文网络世界所有的搜索需求。根据第三方权威数据，在中国，百度 PC 端和移动端市场份额总量达 73.5%，覆盖了中国 97.5%的网

---

[1] 《网站经营十大商业模式》，2010 年 10 月 23 日，圣才学习网·编辑出版类。

民，拥有 6 亿用户，日均响应搜索 60 亿次。

在面对用户的搜索产品不断丰富的同时，百度还创新性地推出了基于搜索的营销推广服务，并成为最受企业青睐的互联网营销推广平台。目前，中国已有数十万家企业使用了百度的搜索推广服务，不断提升着企业自身的品牌及运营效率。

为推动中国数百万中小网站的发展，百度借助超大流量的平台优势，联合所有优质的各类网站，建立了世界上最大的网络联盟，使各类企业的搜索推广、品牌营销的价值、覆盖面均大面积提升。

随着移动互联网时代来临，百度在业界率先实现移动化转型，通过开放地连接传统行业的三百六十行，从"连接人和信息"延伸到"连接人和服务"，让网民直接通过百度移动产品获得服务。目前，百度正通过持续的商业模式和产品、技术创新，推动金融、医疗、教育、汽车、生活服务等实体经济的各行业与互联网深度融合发展，为推动经济创新发展，转变经济发展方式发挥积极作用。

百度搜索产品丰富多样，涵盖了网页、视频、音乐、房产、新闻、图片、地图、识图、票务、财富、外卖、传课、学术、医生和桌面等中国特色式业务范畴。2016 年 1 月，百度凭借创新的机器翻译项目，获颁国家科学技术进步奖，为中国互联网巨头中首个获此殊荣的企业。

百度在中国首创的竞价排名商业模式，曾经风靡华夏，成为营收亮点，并随着 2010 年谷歌退出中国大陆市场达到巅峰。当李彦宏在 2011 年和百度站在一个新的高峰、以 94 亿美元身家成为《福布斯》中国内地排名最高的富豪时，百度却顿时陷入孤立并且取代上一年的腾讯，成为最热门的"互联网公敌"。

自 2011 年开始，各种负面消息困扰百度和当家人李彦宏，先是沈浩波、李承鹏和韩寒等多位作家对百度文库侵权进行版权讨伐，随后各大电子商务网站公开抱怨百度价格上涨，并指控竞价排名不公正，在广州举行的营销会议也遭到中小企业客户"砸场"。

百度在中国首创的竞价排名商业模式出笼以来，一直饱受争议，引发出"搜索的新道德"话题。伴随"三鹿奶粉"事件、"魏则西事件"等的爆发，社会舆论公开抨击百度搜索竞价排名，指出此类"不择手段盈利"的做法正显现出其恶果。专家认为，百度竞价排名模式使搜索结果出现了过多的推广页面，大幅降低了搜索用户的搜索体验，催生了"莆田系榜首"事端，媒体直指百度竞价搜索不正当牟利的同时，还对国家工商总局等管理机构的含糊其词不作为提出了批评。

三、360 搜索

360 搜索是中国互联网搜索市场的一支奇兵，在短短几年内异军突起。这家成立不到 5 年的搜索公司，可谓一步一个新台阶，已经在中国搜索市场树立了良好口碑，聚敛了相当人气。

2012 年 8 月 16 日，360 搜索正式上线并迅速占领搜索市场 10% 的份额。2013 年，360 搜索上线一周年，市场份额超过 18%。2014 年，360 搜索用户使用率和市场占有率分别达到 30.20% 和 30.32%。2015 年 1 月 6 日，360 搜索更名好搜，成为独立搜索品牌。截至 2015 年底，好搜在 PC 端的市场份额已达到 35%，每日搜索请求超过 7 亿次，活跃用户数增长到 3.8 亿。这是好搜连续 14 个季度保持环比增长。

2012 年 8 月 16 日，奇虎 360 推出综合搜索，360 拥有强大的用户群和流量入口资源，这对其他搜索引擎将极具竞争力，该服务初期采用二级域名，整合了百度搜索、谷歌搜索内容，可实现平台间的快速切换。

360 搜索主要包括新闻搜索、网页搜索、微博搜索、视频搜索、MP3 搜索、图片搜索、地图搜索、问答搜索、购物搜索，通过互联网信息的及时获取和主动呈现，为广大用户提供实用和便利的搜索服务。

360 综合搜索提供一站式的实用工具综合查询入口，在国外被定义为"元搜索"，同时将信息聚合在一起实现网络工具化、个性化的发展需求，提升网络使用效率，让用户更快地从繁复的搜索系统里解放出来，让上网搜索更轻松有效。

360 综合搜索是 360 开放平台的组成部分，充分尊重用户的选择权，360

综合搜索页面的导航菜单提供多搜索引擎切换，将多个不同搜索网站界面集成在一个浏览页面中，用户只要输入一次关键字就可以同时完成多次搜索，并实现快速的切换查看。

进入 2015 年后，基于智能手机的移动互联网时代已经显示出蓬勃的生命力，各种功能的移动 APP 已经囊括了用户大部分生活服务领域，360 好搜加快了在移动搜索领域的布局，逐渐加大了移动端的业务比重，确定了一条以"连接生活"为核心，变互联网入口模式为 O2O 生活聚合平台的发展方向，好搜 APP 由此诞生。2015 年底，360 继续推出春运抢票软件，其抢票主战场从 PC 端挪到了手机端。为抢票软件提供技术支持，即识别 12306 总计 581 个种类图片验证码的，就是好搜图片搜索的技术团队。

2016 年，好搜继续梳理商业化流程，打造一个覆盖 PC、手机、网页和应用的完整体系，实现"一个品牌、两个终端、多屏覆盖"的整合生态营销布局。

2016 年以来，基于 360 搜索、大数据及 LBS 服务解决方案，好搜 APP 已开始为用户提供身边"吃喝玩乐、衣食住行"的本地化一站式 O2O 生活服务聚合功能，同时，好搜还提供了新闻资讯、快递跟踪、彩票、违章通知等特色功能，为用户带来了便利、快捷、智能、个性化的移动搜索体验。

360 总裁齐向东表示，现在搜索引擎里很多好的用户产品都是 360 好搜创新的，360 是中国互联网的一条鲶鱼，能够搅动整个互联网，而好搜是搜索引擎中创新、精准、安全的代表产品。齐向东认为，"搜索引擎安全是网民上网安全的第一道门户"，因此好搜会牢记让网民安全上网的承诺。

无论是 360 搜索时代，还是目前的好搜时代，在搜索领域，360 一直以一个行业巨头挑战者的形象出现。齐向东坚信，搜索领域的一家独大，会扼杀产业的创新活力，会干扰用户的体验，会影响客户和合作伙伴的利益，更不利于整个生态链的健康和繁荣。360 搜索将坚持竞争精神，坚持不懈进行技术创新、产品打磨。目前，好搜已经稳居国内市场排名第二的地位。360 好搜会在人工智能、大数据、云计算等方面继续突破，加速拥抱 IOT（物联网）时代，即万物互联时代，挖掘 IOT 的潜质。

业界认为，360 搜索的出现，源于巨额利润的诱惑、盟友谷歌中国的疲弱表现，加上老板周鸿祎的搜索情结，这"三驾马车"推动着360进军搜索市场。

周鸿祎一直钟情网络搜索市场，曾经三度涉水，从当年创立3721、时任雅虎中国总裁时推出"一搜"，再到雅虎收购3721，与新浪合资成立一拍网，"红衣教主"三度出手却三度折返而回。手握360浏览器和安全软件积累起来的庞大用户群，周鸿祎这些年并没有少赚来自搜索市场大把的钞票。现在看来，周鸿祎持之以恒的坚持坚守，逐渐在360搜索这片自家院子里看到了希望，有些已经收获了硕果。

四、Alexa

Alexa Internet 公司是亚马逊公司的一家子公司，总部位于美国加利福尼亚州旧金山，1996年由布鲁斯特·卡利（Brewster Kahle）及布鲁斯·吉里亚特（Bruce Gilliat）创办。在1999年，被亚马逊公司以约价值两亿五千万美元的股票买下。

Alexa是一家专门发布网站世界排名的网站。以搜索引擎起家的Alexa创建于1996年4月（美国），目的是让互联网网友在分享虚拟世界资源的同时，更多地参与互联网资源的组织。

Alexa每天在网上搜集超过1000GB的信息，不仅给出多达几十亿的网址链接，而且为其中的每一个网站进行了排名。可以说，Alexa是当前拥有URL数量最庞大、排名信息发布最详尽的专业网站，也是全世界公认的最具权威性的互联网站排名首选。

1997年7月，Alexa发布了一款软件，就是现在著名的Alexa Toolbar（Alexa工具条），这是一个嵌入到微软IE浏览器中的工具，它在用户访问每个Web页面时都向Alexa发回一串代码，将该次浏览的相关信息告诉Alexa。而用户会在该工具条上看到其浏览的网站在全球所有网站中的排名信息。

2002年春，Alexa放弃了自己的搜索引擎，转而与谷歌合作，专心从事世界上最具影响力的全球所有网站中的排名信息。

现在，Alexa 工具条在全球的"装机量"早已上千万，而 Alexa 主要的工作就是基于遍及全球电脑用户桌面的工具条返回的信息，对全球网民的浏览习惯进行监测，并开发和销售各种相关产品。其中，Alexa 有长达 10 万个网址的全球网站排行榜，有针对某些特定行业网站的排行分析，有针对个别网站定制的网站流量监测报告。Alexa 看到了中国互联网市场的强劲后发动力，积极布局中国互联网排名市场。2010 年春，Alexa 推出中文官方网站，全面进入中国市场，为中国互联网学科评估增添了新鲜血液。

Alexa 的网站世界排名主要分综合排名和分类排名两种，综合排名也叫绝对排名，即特定的一个网站在所有网站中的名次。Alexa 每三个月公布一次新的网站综合排名，排名的依据是用户链接数（Users Reach）和页面浏览数（Page Views）三个月累积的几何平均值。

分类排名一是按主题分类，比如新闻、娱乐、购物等，Alexa 给出某个特定网站在同一类网站中的名次；二是按语言分类，共分 20 种语言，比如英文网站、中文网站［Chinese（simpl）和 Chinese（trad）］等，给出特定站点在所有此类语言网站中的名次。

Alexa 还会根据网民对网站的评论，在综合排名信息中，用"星"来给网站评一个等级，最高为"5 星"。国内网站排名最靠前的百度，得了"三星半"。Alexa 网站本身不参加排名，但给自己的评价为 4 星。

第四节　社交媒体网站

在经历了内容搬运、内容复制、内容追踪、内容排序等新内容产业的几度风光之后，以广大网民制造内容、提取再造内容、分享新闻资讯和体验事件场景等的新兴产业，成为新内容产业重要支点。一般认为，2009 年是社交媒体进入主流新内容传播的一年，号称"社交网站元年"。

人们彼此之间分享喜悦、沮丧、意见、见解、经验和观点的工具如博客微博客、QQ、微信、论坛和 BBS 等在互联网沃土上蓬勃发展、网络直播分享发展成近几年爆炸式增长的产业高地。Myspace、Youtube、脸书、推特和图享等专业社交网站甚至聚合了商业门户网站搜索引擎网站等的功能，演变成"无所不包的网络平台"，更加深入融入日常生活和工作的方方面面，强行超越了既往新内容传播的势能，爆发出令人眩目的产业能量。

中国网络社交市场出现了贴吧、QQ 空间、新浪微博、豆瓣、陌陌、YY、宝宝树、知乎、她社区、唱吧、脉脉等创新者，宝宝树、知乎、人人网、天涯等是知名度较高的社交网站。中国社交网站发展不温不火，要么是不容易扩展"友情"，抑或是参与度不高，无法做到 Myspace、YouTube、脸书、推特和图享等西方社交网站的兼容并蓄，影响交流与分享的积极性，导致社区气氛下降，思想的活跃度严重不足。

一、YouTube

YouTube 是世界上最大的视频网站，于 2005 年 2 月 15 日注册，由在台湾出生的美籍华人陈士骏等人创立，让用户下载、观看及分享影片或短片是其主打产品，Broadcast Yourself（传播你自己）是广告语词。在这个日均浏览量达到 1 亿条短片的网站上，诞生过著名的"巴士阿叔"，也上传过士兵在伊拉克拍摄的视频片段，更有无数个人秀。目前，网站全球综合排名列谷歌之后排第 2 位。

YouTube 的诞生是一个异想天开的传奇故事。2005 年情人节，失业并负债的陈士骏和赫利在车房构思网上影音共享大计，并找来卡林姆帮忙，YouTube 就此诞生，三个同窗好友不经意间的相互协作开启了世界互联网传奇创业华章。YouTube 网站在 2005 年 2 月 15 日上线时，只想模仿 Facebook，做一个面对面约会网站，最终梦想是成为视频版 HotOrNot。几个创办人原意是为了方便朋友之间分享录影片段，后来逐渐成为网民的回忆储存库和作品发布场所。YouTube 创办当年，已有 4000 万条视频短片上线传播，每天吸引 600 万人浏览。

YouTube 的成长壮大是一部年轻人充满幻想不断进取的励志大片，每一步成长都是超越常理异乎想象。2005 年 4 月 23 日，乔德·卡瑞米（Jawed Karim）向 YouTube 上传了第一段 19 秒长名字叫作"Me at the Zoo"的视频，浏览量很快超过了 3000 万次。2005 年 5 月，耐克（Nike）上传了一段罗纳尔迪尼奥的视频，到 2005 年 9 月视频浏览量超过了 100 万次。到了 2005 年 12 月，YouTube 正式开放，每天的浏览量约为 800 万次。2006 年夏天，到 YouTube 观看视频的用户每月已经达到 2000 万，每天视频浏览量超过 1 亿。

成立一年半后的 2006 年 11 月，YouTube 被谷歌以 16.5 亿美元收购，这被视为令全世界称奇的"互联网安徒生童话"。几个当年不到 30 岁的网站创始人一举成为亿万富豪，CEO 赫利拿到 4 亿美元，CTO 陈士骏拿到 3 亿美元，另一"打酱油"创始人卡林姆也得到了 6000 万美元。美国杂志《Business 2.0》在 2006 年 6 月公布的全球前 50 大最具影响力商界人士排行榜中，陈士骏名列第 28 位。

谷歌用 16.5 亿美元收购 YouTube 这一创业公司，成为全球 IT 历史上最重要、最耀眼的一宗并购，并与环球唱片、SonyBMG、华纳音乐、哥伦比亚广播公司达成内容授权及保护协议，解除了市场对内容供应商可能追究侵权内容的法律风险。被谷歌收购后的 YouTube 依然风靡全球，不断推出新产品新服务。

2007 年，YouTube 推出 Partners 项目，它的主要目的是帮助用户赚到钱。用户自己制作的内容（UGC）与专业合作伙伴（比如 CBS）制作的内容拥有同等的地位，都可以获得营收分成，可以有机会在主页得到推荐。

同一年，YouTube 与 CNN 合作播放了总统辩论视频，公众可以在 You-Tube 上提交问题，让总统候选人回答。这是一次标志性的合作，意味着 You-Tube 已经成为主流媒介，成为选民与政治家沟通的桥梁。

2010 年即 YouTube 创立的第五个年头里，这个视频网站逐渐地影响并改变着人们在线分享视频的方式，其日访问量达到了惊人的 20 亿次，这个数字是美国三大主要电视广播公司黄金时段收视量的近两倍。同时，YouTube 还推出了一个名为"My YouTube Story"的新视频频道作为特别纪念，该频道收集了很多视频片段，来自世界各地的人们在其中讲述 YouTube 如何改变他们的生活。YouTube 用户也可以上传他们自己的视频，YouTube 还会将这些视频在一张世界地图上标注出来，并提供互动式的时间轴。

2011 年 4 月，YouTube 正式推出直播平台，积极进入在线视频细分市场。2014 年 1 月 3 日，YouTube 在拉斯维加斯消费电子展（CES）上演示 4K 高清视频流媒体服务。网站的未注册用户仍可以直接观看视频，而注册用户则可以上传无限制数量的影片。当影片有可能的冒犯性质的内容时，仅提供给 18 岁以上的注册用户观看。YouTube 作为当前行业内在线视频服务提供商，系统每天要处理上千万个视频片段，为全球成千上万的用户提供高水平的视频上传、分发、展示、浏览服务。

2015 年 2 月，YouTube Kids 推出，主要提供家庭娱乐内容。6 个月之后，YouTube Gaming 推出，可以方便用户观看视频游戏录像。不久，YouTube Music 诞生，用户可以从中查找音乐。2015 年 10 月，YouTube Red 上线，每月交 10 美元就可以屏蔽广告，还可以离线访问。2015 年，YouTube 用户超过 10 亿，世界上所有上网的人群中几乎有 1/3 的人每天在 YouTube 合计消费几亿个小时的时间观看视频，观看时间同比增长 60%。在不久的将来，YouTube 的目标是将用户再增加 10 亿。为了达成目标，2016 年 10 月，YouTube 推出了全新的独立 APP，期待延伸产业链，孵化更丰富的新生产品与服务。①

陈士骏非常重视 YouTube 的中文市场，利用华人身份的便利，于 2007 年 10 月 17 日至 18 日，分别开放了中国香港和台湾两地的 YouTube 中文网站。为配合 YouTube 台湾的面世，YouTube 与天下杂志、三立电视、中国电视公司、台湾公共广播电视集团、雄狮旅行社等签订内容供应合作协议；配合 YouTube 香港的面世，YouTube 已经与香港多个著名机构签下内容供应合作协议，包括亚洲电视、香港旅游发展局、香港电台。

2015 年 2 月，中央电视台首次把最具号召力的王牌节目——春节联欢

---

① 参见虎涛：《被谷歌收购了的 YouTube，十年后仍未盈利却已改变世界》，2016 年 10 月 10 日，见凤凰科技。

晚会，推送到 YouTube。此外，中央电视台还制作出历年春晚合集《中国春晚》，通过 YouTube、GooglePlus 和 Twitter 等社交网站推向海外市场，让更多的海外华人以及喜爱中国文化、渴望了解中国文化的外国人有机会看到春晚。①

二、推特

2000 年 1 月 21 日，推特网站（Twitter.com）注册创立，2006 年正式上线。推特网站名字 Twitter 是一种鸟叫声，创始人博客技术先驱埃文·威廉姆斯（Evan Williams）认为，鸟叫声是短平快的，符合网站的内涵。现在，推特网站（Twitter.com）已经是全球互联网上访问量最大的十个网站之一。

推特是微博客的典型应用，可以让用户更新不超过 140 个字符的消息即"推文（Tweet）"。伴随着各种互联网社交形式的井喷式发展，推特以最快节奏、最高效率、最简洁明快和丰富多样的表达方式，越来越得到全球高端人群的垂青，成为互联网意见领袖的重要阵地，是政坛高官捕获民心搜集民意"论战"抒情的有效手段，是娱乐明星体育明星聚敛人气另类创收的重要舞台，是各种类型企业快速推广、快速成长的最强劲推送利器。

美国领导人奥巴马、希拉里、特朗普等都先后创设开通了推特账号，他们的言行举止受到全世界关注，特朗普更被视为"美国人选了一个推特治国的网红总统"，更有人认为，"特朗普正在毁灭 Twitter"。

2015 年 5 月，时任美国总统奥巴马正式开通实名认证的官方推特账号，通过该账号直接与民众互动，全部推文都由其亲自处理。奥巴马致力于让其政权成为历史上最开放的一个，推特为美国民众提供一个新的途径以反馈与自身息息相关的问题。特朗普上任以来，频频在推特"发声"，发布了几十条推文，并使用总统专属账号作为转发引擎，内容涉及与奥巴马、希拉里针锋相对、中

---

① 参见组薇:《YouTube、Twitter 等境外网站将首次直播央视春晚》,《北京青年报》2015 年 2 月 13 日。

国台湾、墨西哥围墙等敏感话题，以及对因为间谍罪被判有期徒刑 35 年、服刑 7 年后被美国前总统奥巴马赦免的曼宁说三道四，称曼宁是一个"不可饶恕的叛徒"，奥巴马是一个软弱的领袖。

体育明星娱乐明星当然会在推特网站大出风头，而且推特粉丝一路追高，推特价格不断看涨。

2016 年，推特上关注度排名第一的是美国流行女歌手、演员兼词曲创作者凯蒂·佩里（Katy Perry，2015 年度第三），关注者 9450 万，小天王贾斯汀·比伯（Justin Bieber）以关注者 9420 万位列第二位，美国音乐创作型女歌手、好莱坞影星泰勒·斯威夫特（Taylor Swift）以关注者 8220 万位居第三位，上一年度排名第一位的红遍全球的雷人教母嘎嘎小姐（Lady Gaga）以关注者 6460 万退居第五位，2015 年度第二的"小甜甜"布兰妮·斯皮尔斯以及推特人气王已经名落孙山。为了至高人气，好莱坞女星们喜欢在推特上传自己的性感私密生活照，与粉丝分享自己的快乐，蕾哈娜、嘎嘎小姐、金·卡戴珊等人在推特上常常上传她们大尺度撩人的最新靓照。

体育巨星当然不会缺席著名社交网站推特，当仁不让是球迷追捧的焦点。2016 年，西班牙足球媒体《阿斯报》公布了推特粉丝数排名前十位的体坛明星。在这份榜单中，皇马球星 C 罗以 4100 万名粉丝排名榜首，詹姆斯以 2870 万排名第二位，卡卡（2300 万）、内马尔（2140 万）分列第三位和第四位。可惜的是，世界金球奖获得者梅西没有开通推特账号。这些明星推特的商业价值不菲，皇马头牌 C 罗在 2015 年每发一条推特的价值为 169280 英镑；NBA 克里夫兰骑士队球星勒布朗·詹姆斯排名第二，他每发一条推特的广告价值为 92323 英镑；内马尔名列第三，每发一条推特的广告价值为 72320 英镑。

推客总能在第一时间看到很多最新的报道，从互联网新奇网站上线到 Susuan Boyle 一唱成名，到市政府着火，再到橄榄球明星与好莱坞影后情感变故等等。因为推客成瘾，需要投入大把的时间来"经营"（足球巨星 C 罗就有 4 名助理专门打理推特），很多推客自己也会禁不住抱怨一把"Twitter 占据了我们太多时间"。

推特在全世界都非常流行，截至 2012 年 3 月，全世界共有 1.4 亿活跃用户，被形容为"互联网的短信服务"。2016 年，推特对"周四橄榄球之夜"节目进行了首次直播，吸引了 210 万观众，平均每分钟观众数达到 24.3 万人。目前，推特网站（Twitter.com）综合排名列全美第 8 位全球第 15 位。

泡在推特上的"推客"们，每天源源不断地推送各种新奇好玩的想法观点意见经验，将网站、新闻、音乐、图片和音视频等等的链接和自我创作等内容，经过一级一级过滤转发，在第一时间迅速传遍全世界。2008 年孟买恐怖袭击案爆发后，推特的第一手消息推出让它声名鹊起。2009 年 3 月 25 日上线的一个陌生人聊天网站，经过推特新老客户的强力推送，点击量如坐上了火箭般蹿升，在 20 天时间内达到 15 万的日独立访问 IP。

2012 年 1 月，推特宣布针对不同国家和地区实施网络内容过滤。推特在其官网发表声明称："随着本公司不断国际化发展，将进入对自由表达界限有着不同理解的国家。有些国家的理解与我们差异很大，导致我们无法在这些国家存在。还有些国家与我们类似，但对某些内容有限制，比如法国和德国就禁止支持纳粹的言论。此前，我们要满足有关国家的要求只能在全球范围内删除内容。不过从今天起，我们已经拥有了针对特定国家用户采取措施、屏蔽相关内容的能力。"西方媒体认为，推特改进新的审查机制是为了进入中国市场。①

2016 年 9 月，推特宣布不再把照片、视频、投票、引用和 GIF 动画计入 140 个字符的限制中，服务向视频和长内容转移，进一步满足用户期望更深刻、更有意义的体验。

三、脸书

脸书（Facebook.com）是全球最大的社交网站，于 2004 年 2 月 4 日上线，主要创始人为美国人马克·扎克伯格。脸书以世界排名领先的照片分享站点著

---

① 参见杨帆、甄翔：《Twitter 欲启动网络过滤惹风波，或有关计划进军中国》，《环球时报》2012 年 1 月 29 日。

称于世，截至 2013 年 11 月，每天上传约 3.5 亿张照片。截至 2015 年 8 月 28 日，脸书单日用户数突破 10 亿。2016 年，脸书日均活跃用户（DAU）为 12.3 亿人，同比增长 18%，月度活跃用户（MAU）为 18.6 亿人，同比增长 17%。2016 年，脸书年度营收为 276.38 亿美元，较 2015 财年的 179.28 亿美元增长 54%。2016 年 6 月 8 日，《2016 年 BrandZ 全球最具价值品牌百强榜》公布，脸书排第 5 名。目前，脸书网站（Facebook.com）全球综合排名第 3 位。

脸书追求卓越，充分考虑用户需求。2015 年下半年，脸书测试一种"隐藏前任"的新功能，呵护那些刚刚在现实生活中分手，却未能在虚拟世界解除好友关系的"玻璃心"，帮助刚刚分手或离婚的人减轻难在虚拟世界断交的痛苦，用户无须与前任解除朋友关系或删掉全部旧帖。

另外，一项编辑功能可以帮助用户通览自己的旧帖，阻止前任再看，并从过往的亲密自拍中解除标注自己的痕迹。如果用户与前任重归旧好，或者思念对方，可以选择取消这项功能，对方也不会察觉到悄悄作出的改变。

体育资源是脸书营收的金库之一，其网站拥有 6.5 亿体育迷，将为数众多的体育迷们与自己的产品进行有机结合、深度绑定，使脸书的体育产业在世界范围内的竞争力与统治力更上一层楼。近年来，完全基于运动员名字在脸书上被提及的次数，脸书年度十大体育明星榜单公信力影响力越来越大。金州勇士依托他们有机的互动模式，利用脸书的市场营销工具获得了 89 倍的投资回报率，脸书成为金州勇士队目前付费营销以及粉丝互动的首要渠道。曼联通过发力数字媒体与其全球 6.59 亿球迷中的 1 亿保持了互动关系，红魔在脸书上的被赞总数已经超过了 6600 万。与球迷间互动的加强创造出良性循环——更多、更深层次的粉丝被激活，通过更多的活动将球迷背后的商业价值转化成实实在在的财政收入。

2016 年 1 月，脸书发布"Facebook Sports Stadium"的实时体育平台，将提供有关游戏、体育迷的流行帖子以及专家评论等实时信息更新。

目前，Facebook Sports Stadium 服务仅覆盖美式橄榄球比赛，但未来这个服务将支持其他体育运动，包括篮球和足球等，用户可通过搜索一场赛事的方式来获取这种服务。围绕着赛事，脸书会与处在整个赛事生态系统中包括联赛、球队、球员、版权方以及媒体等的每个人进行协作。通过脸书这种合作关系，刺激大众围绕着主要赛事创造大量话题和机会。在美国本土，脸书上有6500万人在讨论超级碗，3.5亿互动量。

如今，原子化的生活状态使人们会更多地依赖于社交媒体与个性化社交网络的媒介渠道。对于体育迷而言，他们也想在社交媒体的平台上时刻掌握自己所关注的俱乐部实时发生的一切事情，从比赛结果、球队近况到球员生活等。脸书所推出的这个实时体育平台，是为了满足体育迷们的需求应运而生的产物。①

为了应对"虚假信息"的压力和风险，脸书采取了一系列对策和措施。2016年12月16日，脸书上线谣言审核机制功能，它正在和一家专业机构"国际事实审核网络"（International Fact-Checking Network, IFCN）合作，邀请该机构的缔约成员机构使用自己开发的工具，去评估信息流当中的信息真实性。脸书官方博客上说，脸书支持让人们发声，而自身又不能成为真相的仲裁者，因此要慎重对待虚假信息的问题。2016年12月21日，脸书推出音频直播。

脸书自2009年以来一直被中国屏蔽，但从未间断与中国科技企业界的联系，为一些中国公司提供海外广告推广的业务。脸书创始人兼CEO扎克伯格一直孜孜以求中国市场，期望通过投资中国科技企业等方式获得中国政府的开闸。脸书布局亚太市场，早早注册中文域名，扎克伯格走进清华大学学堂并成为经管学院顾问委员会一员，谋求与中国高层会面，都是一系列扎扎实实的行动。

在全球拥有超过13亿用户、其中包括9亿日均活跃用户、7亿手机端用户的脸书，长期以来积极准备进入中国大陆市场。2007年，脸书注册了.cn域名，坊间一度传出其将于当年入华的消息。2008年6月，脸书推出了简体中文版本。2010年，脸书内部成立亚洲项目团队，并不断暗中接触谷歌中国等

---

① 《拥有6.5亿体育迷的脸书发布了实时体育平台，在体育营销上的更进一步?》，2016年1月29日，见禹唐体育。

公司的工程师。2011年初宣布赴港成立新的销售办公室，主打中国香港和台湾地区的广告业务。2014年，脸书在北京出席全球移动互联网大会时透露，中国有数千位脸书应用研发者。

2015年9月23日，脸书创始人兼CEO扎克伯格在脸书主页上贴出与中国国家主席习近平会面的照片，并且写道："这是我第一次用外语与一个世界领袖交谈。我觉得这是自己有意义的人生里程碑。见到习主席和其他领导人是一种荣耀。"这张扎克伯格与习近平交流的"有意义的里程碑"重要时刻照片，在很短时间内收获了105万个赞。

扎克伯格追随习近平从西雅图到华盛顿，是习主席此行跟外国宾客交流中说得最多的一个，还有幸参加了美国总统奥巴马在白宫欢迎习近平主席的国宴，并成为习近平主席的"同桌"，多少得益于扎克伯格有一个美籍华裔的妻子，耳濡目染能够说一口流利的中文。

2015年，脸书移动端的月活跃用户为14.4亿，同比增长了21%，实现营收179.3亿美元，同比增长了44%。为了保持这样的高增长速度，中国是脸书绕不过去的目标市场。扎克伯格在庆祝公司成立12周年的媒体会议上表示，2030年，脸书的目标将是要实现连接全球70亿人口中的50亿——即通过当前全力部署的无人飞机项目，完成35亿新用户的增长。

此前，扎克伯格发起了Internet.org的浩大工程项目，目标是要让世界上的每个人都连接到互联网。为了把Internet.org推销给全球的政商两界，扎克伯格从一枚内向的科技创业男转变为一位作出大量政治努力的社会活动家。在脸书创始人兼CEO扎克伯格看来，再多的无人机也比不上中国市场，缺失了70亿人口中的13亿，"连接每一个人"就是一句空话。[①]

为了"贯通"中国市场，脸书一直在不懈努力。2017年12月，脸书全球副总裁沃恩·史密斯（石峰）现身第四届世界互联网大会，在"企业家高峰论坛"中就未来十年企业的发展方向，与全球各位互联网领军人物进行了大讨论。石峰在发言中称，在过去的10年间，脸书让世界各地的人和朋友、家人之间

---

① 参见刘巍：《扎克伯格太拼了，脸书50亿用户目标必须有中国》，《时代周报》2016年3月30日。

建立更密切的联系。石峰说，脸书在人工智能方面已经作出自己的布局，就是用技术帮助人。目前，脸书有世界上最尖端的人工智能和增强现实平台，在未来 5 年间这个平台就是为主流所使用。脸书正不断地去改进技术，打造世界上最顶尖的人工智能团队，希望能够用人工智能去更好地解决问题，为人类造福，其最终目的是让人与社区的关系更紧密。①

---

① 参见周智敏、金普庆、刘宽漾：《脸书已布局人工智能领域，将致力于强化人和社区的关系》，2017 年 12 月 5 日，见搜狐科技。

| 第三章 |

新营销产业

　　新媒体的出现和发展成熟，酿造出各种与之关联的新型销售终端、新型销售形式、新型销售手段和新型销售对象，形成了"新营销产业"。新营销产业是由新型销售人员面向新型销售对象、在新媒体刺激与催化下所产生的各种营销渠道、营销载体、营销形式、营销手段，从而形成的新型产业，是包括了网站营销、电子邮件营销、博客微博客营销、短信营销、QQ 营销、微信营销和弹幕营销等产业集群。其中，网站营销（通常称之为网上购物或网络购物）是新营销产业的最集中沃土，也是整个新营销产业链体系中最为重要的一环。因此，本研究主要以网络购物产业为主线条展开。

　　网络购物是通过互联网检索商品或服务信息，并通过电子订购单发出购买请求，然后填上个人（或单位）付款信息，经由网上付款或离线付款，卖方处理订单，通过邮寄、快递等方式配送商品的一种购物模式或购物过程。简言之，网络购物就是消费者通过网络寻找商品或服务实现消费目标的全过程。

　　在整个新营销产业系统中，购物网站或网站的购物频道、购物专栏、购物贴吧等处于核心地位，电子邮件营销、博客微博客营销、短信营销、QQ 营销、微信营销和弹幕营销等多种新兴的营销手段，逐渐进入人们的生活工作之中，在产业总量中的比重有增大趋势。

市场研究公司 eMarketer 的统计数据显示，2012 年全球 B2C 电子商务销售额突破 1 万亿美元，较 2011 年增长了 21.1%。其中，美国 B2C 电子商务销售额高达 3434.3 亿美元，亚洲地区 B2C 电子商务销售额增幅最大（33%），攀升至 3324.6 亿美元。据 Internet Retailer2016 年 8 月发布的《全球 1000 强报告：全球电商零售的革新》称，2015 年全球消费者的电商零售支出达到 1.74 万亿美元，过去三年平均每年的增长速度约为 20%。2015 年，中国网络购物市场交易规模达到 3.8 万亿元人民币，同比增长 36.2%。

在互联网浪潮所裹挟的网络购物冲刷下，曾经风光无限的连锁商业超市业态进入微利时代。2011 年，中国大型零售企业的增速是 20%，2012 年迅速降至 10% 以下，沃尔玛、苏宁、国美和万得城等多家零售巨头阵线大幅缩减甚至在一些地方关店谢客。

瞄准中国市场 10 月份有黄金周、12 月份有感恩节、圣诞节等大多消费者扎堆的购买时节空档期，中国网络购物经营者创造性地提出了"11.11 光棍节"购物大狂欢。从 2009 年起，11 月 11 日这个被称作"光棍节"的日子被赋予了新的含义，成为中国举国上下的购物狂欢节。每年，这场狂欢盛宴无论是参与人数还是交易量都在刷新着纪录。在 2009 年的"双十一"网络购物大狂欢中尽管只有 27 个品牌参加了促销，却收获颇丰，"双十一"元年的销售额达到了 5200 万元，这一天的营业额甚至比平时的商城业绩高得多。到了第二年，这个销售数据增长到了 9.36 亿元。转瞬到了 2014 年的"双十一"，淘宝麾下的天猫商城单日交易量最终定格在 571 亿元。亚马逊（流量占到了 22.6%）、京东（流量占比 15.3%）、国美在线（流量占 2.8%）、苏宁易购（占 2.2%）、当当网（占 1.4%）、聚美优品、唯品会和易迅等一线网络购物商家也都有非常大的收益，挣得盆满钵满。这一天，中国网民创造了 805 亿元的网络购物销售总额，交易额远远超过互联网发祥地美国感恩节、圣诞节等网络购物旺销日，成为名副其实的网购第一大国。

2016 年的"双十一"购物狂欢盛宴再次刷新了销售额新高，天猫最终交易额达 1207 亿元，京东交易额同比增长 59%，苏宁易购全渠道增长达 193%，线上增长达 210%，国美在线交易额增长 268%，移动端交易额占比达 72%。2016 年的"双十一"见证着传统零售和电商企业逐步融合与共赢，反映了中国消费的变迁与升级，中国开始进入了线上、线下、物流、技术和数据完美结合的新营销时代。

2017 年的中国"双十一"购物狂欢日风云突变波澜四起，一直以来阿里巴巴"唱独角戏"、其他网络购物运营商跟风做配角的剧情反转，京东商城"逆袭上位"上演了一出"双剑合璧"，销售总额（阿里 1682 亿元，京东 1271 亿元）奋起直追，抢尽了"双十一"创始者淘宝天猫的风头。要知道，上一年度的"双十一"购物狂欢日，京东商城的销售总额仅为淘宝天猫的 30%。

阿里巴巴围绕 2017"双十一"核心主题日，做足了功课做足了文章。在"双十一"预热期，马云提前为电影新片《攻守道》宣传，实为"双十一"打气助威，10 日当晚，上台和众主创为自己的电影造势，同时和观众一起创作"双十一"歌曲，将全场氛围引向高潮。从 10 月下旬预热期起，淘宝天猫的线下广告紧锣密鼓铺开，地铁、公交、商场、电梯口等人群集中的场所，大批量的海报、广告 360°全覆盖，试图在高频的线下场景中潜移默化地影响用户心理。另一方面，新媒体担当与用户沟通的出口，不断抛出新的刺激点吸引用户的目光，引爆全网话题讨论热度，扩大传播影响力。在微博上，淘宝天猫"双十一"广告、热门话题占据微博各主要位置，明星、KOL（关键意见领袖）的宣传攻势一波接一波。微信上，"双十一""鬼故事"H5 剑走偏锋，"双十一"4 亿张店铺海报由 AI 完成，令人惊叹。除了微博外，阿里系内部支付宝、闲鱼、飞猪、虾米音乐、优酷、UC 浏览器等大量资源展开联合营销，各个应用开屏、banner、频道、卡片、导航 tab、搜索等形成互相推广之势。为了全面铺开各个层次用户群体，阿里在各个合作渠道、APP 应用投放"双十一"广告，加上数万个品牌商在各个渠道上一起合力造势。总之，这是一波非常有节奏也很是庞大的宣传规划，大到平台规模化宣传攻势，小到品牌商家借势，通过互联网精准曝光，热点话题运作，加上线下广告海量投放，"双十一"的流量呈指数级放大，最终达到"双十一"的流量高峰。①

新营销还改变了面朝黄土背朝天的农民生活形态，让习惯了和土地打交道的农民借助网络"华丽"转变为网络经营商，对着电脑手机、敲着鼠标和键盘做起了生意，在中华大地产生了形如被誉为"电子商务第一村"的浙江义乌青岩刘村这类扎根泥土的新时代农村新经济业态。新营销产业的飞速发展，专业化水平日益提高，对复合型、高端型、精确型人才提出了更全面的需求，亟须结合中国国情商情民情尽快培育，以实现新营销产业的理论探讨与实践对接。

第一节　发展历程

纵观全球新营销产业的发展历程，是一部互联网技术创新与产业对接的进化过程，是人类追求便捷服务谋求更高生活质量的奋斗旅程，是资本投资商和IT精英智慧碰撞的创业奋进旅程，是一幅从单一的网站营销到传统店铺上线营销乃至发展到现今移动多终端追踪精准营销和线上线下多轮驱动组合营销等的千帆竞渡画卷，是亿万网民打破常规思维男女老少齐上阵广泛参与、发愤图强的智慧创造的史诗。

一、网站营销

1979 年，迈克尔·奥德里奇创造了通过电话网络进行商品交易的流程，提出了电子商务最初的设想雏形。1991 年 5 月，万维网在互联网上首次露面，立即引起轰动并获得了极大成功，被广泛推广应用进入商用阶段。

1994 年，对于网络购物而言是极具纪念意义的一年。必胜客在其官方网

---

① 参见闫兴：《复盘 2017 阿里双十一 1682 亿背后的营销隐秘》，2017 年 11 月 15 日，见人人都是产品经理。

页上提供在线订购服务，并成功卖出第一份比萨饼。同年，第一家网上银行出现，并尝试提供鲜花配送和在线订阅杂志服务。1994 年底，网景推出 SSL 加密技术确保网上交易安全，使网络支付成为可能，网上购物系统日趋完善。

1995 年，杰夫·贝佐斯推出亚马逊（Amazon.com）购物网站，第一个在全球范围经营网络图书销售业务。戴尔和思科也在这一年开始积极使用互联网的商业交易。同一年，皮埃尔·奥米迪亚创立了第一个全球拍卖性质的购物网站易贝网（eBay）。

1999 年是中国网络购物历史上的重要时刻，中国电子商务脱离了高姿态的学院派理论纷争，正式步入实质性的商业运作与经营实战阶段。1999 年 5 月 18 日，王峻涛在中关村建立了中国第一家在线销售软件图书的 B2C 网站——8848，并全面适应中国数十种在线结算方式。同年 6 月，四位来自不同行业的旅游迷——沈南鹏、梁建章、季琦、范敏创办了提供网上机票和酒店预订服务的携程网。同年 8 月，把目光瞄准电子商务领域的邵亦波和来自哈佛的校友创办了国内首家 C2C 平台易趣网。

这一年，马云在杭州湖畔花园建立了阿里巴巴电子商务网站，充分利用其认证系统在中国的 B2B、C2C 和 B2C 市场中起着重要作用，成为中国网络购物的重要代表。同年 11 月，在图书出版行业摸爬滚打了 10 年的李国庆和他的妻子俞渝创建了中国第一家网上书店——当当网。

二、网络团购

经历了单一型网站营销阶段洗礼之后，网络团购悄然兴起。这是通过互联网渠道将有相同购买意向的消费者组织起来，向厂商进行大宗购买，以求得最优价格的一种购物方式。

网友登录网站后，不需要在眼花缭乱的商品中寻找自己想找的信息，整个网站首页只提供一件或几件商品，简单明了，避免网友花费大量时间浏览无关的页面。由于商家事先经过一定的程序筛选，也为网友省去了大量比对的时间，从而简单明了地决定消费与否。网络团购模式包括自发团购、商业团购、银行团购等几种模式。

除以上几种模式外，网络团购模式同样也应用于企业供应链，即多家企业组织起来向上游企业进行原材料或半成品的互联网团购活动。企业团购借鉴了网络团购的思想应用于企业采购的电子商务平台，并且在应用方式上更加灵活。如形成大宗购买标的后，还可以利用招标、拍卖等方式吸引上游企业竞价，从而降低产品成本。企业团购的缺点是不利于企业形成流畅的供应链。因此，在选择企业团购时，需要考虑建立一个高效、实用、易于扩展的网络团购平台，并且注意这一平台和企业内部资源计划、企业原有供应链系统的整合问题。

这一阶段，传统门店经营开始投身网络购物营销，店铺上线在全世界开展起来，沃尔玛、苏宁、国美等是店铺上线的杰出代表。苏宁电器从1999年开始研究电子商务，并于2005年尝试推出苏宁网上商城一期(苏宁易购的雏形)。在随后的几年内，苏宁易购连续推出了二期三期，苏宁网上商城的销售网络从最初的仅限南京地区到目前覆盖全国并拥有了单独的线上服务流程。2009年，苏宁电器网上商城全新改版升级并更名为苏宁易购，2010年2月1日发布上线。苏宁易购经重新改版，成为苏宁电器旗下新一代B2C综合网上购物平台，现已覆盖传统家电、3C电器、日用百货等品类。2011年4月，国美电子商务网站全新上线。国美率先创新出"B2C+实体店"融合的电子商务运营模式，成为业内首个以消费需求为基础的电子商务平台，"统一定价，现场体验"为消费者吃下了定心丸，培育出更多的忠诚消费者。

三、移动营销

移动营销是新营销产业发展到一定阶段的产物，是指利用智能手机、pad、掌上电脑等各种智能化移动通信设备，通过有线、无线通信技术的支撑，在有线、无线混合的复杂网络环境下所实现的一种快速便捷的商务活动形式，具有灵活性、定位性、群体性、区域性和便捷性等特征。移动营销已经融入当下人们的日常生活当中——从工作到家庭，以及这两点之间的位置，移动设备越来越重要。新加坡（51%）、印度（50%）、墨西哥（49%）和中国（47%）约半数消费者喜欢使用移动设备浏览商品，而且超过半数中国、印度、新加坡和韩国消费者使用移动设备追踪订单。虽然只有33%的消费者使用移动设备作为完成交易的首选，但是移动设备已经成为网购过程不可或缺的部分。

现在，美国4/5的消费者体验过通过智能手机进行购物，33%的消费者用移动设备完成交易，47%的消费者使用移动设备追踪订单，37%的电商销售额来自移动端，2.43%的智能手机用户在购物时会使用移动端查询信息，3.56%的人相信移动端会使购物更愉快，4.73%的购物者喜欢用自己的移动设备查找商品信息，而不是现场咨询店员。从2013年到2015年之间，美国的移动营收已经翻了2倍。

目前，90%的日本、韩国手机用户已经习惯在手机上消费。日本消费者使用装有智能卡的手机在自动售货机购物，甚至是购买大米、洗衣粉这样的日常生活用品。在最早开通3G服务的日本，移动电子商务交易额已经在电子商务总体交易额中占40%左右。移动电子商务的发展，为日本众多商业企业提供了新的销售渠道，几乎所有的网上经营者都同时经营自己的移动商铺。相比传统的互联网购物，消费者用手机购物更加便捷、私密、互动，手机购物已经成为日本、韩国等国"快时尚"标志，深受城市年轻人喜爱。

中国IT研究中心（CNIT-Research）发布的《2014年Q1中国移动网购市场调研报告》显示，83.8%的用户经常使用的移动购物网站为淘宝，天猫、京东、QQ网购各自比例为22.4%、19.8%和19.4%。①

2015年12月，我国网络购物用户规模达到4.13亿，智能手机等移动终端营销用户规模达到3.40亿，增长率为43.9%，增速是整体网络购物市场的3.1倍，智能手机等移动终端营销的使用比例由42.4%提升至54.8%。两年后的2017年12月，我国网络购物用户规模达到5.33亿，占网民总体的69.1%。手机网络购物用户规模达到5.06亿，使用比例增至67.2%。与此同时，网络零售继续保持高速增长，全年交易额达到71751亿元，同比增长32.2%。

---

① 参见中国IT研究中心2014年Q1中国移动网购市场调研报告。

四、联动组合

当越来越多的实体商家纷纷觊觎线上的消费能力时，当富有超级想象力的马云在 2016 杭州云栖大会上畅想"未来的十年二十年，将不再有电子商务这一说法，线上线下和物流必须结合在一起"的"新零售"时代蓝图时，总部位于美国西雅图的全球电子商务开山鼻祖亚马逊已经在线上线下联动出击，倚靠技术创新实施组合营销，给全世界新营销产业掌门人好好上了一课。

在过去 10 多年中，亚马逊在云计算领域投入了大量的精力和资金，打造了 Amazon Web Services 平台，公司创始人贝佐斯（Jeff Bezos）把云计算领域和细分垂直领域巧妙地结合在一起，打造了一个精致的数字帝国，挣得盆满钵满。瑞士信贷分析师尤金·克莱克（Eugene Klerk）在 2017 年 2 月的报告中提到，零售巨头亚马逊现在的市值已经达到了 3900 亿美元，超过了美国排名位于前八大的传统实体零售商市值的总和。

亚马逊投身实体店铺生意，一反常态选择了书店和杂货店这两个实体产业中濒危的类群，做出了"亚马逊组合营销特色"的新媒体营销产业的标杆榜样。

亚马逊的线下书店别具特色。根据云平台的统计分析，亚马逊书店充分掌握购买人群的浏览阅读习惯，打破"陈规陋习"竖着的摆放方式，完全按读者需求"书面朝人"进行陈列。封面朝人的摆放方式，虽然空间利用率比较低，但读者可以"一目十行"最大程度看到很多书。同时，亚马逊以"打分制"取代常规的人文、社科、小说等的分类，在每一本书下面都有一段读者(非名人)书评。

亚马逊书店每本书的推荐语最下方都有条形码，让你来扫网上卖多少钱，希望消费者既有比较愉悦的体验感，同时不牺牲网购的实惠性。亚马逊书店的核心逻辑是让消费者更加依赖亚马逊的品牌，不论你是在实体店里消费还是网站上体验，实现了线上线下的高度整合度。

亚马逊的线下超市别有洞天。亚马逊做的概念性超市实体店非常酷炫，别具一格地告诉消费者"只管购物，不用结账，直接走人"。

亚马逊超市的线下购物系统融入了机器学习、计算机视觉、传感器技术、人工智能等多个领域的前沿技术，首先打开 Amazon Go App，刷一下二维码，有点像进地铁站一般就进入了超市，消费者的一举一动都被摄像头记录并传入系统。

拿起一样东西，系统会自动记录物品及数量，想了想又不要了，放回去系统会自动扣除，当走出门后，商品就会自动被识别，并且完成结算，并在手机上显示详细清单，买了什么以及自动扣款。亚马逊的这项创举，不用排队，不用结账，不用注册，取消了排队结账步骤，人们到超市购物，可以选完东西拿了就走。亚马逊结合人工智能做的概念型超市，保留了逛的元素，保留了实体商业带给人的体验感、愉悦感和互相比价选择的纠结感。①

与此同时，电视购物、广播购物以及报纸杂志购物等逐步开始掌控多元化的跨媒体平台，注重聚合营销，实现虚拟通路和实体通路的结合，在传统模式之中加入互联网平台等形态模式，以进一步整合资源，在发挥传统媒介的权威优势的同时，将新的技术融入产业的发展之中，逐步向多屏互动的局面迈进，实现利益最大化。

经过 20 多年的发展潜变，新营销产业正朝着集约化规模化方向行进，几家寡头垄断市场的局面正慢慢形成，很多小的零散公司被挤压吞并。按照商品交易总额（GMV）排序，全球前十的最大电商公司，包括排名靠前的中国阿里巴巴集团（26.6%）和京东（3.8%）、美国亚马逊（13.0%）和易贝（4.5%），几乎控制了全球零售电商市场的半壁江山（48.9%）。当然，这些巨头之间的纷争，也造成了市场份额排序的重大变化。比如，亚马逊跟京东都出售自营产品，来自平台卖家的营收不断增长，并都在以非常快的速度夺得本国的市场份额。2015 年，几乎 1/3 的美国电商零售交易都发生在亚马逊上，在 2012 年这一比例只有 12%。在美国，eBay 的电商零售市场份额在过去几年间一直在销售低迷的情况下稳步下降。

中国的新营销市场也在悄然变化，京东商城在中国的市场份额从 2012 年

---

① 参见高山拂尘：《马云傻眼了，亚马逊让美国提前进入新零售时代，超过 8 大实体零售商总和》，2017 年 2 月 5 日，见同花顺金融服务网。

的 5.1% 提高到了 2015 年的 11.3%。阿里巴巴在过去几年的销售业绩每年约增长 43.4%，在中国的电商市场份额从 2014 年的 81.1% 下降到了 2015 年的 78.5%。一年之后的 2016 年，阿里巴巴在中国网络购物的市场份额再度下滑降至 56.6%，而京东商城继续上升市场规模增至 24.7%。2017 年"双十一"前后，蓄势已久的"二选一"事件经过几年间的发酵，引发出行业内外的极大关注。

2013 年 6 月，京东店庆大促，时任京东商城副总裁的黄莺春写了一篇名为《二选一，这条通往奴役之路，你走么》的文章，声讨阿里逼商家二选一。文章说："做服务行业的有一点要想清楚，就是客户是甲方，是上帝，如果作为乙方不能设身处地为客户利益最大化着想，而凭一时之势控制要挟客户，那么不光合作愉快不了，好日子可能也很快到头了。"

2015 年 11 月 3 日，京东集团在其官方微信公众号"京东黑板报"上发公告称，近期京东不断接到商家信息，反映阿里巴巴集团在"双十一"促销活动中胁迫商家"二选一"，并称已向工商总局实名举报阿里巴巴扰乱电子商务市场秩序。商家表示，阿里巴巴向其传递的信息是：如果参加天猫"双十一"主会场活动，就不允许参加其他平台"双十一"主会场活动，对于已经和其他平台达成合作意向的，则要求商家直接退出，否则会在流量和资源位等方面进行处罚或制裁，导致商家无法正常参与其他电商平台的"双十一"促销活动。

2017 年 11 月 22 日，上海瀛东律师事务所高级合伙人惠翔律师（阿里的法律顾问）在微博公开发文称发现异动舆情，透露在天猫"双十一"等大型活动前，阿里巴巴遭遇近五百个账号 9700 余篇网络黑文攻击，其中以所谓"二选一"和"垄断"为名恶意攻击达 4600 余篇，攻击矛头直指博客教父方兴东。① 这场"二选一"至今余波未平，倒是真真切切映照出京东商城的快速崛起，无形中向中国网络购物旗舰阿里巴巴发起了挑战。

---

① 参见朱银玲：《阿里称遭有组织谣言攻击　矛头直指博客教父方兴东》，《钱江晚报》2017 年 12 月 25 日。

第二节 营销特点

以互联网为主体的新型营销方式是因特网爆炸式发展的直接产物，是网络技术应用与产业嫁接的全新发展结果。网络传播本身所具有的开放性、即时性、定位性、时尚性、全球性、低成本、高效率、便捷性和灵活性等特点，与新时期人们追求高效快捷便利的消费理念不谋而合，使得新媒体营销大大超越了作为一种新的贸易形式所具有的基础价值。新媒体营销不仅改变了企业本身的品牌、生产、经营、管理与后续服务活动，而且影响到整个社会的经济运行体系、消费观念、消费结构与产业结构。以互联网为依托的"电子"技术平台，为传统商务活动提升到新型的、更为宽阔的产业区间，其各种优势交织在一起的潜能与效益，使传统营销手段望尘莫及。

亚马逊公司是美国最大的一家网络电子商务公司，是网络上最早开始经营电子商务的公司之一。亚马逊成立于 1995 年，一开始只经营网络的书籍销售业务，现在则扩展到范围相当广的其他产品，已成为全球商品品种最多的网上零售商和全球第二大互联网企业，在公司名下，也包括了 AlexaInternet、a9、lab126 和互联网电影数据库（Internet Movie Database，IMDB）等子公司。亚马逊及其销售商为客户提供数百万种独特的全新、翻新及二手商品，如图书、影视、音乐和游戏、数码下载、电子和电脑、家居园艺用品、玩具、婴幼儿用品、食品、服饰、鞋类和珠宝、健康和个人护理用品、体育及户外用品、玩具、汽车及工业产品等。透过亚马逊的发展轨迹，可以看出全球新媒体营销的主要特色。

2004 年 8 月，亚马逊全资收购卓越网，使亚马逊全球领先的网上零售专长与卓越网深厚的中国市场经验相结合。2007 年卓越改名为"卓越亚马逊"，2011 年，再次更名为"亚马逊中国"。亚马逊中国秉承其全球战略，以科技创新为发展理念，将仓储、物流所代表的供应链管理能力视为电商长期竞争力。亚马逊的供应链管理，实际上就是把商品从生产厂家搬到消费者手里，用最短、最经济、最有效的方式完成这个流程。亚马逊通过科技的手段使这个流程达到最优，不必参与价格战，而是坚持"天天低价"。这家在云计算和大数据方面走在业界最前端的公司，数据化运营已经贯彻到供应链的每一个环节，包括进什么货，进多少量，产品如何定价，在节假日如何制定促销价等等，一切都由机器完成。

一、全球性

新营销产业的全球性包括经营主体的全球性、产品与服务制造商的全球性，消费人群的全球性以及售后服务的全球性等等。跨境电子商务的流行趋势，也是新营销产业全球性特征的标志之一。据 Pitney Bowes（必能宝集团）发布的《2016 年全球网络购物报告》，超过 2/3(66%) 的消费者进行过跨境网络购物。新加坡（89%）、澳大利亚（86%）和香港（85%）是跨境网购消费者数量最多的国家和地区，而日本（34%）和美国（45%）跨境网购还在发展之中。[1]

如果说报纸杂志广播电视特别是卫星电视打破了信息传播的地域界限，让人们感受到别有洞天的"地球村"如此这般美妙。那么，互联网络、开放源代码（资源开放共享）和信息搜索等科技进步与社会协议的交合，让"世界正被抹平"，个人与公司在全球化过程中得到了前所未有的权利。"现代科技和通信领域如闪电般迅速地进步，使全世界的人们可以空前的彼此接近——在印度和中国创造爆炸式增长的财富。在美国本土，世界的平坦化正在剧烈地改变人们的生活方式"，"全球化正在滑入扭曲飞行的原因和方式"。[2]

新媒体营销正是在"世界是平的"状态下，改变了人们积习多年一贯不变的上街购物惯性，挥洒自如寻找属于自己天空的产品与服务。无论高低贫贵，无论天涯何处，无论什么语种，都可以自由自在地享受着各自最为舒适的购物氛围。新营销手段(包括专业网站营销、博客微博客营销、电子邮件购物营销、

---

① 参见《2016 年全球网购报告：跨境电子商务已成为流行趋势》，2016 年 10 月 31 日，见中国国际电子商务中心。

② 参见［美］托马斯·弗里德曼：《世界是平的：一部二十一世纪简史》，何帆等译，湖南科学技术出版社 2006 年版。

短信微信飞信营销等等）的多样化，为多样化的消费者接收与传递商品和服务信息创造了便利条件，高科技支撑的新型支付手段，确保了交易双方的财产安全，形成了传统店铺购物时代所不具有的全球化消费人群。

在阿里巴巴集团变成中国最大的电子商务平台后，马云将目光集中到全球舞台上。在 2017 年这一年的时间，马云已经花费 800 多个小时考察全球数十个国家，会见了许多国家首脑、商界领袖，并向他们阐述"来自世界各地的小企业都能在阿里巴巴平台上自由、安全地交易"的美好宏愿。按照马云雄心勃勃的构想，阿里巴巴上的总商品价值在 2020 年将达到 1 万亿美元。到 2036 年，阿里巴巴平台将为 20 亿客户服务，成为世界事实上的"第五大经济体"，其销售额仅次于美国、中国、日本以及欧盟的国民生产总值（GDP）。

为了实现目标，马云访问底特律时在 3000 多名美国小企业主面前明确表示，阿里巴巴并非在与亚马逊竞争以向美国消费者出售产品，相反它将充当美国企业接触数以亿计富有中国消费者的门户，并为他们提供物流、营销以及在线支付等帮助，并承诺未来 5 年内在阿里巴巴购物平台上增加同等数量的美国商家，以此帮助在美国创造 100 万个工作岗位。

在世界其他地区，阿里巴巴的全球足迹正通过投资本地合作伙伴扩展。在过去 2 年内，阿里巴巴斥资 210 亿美元进行大肆收购，该公司持有印度商务平台 Paytm 和 Snapdeal、东南亚顶级购物网站 Lazada 等公司的股份。阿里巴巴旗下金融子公司蚂蚁金服已经投资泰国、韩国以及菲律宾的支付平台，并在进一步向南非扩张。2016 年，数以千计的品牌登陆天猫，Tmall Global 的外国品牌增长了 169%。

除了电子商务的全球化扩张，阿里巴巴的支付、娱乐以及云计算部门也在向全球推进，阿里云正吸引国际客户，价格比亚马逊 Amazon Web Services 便宜 85%。尽管蚂蚁金融收购美国支付公司 Moneygram 受到阻碍，但其已在美国为数以百万计的零售商提供支付服务。①

---

① 参见小小:《马云在海外拼命推销，阿里全球化野心能实现吗?》，2017 年 7 月 4 日，见网易财经。

二、即时性

新媒体营销跨越国界穿越时空，无论购销两方身处何地，无论白天与黑夜，只要利用浏览器轻点鼠标，或拿起智能移动终端设备，就可以随心所欲地登录任何国家、任何地域的购物网站，在瞬间实现"面对面"的直接沟通进行买卖。在平常看似很复杂费时费力的交易，在瞬间即时完成。不仅如此，新媒体营销还可以实现"即时购买即时消费"，扫码骑车开车早就不是新闻，刷卡坐车无人销售将生活节奏瞬间提速，一家几口在网络平台下单"等米下锅"不再是笑谈，男女情侣看单下菜"美味从天而降"已经是寻常故事。成立于2010年的美团网，现已稳居中国快餐外卖行业第一名，目前已覆盖北京、天津、沈阳、厦门、宁波、武汉、昆明等城市，和城市当地外卖配送团队建立合作，实现以分钟为单位的即时配送，力争真正做到"把世界送到消费者手中"。近年来，我国网上外卖用户规模和销售业绩保持高速增长，截至2017年12月，我国网上外卖用户规模达到3.43亿，较2016年底增加1.35亿，同比增长64.6%。

新媒体营销大大简化了传统购物流程，以科学精确的电子化、数字化和程序化手段，减少了大量中间环节，通过以电子流代替了实物流，电子货币替代"硬通货"，大量减少了人力、物力和财力，降低了运营成本。同时，新媒体营销突破了时间和空间的限制，交易活动可以在任何时间、任何地点进行，从而大大提高了效率，实现了识别、订购、下单、购买、物流和售后服务一体化，商品与服务在第一时间就可以与消费者直接对接，保证了足不出户就可以采购到源自世界各地的商品与服务，也确保了新营销所具有的其他任何购物方式所不具备的即时性特征。

新媒体营销所具有的即时性、移动性和伴随性特征，可以在第一时间传输信息，让用户即时感受和体验外界商品与服务的瞬间变化；感受和体验其即时性特质，则是依靠接收终端的移动性和伴随性功能来实现的，使得用户无时无刻、随处随地看到自己所需要的资讯。

三、多元性

新媒体营销是对传统消费观念的颠覆，是 21 世纪世界产业格局的重新洗牌。网络购物聚汇的多重营销组织和多种传播与管理技术，催生出多元化的信息内容，确保了海量信息的有效传递和储存复制。与传统大众消费相比，新媒体营销更多是第一时间第一落点的即时选择和瞬间决定，速度迅捷而又现场感强烈，普通民众参与其中，更具认同感和共鸣感，是一种全新的购销体验。

新媒体营销的多元性可以概括为网民参与（无论购买还是销售）的多元化（覆盖了不同地域不同年龄不同职业职位和不同教育背景）、商家种类的多元化（包括集中店铺型如亚马逊天猫京东当当等、专业综合团购型、店铺上线型如苏宁易购和国美在线等、媒体购物如中视购物、上海东方购物等的网络商城）、线上产品与服务的多元化（《2014 年 6 月电商价格数据分析报告》显示，仅 2014 年 6 月份，我国网络购物降价商品总数超过 589 万件，涉及家电、食品、服装鞋帽和家政服务等各个方面）和支付手段多元化等。

四、交互性

新媒体营销与传统店铺营销最大的差异，在于打破了惯有的购销路径，过往多年以逛街购物为休闲方式不复存在，取而代之为新媒体营销经营者和消费者的界限模糊，有时候还会在顷刻间位置颠倒。他们在一个商圈是经营者，转瞬到了另一个商圈就变为购买者即消费者。这种彼此随时的位置颠置，打破了惯有的面对面推销范式，可以即时互动联动，保证了新媒体营销的高效率高动能。

QQ、博客、微博客、微信、飞信、BBS 和网络直播的弹幕镶嵌式营销等等助推新媒体营销，可以随时随地找到传受双方的交替性特征注脚。在查看博客微博客和接受微信的商品信息时，受众是信息接收者围观者，当其有了想法立时发布微博微信，他就变为了信息传播着，瞬间实现了角色转换。

微商是新媒体营销交互性特征极为显著的代表，指企业或个人通过微信、微博等互联网社交平台进行商品线上分销的商业活动，是一种高度社会化离散性分销模式。在微商平台，人人都可以成为微商体系的分销者。

在微商的商业模式中，微信是实现销售和分享的重要工具。目前，微信是中国使用人数最多的移动互联网应用，占整体覆盖数近 90%。平均每 10 台移动设备中，将近 9 台装有微信，在用户覆盖上占有绝对优势。庞大的微信用户人群，为微商的发展提供了基础条件。艾瑞咨询数据显示，2016 年中国微商行业市场交易规模为 3287.7 亿元。随着传统电商流量红利渐失，移动与社交相结合的微商市场成为各电商及品牌竞相布局的渠道之一，而微商法规出台、传统电商和品牌入局，微商市场未来仍将有较大的发展空间，2017 年我国微商规模有望突破 5000 亿元人民币。

QQ、博客、微博客、微信、飞信、BBS 和网络直播的弹幕镶嵌式营销等互动式、联动式的传播方式，让经营者和消费者地位发生了彻底倾覆，对网络购物的信息传递与交换的感觉耳目一新，真正享受大数据时代信息传播的愉悦与快乐。消费者在接收信息之余，可以即时传达自己的意愿和建议，发表自己的观感，舒展自我情怀，倾吐心中怨气，不亦乐哉。点赞、好评、围观、吐槽、灌水、跟帖、贴吧等的联动性，是新媒体营销交互性的集中体现，它可以灵活地部署各类增值服务，根据用户不同的年龄、职业、收入状况、爱好，提供不同的个性化服务，也使得不同购销人群在不同的赛博空间聚集在一起或宣泄或高歌或激愤或呐喊，尽情享受当家作主的壮志豪情。

五、定位性

当下，很多移动终端都具有传统媒体所不具备的 GPS（全球定位系统）功能，运营商可以依据 GPS 提供的不同区位的信息，锁定目标受众，即时调配信息和服务。消费者也可以根据自身的位置和行进方向需求，选择所需要的产品或者服务。

美国店内移动营销平台提供商 Swirl CEO 希尔米·奥兹古奇（Hilmi Ozguc）表示，传感器现在已经开始融入零售购物环境。当顾客刚一走进商店，这些公司就会利用传感器激活系统，向他们的智能手机上发送个性化商品优惠信息和内容。传感器可以更为准确地锁定一个人的地理位置，零售商就可以基于顾客所在位置——无论他们是恰好经过商店外面、走进商店，还是浏览店内某件东西，量身定制优惠信息并发送至他们的智能手机。利用传感器激活增值移动体验或高度个性化服务，可以从根本上转变零售购物体验。除了更为便捷外，这些传感器还会让我们变成更聪明的消费者，能让零售商根据我们每一个人的口味和喜好，打造一种高度定制化体验。[1]

新媒体产业的定位性特征在中国的"共享市场"得到了发扬光大，渐变为中国特色的新媒体共享产业。有了定位性，就可以根据自行车的需求状态和使用状况安排投放，就可以精确计算投入产出比例。2017年，共享单车是用户规模增长最为显著的互联网应用类型，国内用户规模已达2.21亿，共享单车业务在国内已完成对各主要城市的覆盖，并渗透到21个海外国家。随着共享单车行业竞争的加剧，资金实力较弱、产品创新能力不强的中小企业在下半年普遍开始面临日渐增长的资金链压力，造成大部分中小型厂商退出市场。《网络预约出租汽车经营服务管理暂行办法》施行以来，各地网约车细则陆续出台调整准入门槛，网约车企业谋求转型与跨界融合提升营利能力，与旅行、招聘等企业合作，分享客户资源进行跨界营销推广。

第三节　消费人群

消费人群是指通过互联网等新媒体在电子商务市场中购买产品和服务等活动的个人或群体，包括通过网络购买和使用产品与服务的消费人群，也包括参与网络消费购买过程和使用过程的所有人。截至2013年底，全球网络购物人数约为11.5亿，较2012年的9.036亿人有所提高。根据联合国贸易和发展会议对全球130个经济体电商发展情况的一份调查报告显示，2013年到2018年，

---

[1] 参见张泽伟：《美欧日抢占物联网国际竞争制高点》，《经济参考报》2010年6月25日。

全球网购人数将增加 50% 左右，从 2013 年的 10.78 亿增加到 16.23 亿。

在我国互联网迅速发展和网民规模不断扩大的同时，新媒体营销已逐渐成为与消费者消费行为密切相关的重要消费途径，新媒体消费者的活动愈加丰富，中国新媒体营销的市场规模、参与商家和消费者数量雄踞世界第一位。

网络购物的消费人群数量与中国网络购物的整体发展息息相关。新世纪初，中国网络购物基本上处于摸索国外经验蹒跚学步，参与购物的人数徘徊在 3 万人左右。2003 年，"非典"肆虐华夏大地，人们不得不寻找一条不要出门不要接触外界人群就可以买到自己的必需品的路径。网络购物人群一下子跃升到 24 万。经过 2004 年的沉淀，中国网络购物人群数量在 2005 年出现质量级的数量飞跃，达到 2495 万人。此后，中国网络购物人数逐年增长，2014 年达到 3.32 亿人，即半数以上的网民都是网络购物用户（见表 3.1）。

表 3.1　中国网络购物人群数量表

年份	2003 年	2004 年	2005 年	2006 年	2007 年	2008 年	2009 年
网购用户	24 万	9 万	2495 万	3233 万	4640 万	7400 万	1.08 亿
使用率%	0.3	0.1	24.5	23.6	22.1	24.8	28.1
年份	2010 年	2011 年	2012 年	2013 年	2014 年	2015 年	2016 年
网购用户	1.61 亿	1.94 亿	2.42 亿	3.02 亿	3.32 亿	4.13 亿	4.67 亿
使用率%	35.1	37.8	42.9	48.9	52.5	60.0	63.8

2016 年，中国网络购物早已经"越界"，不仅仅限于网站营销，而是各类新媒体全渗透，各种多终端并举全参与，民众参与人群结构几乎覆盖各年龄段，用户总规模达 4.67 亿人，是 2003 年的 1940 倍，网民接触各种新媒体营销方式高达 63.8%。随着触网用户增加以及新媒体营销方式的丰富多样，中国未来新媒体营销用户在整体网民中的比例将越来越高。截至 2017 年 12 月，我国网络购物用户规模再创新高达到 5.33 亿，占到了网民总体的 69.1%。其中，手机等移动终端的网络购物用户规模达到 5.06 亿，使用比例增至 67.2%，网

络零售全年交易额达到 71751 亿元。

一、男女比例

一般认为，女性是主导购物潮流的主力因素，因为她们控制着 80％的家庭开支。中国网民的男女比例基本相同，传统上街购物貌似还是女性的挚爱。但是在新媒体消费时代，网络购物不再只是女性的专利，男性用户在网购市场中占据更大的比例。由于男性用户购物多为需求驱动型，对价格不太敏感，对于男性偏爱的商品品类（如电脑、通信数码产品及配件和家用电器等）商家可以多展示和推荐功能性较强的商品，特别是位于东部地区的区域性网购网站。

当然，个别地区的情况不尽相同。2014 年国家统计局盐城调查队随机对江苏省盐城市的部分市民进行的调查显示，女性市民成为网购的主力军。在 2013 年有过网购经历的市民中，女性市民占 67.2％，男性市民仅占 32.8％。随着新媒体营销产品的多元化，网络购物人群的男女比例在性别差距方面的表现越来越小，慢慢与网络受众人群比例相接近。

二、年龄结构

在网络购物初始阶段，年轻人是消费人群的中坚干将。一是这类人群最有机会接触互联网而且理解互联网的优势与缺陷，二是他们的快节奏生活态度、自身文化素质以及消费理念与网络购物的营销特色不谋而合。

在较长时间里，18 岁至 50 岁这一年龄段成为参与网络购物的主要购买力量，其中 18 岁至 35 岁人群最为集中。这些人是个性化的典型代表，往往富有想象力、渴望变化、喜欢创新、有强烈的好奇心，对个性化消费提出了更高的要求。他们所选择的已不仅是商品的实用价值，更要与众不同，充分体现个体的自身价值，即追求消费的个性化。在上述调查对象中，18 岁至 30 岁盐城市民中上一年有过网购经历的有 23 人，占该年龄段调查对象的

95.8%，他们多为青年人；31岁至50岁去年参与网购的有32人，占该年龄段调查对象的59.2%，他们多为收入稳定的壮年人。相比之下51岁以上的22名调查对象中只有3人在2013年有过网购经历，占该年龄段调查对象的13.6%。①

随着新媒体营销形式多样化，新媒体营销人群年龄段跨度增大，全幅式人群参与到新媒体营销阵营中来。幼稚孩童智商"早熟"，提前享受智能终端购物的乐趣。中老年人"老树新枝"，追赶时尚潮流，开始更多进入到原属青少年领地的网络营销时尚空间。他们在晚辈们引导下尝试上网购物开展网络销售，寻找属于他们自己的新奇购买乐土，谱写中老年人群新媒体销售新篇。

三、消费动机

在网络购物中，消费者表现出各种各样的购买行为，这是由消费者的不同消费需求所引起的。消费者对以商品和劳务形式存在的消费品的需求和欲望称为消费者需要，需求是在此基础上，当消费者考虑到购买力时出现的一个概念。消费者购买行为的一般规律是需求决定动机，动机支配行为，这是一个持续的、不间断的循环过程。追根溯源，新媒体营销的消费动机，有些是主动出击在互联网上体验新潮购买乐趣，似乎不参与网络购物就不够时尚；有些是在朋友的引导下尝试购买东西；还有人贪图价格便宜在"货比多家"的情况下比拼性购买，还有些人则是贪图享乐追求便利，避免日晒雨淋霜冻等气候因素，这些都可能成为网络营销的主要理由。

当下，城市的交通拥堵日益频繁，对于惜时如金的现代人来说，在购物过程中即时、便利显得更为重要。传统的商品选择过程短则几分钟长则几小时，消耗了消费者大量的时间精力，而网上购物弥补了这个缺陷。有些消费者甚至足不出户，食品、服装、日用品乃至出行旅游订票酒店住行等商品与服务都在

---

① 《我市网购人群三人中两人为女性》，2014年2月13日，见中国江苏网。

网上购买。同时，在网购中，由于不受干扰，可以让消费过程更加愉悦轻松自由。

2017 年，北京语言大学、北京理工大学、北京科技大学、华中科技大学、华中农业大学、武汉理工大学、江西南昌理工学院和广西外国语学院等的"外卖禁令"引发轩然大波，凸显出"外卖快餐"的多重正负面效应。江西南昌理工学院对全校学生、校内所有食堂和食品经营店下发了一则通知，严禁校外外卖进入学校，一经发现没收违规物品、扣留交通工具并给予处罚。校方回应称，该管制措施主要是为了保护环境，减少白色污染，并提高学生的自律自强意识和环保意识。对于校方的这项规定，多数学生表示了赞同和支持，认为一次性垃圾的危害性触目惊心，在国人环保教育面前，青少年云集的高校，应当首先倡导环保观念和绿色观念。虽然此举可能会使部分学生觉得不适应不方便，但可强制性培养学生的环保观念，摒除"躺床上玩游戏两眼不闻窗外事"的陋习。

第四节　消费类型

新媒体营销经营者针对不同类别的购物者，区隔消费类型，采取不同的营销策略和营销手段，往往会收到事半功倍的销售效果。如果消费者的网上购物经历印象良好，必然会增加网上购物的兴趣，继续扩大在线消费比例，商家应该了解熟悉不同类型的消费人群，"量身定做"为他们配置其希冀的货品，提供符合其性格特征的购物方法。

网络购物消费者有着多种类型，也存在不同的分类方式。美国 Flexo-Hiner 公司的研究结果把购物者分为网络参与型（16%，认为网上社区是最好的购物和讨论购物的场所）、隐私规避型（14%，这类购物者欣赏网上购物不需要在大庭广众之中购买那些比较隐私的商品）、价格折扣型（15%，购物者非常在意商品价格，网上购物主要是寻找价格低的商品）、购物厌恶型（14%，对过去网上购物经历不满意）、商品浏览型（12%，只在网上查看商品，而在网下购买）、贪图方便型（14%，这类购物者认为网上购物最大的好处是可以不出家门）和自动监控型（15%，这类购物者比较欣赏网上购物可以自动监控整个购物流程）7 种类型。还有人认为，应该增加一种类型，即"购物成瘾型"。这类购物者一般居住在我国的大中城市，年龄在 20 岁至 40 岁之间，有一份不错工作的女士居多，她们天天逗留在网上，沉迷于网上购物，经常透支购买一些不需要的商品，可以说是典型的"月光族"。

据美国杨百翰大学的研究成果，通过在对 4000 名网络用户态度的调查结果的统计基础之上，把网络消费者分为网络狂热型、冒险学习型、初次尝试型、工作需要型、担心安全型、生活习惯型、技能限制型和需求差异型。

网络狂热型是网络营销的主力军，是新鲜事物的尝试者，多以年轻人为主，他们喜欢追逐潮流，并且将其视为自己与他人的不同之处。他们经常上网"冲浪"，不仅自己经常在网上购物，还向别人讲述自己的购物经历，并且会推荐他人上网消费。

我国网络购物细分出来的消费类型有夜淘族、剁手族、囤货族、逛逛族、收藏族、吃货族、旅行族、拾惠族等不同族群。

一、剁手族

"剁手族"是新营销消费最具代表性的群体，特指在各种新型营销渠道上浏览搜寻新潮前沿的商品与服务、不知不觉间花费大量金钱的年轻一族。他们在新营销过程中兴奋不已，下单也毫不含糊犹豫，回头一看账单又懊恼不已，自嘲要"剁手"，"剁手""洗手"之余，继而通过各种新营销渠道不由自主下单购买。这类人群通常是混迹职场的白领，具有一定经济实力但不是钱包鼓鼓的新晋职员，有不少是"月光族"。拥有上百万族员的"剁手族"是淘宝天猫最知名的用户群体，除了表现活跃（每年收到支付宝对账单后微博上就是一片"再买就剁手"的哀号），还有诸多名人争当"族长"。

据统计，这上百万人人均年购物总额高达 20 万元，人均购买次数接近

600 次，人均购买商品数超过 200 件——相当于每两天就要"手贱"买 3 次东西。从省份上来看，"剁手族"多集中在浙江、广东、江苏等地。从单个城市来看，则是上海最多，有 10 万人之多。

二、囤货族

"囤货族"指的是以箱为单位买卫生巾、以升为单位买沐浴露、以斤为单位购买食盐，而且一买就要买够一年的量才安心的一类特殊新营销购物人群。这部分人对市场缺乏科学判断，又生怕没有占到集中采购价廉物美的便宜，是典型的由于缺乏安全感而疯狂购物的症候群。

囤货族人口超过了剁手族，总人数近 200 万，他们平均每购买一次必需的商品数量约为 60 件。我国最爱囤货的内地省份是河南省，平均每次囤货近百件。分析报告认为，这或许与河南当地的网购和快递业不够发达有关。囤货族可不是 50 岁以上中老年人的天下，这一规模庞大的群体中 25 岁至 34 岁的青年人最多。

三、跳蚤族

"跳蚤族"是指最钟爱在互联网上转让、精选二手物品的人。跳蚤族用他们特殊的方式来进行废物利用保护环境，变废为宝，"点石成金"，成为中国网络购物舞台上很有代表性的一类。

据统计，淘宝上每天有上百万"跳蚤族"活跃在淘宝跳蚤街，主要集中在广东、上海、浙江、江苏和北京等地。根据淘宝跳蚤街对二手消费者做的调查，18 岁至 30 岁年龄段的年轻人最容易接受在互联网站上及 QQ 微信等移动营销终端上进行旧物交易，尤其是北上广深杭等一线城市的白领，更是主要的购买群体。从购买闲置用户的月收入水平来看，较全网消费者的平均值偏高，也就是说高收入人群更热衷于淘旧物。

从"跳蚤族"爱淘的旧物商品类型来看，女装和手机是两大热门商品。据统计，每天有超过 6000 件二手女装被转移给其他人，还有 3381 部旧手机在新主人那被重新利用。

四、收藏族

收藏族主要指在网络购物中以购买收藏品为主的人群。如果说其他族群都有共同特征，那收藏族要算区别最分明的了。这个族群里有收集古董、邮票的高端族人，也有成天就想尝遍所有口味泡面的平民。

据淘宝数据统计，收藏族员有 102.7 万人，男女比例较均衡，以 25 岁至 34 岁为主力。他们青睐的东西，大多数是古玩、奇石、外国钱币、邮品、文房四宝等物品，也不乏香水瓶、电话卡、电影道具、利是封、hello kitty 系列等特殊物品。此外，也有奇葩的泡面癖的存在，调查发现，竟然有 313 个人一直在收集各种口味的泡面。

五、夜淘族

"夜淘族"是指习惯在深夜 23 时至次日凌晨 5 时之间浏览各种网店，希望在互联网上"沙里淘金"的一类人。2009 年开始的"双十一"购物狂欢，让夜淘族尝到了更多甜头，吸引进来更多的"志同道合者"。据知，夜淘族大致有 2283.2 万人，是族群中规模最庞大的一个群体，且男女比例相当，为 48：52。这一群体普遍为年轻能"熬"的 25 岁至 29 岁网购族，主要分布在广东、江苏、北京、福建等地。①

---

① 参见曾静平等：《网络购物产业》，陕西师范大学出版总社 2015 年版。

| 第四章 |

新广告产业

所谓新广告指的是伴随着新媒体的产生与发展而不断涌现以及派生的广告产品与服务，新广告产品与服务不断丰富集聚而成的产业平台即是新广告产业。

新广告产业不仅仅是"新媒体广告"，而是将所有与之关联的"新内容"、"新终端"、"新形式"和"新服务"一网打尽，"新"包括了管理制度新、传播渠道新、蕴含内容新、表现形式新、受众人群新、传输速率新和传播效果新等多个方面的"标新立异"。

与传统广告产业不同的首先是广告渠道更为丰富，既有网站广告也有电子邮件广告、QQ广告、短信广告、微信广告，还有相伴网络直播的弹幕广告等。新广告产业表现形式多种多样，从最早出现的简单文字广告、图片广告、旗帜广告逐渐演变为文字链接广告、浮动式广告、弹出式广告和嵌入式广告，现在升华到丰富多彩的音频视频广告、融入3D技术虚拟现实广告、搜索广告、文字内置广告、游戏内置广告、横批广告、按钮广告、浮动标示/流媒体广告、"画中画"广告、摩天楼广告、全屏广告、对联广告、视窗广告、导航广告、焦点幻灯广告、背投广告、墙纸式广告、竞赛和推广式广告、直播弹幕广告等。

第一节 发展溯源

新媒体广告早期主要是网站广告，产生于 1994 年的美国。当年 10 月 14 日，美国著名的 Wired 杂志推出了网络版的 Hotwired（www.hotwired.com），其主页上开始有 AT&T 等 14 个客户的广告旗帜（Banner）。一般认为，这是新媒体广告史上的里程碑事件。

从此，以网站广告为主体的新媒体广告发展逐渐进入正轨，广告主和受众慢慢接受了网络广告这种新的广告形式。此后，网络广告发展异常迅速，1996 年网络广告在美国发展渐成气候，很多广告公司专门成立了"互动媒体部"。1999 年第 46 届国际广告节，将网络广告列为继平面广告、影视广告后的第三大广告。

进入 21 世纪之后，全球网络广告进入到快行通道，市场规模不断增长。2003 年，全球网络广告市场支出首次突破百亿大关，高达 115 亿美元。2004 年，全球网络广告增幅高达 91%，全年市场支出达到 220 亿美元。根据实力传媒的统计数据，2005 年，全球网络广告市场规模超过 500 亿美元，达到 509.5 亿美元。2011 年，全球网络广告同比增长 13.9%，规模达到 728.4 亿美元。英国的网络广告持续发展，在 2007 年时英国网络广告份额已达到 15%，远高于 7% 的世界平均水平。在 2007—2009 年的 3 年里，英国网络广告市场每年以 30%—40% 的幅度增长。根据 2012 年 5 月来自欧洲交互式广告局和 HIS 屏幕数字的报告，英国营销者和品牌产品继续将广告预算移到线上，2011 年网络广告规模达到 290 亿美元。

近年来，全球网络广告增长速度约 16%，专家预计 2014 年全球网络广告有望突破千亿美元大关的预言提前在 2012 年实现。根据数字营销咨询公司 eMarketer 公布的数据，2012 年全球在线广告支出达到 1020 亿美元，首次突破 1000 亿美元大关。2016 年，全球网络广告总规模飙升到 2240.4 亿美元。全球在线广告支出从 20 年前几乎零起步，到今下的历史性突破，网络在线广告支出规模超过了全球整个广告支出的 20%。

一、美国网络广告

美国网络广告在上个世纪末增长率非常高，1996 年达到峰值 385.5%。经过 2000 年末"互联网市场泡沫破裂"，2001 年、2002 年其市场出现连续下滑，到 2003 年才开始回暖。2004—2007 年间其增长率一直保持在 20%—35% 之间，发展比较平稳。当 2008 年美国金融危机爆发，全美广告市场整体萎缩，唯有移动广告、互联网广告等新媒体广告逆势增长。

IAB（美国互动广告局）和 PwC（普华永道）联合发布的 2011 年美国网络广告收入报告，盘点了美国网络广告过去 10 年间的发展情况。2002 年到 2011 年的 10 年里，美国广告市场规模由 6 亿美元增长到 317 亿美元，复合增长率为 20.3%。[①]

2013 年，美国网络广告收入达到创纪录的 428 亿美元，比 2012 年增长了 17%，首次超过传统电视广告的收入，一举确立了新媒体广告的龙头地位。2013 年，美国的电视广告收入为 401 亿美元。

此后的几年间，美国网络广告风头强劲，几大网络巨头谷歌、微软和雅虎等占据着全球联网广告 60% 左右的份额。2007 年，美国五大网络大鳄鲸吞全世界 68.9% 的网络广告市场。2010 年，谷歌一家公司通吃全球网络广告市场份额的 44%。2016 年，谷歌广告年度总收入高达 793.8 亿美元，四个季度的收益分别为 180.2 亿美元、191.4 亿美元、198.2 亿美元和 224.0 亿美元。

此后的几年间，脸书、IAC、亚马逊、推特和 Linkedin 等网络影响力强势崛起，蚕食谷歌、微软和雅虎等在互联网广告的地盘。脸书凭借独树一帜的特色经营异军突起，从 2013 年开始取代微软与雅虎并超越了众多美国互联

---

① Nielsen, State of the Media:The Social Media Report Q3 2011,（R）.

网公司的广告收益，在全美广告市场占据显赫位置，仅次于谷歌稳居第二位（见表 4.1）。

表 4.1 美国主要网络公司广告占全球网络广告市场份额 ①

（单位：%）

公司名称	年 份						
	2006 年	2007 年	2008 年	2009 年	2010 年	2013 年	2014 年
谷歌	34.9	40.3	42.5	41.9	44.1	39.9	40.8
微软	8.1	7.9	4.2	4.0	4.0	5.9	5.7
雅虎	18.7	14.9	11.7	9.6	8.3	5.8	5.4
美国在线	6.3	5.5	4.2	2.2	1.5	2.3	2.1
脸书	0.2	0.4	0.6	1.4	3.1	7.4	8.2
总计	68.1	68.9	63.2	59.2	61.0	61.3	62.2

脸书近年来优异的表现，主要归功于行动事业的持续佳绩，该事业未来将借与 Instagram 的深层综效，以及将影片广告纳入动态讯息等新功能，提供公司在网络广告上无限潜力。尽管脸书 2013 年 31.7 亿美元的年度广告收益与谷歌的 170 亿美元相比显得渺小许多，但其发展后劲令竞争对手不寒而栗。2016 年，脸书广告业务的营收为 268.85 亿美元，比 2015 财年的 170.79 亿美元增长 57%，占全球网络广告市场份额的 12%。

微软广告营收占比从 2013 年的 5.9% 下滑至 2014 年的 5.7%。② 根据市场调研公司 eMarketer 2016 年 4 月发布的一份报告，微软广告业务在经历 2014 年的急剧下滑后在 2015 年实现反弹，全球广告业务营收同比增长 20.8%，达到 24.8 亿美元。

---

① 数据来源：阳狮集团（Publicis Group，法国最大的广告与传播集团）下属的广告公司实力传播集团（ZenithOptimedia）2011 年 12 月 5 日发布的全球广告市场报告，搜狐 IT 以"谷歌吞全球网络广告 44% 份额 Facebook 将超微软"为题转载。

② 王传强：《脸书跃全美数位广告 2 哥》，《工商时报》2013 年 12 月 21 日。

二、中国网络广告

我国的网络广告起步较晚，中国的第一个商业性的网络广告出现在 1997 年 3 月，传播网站是 Chinabyte，广告主是 Intel，广告表现形式为 468×60 像素（px）的动画旗帜广告。Intel 和 IBM 是国内最早在互联网上投放广告的广告主。1999 年，中国广告商情网协办的"99 中国网络研讨会"标志着业界对网络广告的重视。

历经 20 多年的发展，我国网络广告经过摸索、煎熬、洗礼和突破，年增长率保持在 40% 以上，且出现了一次次巨大飞跃。2001 年，我国网络广告市场规模仅为 4.6 亿元人民币。2003 年，我国网络广告市场规模达到 10.8 亿元，比前一年增长 116.2%，但在全球市场中的份额只占 1% 多一点。2007 年，中国网络广告吹响冲锋号，市场规模突破百亿元。2013 年，中国互联网广告石破天惊，市场规模突破千亿大关，达到 1100.1 亿元，同比增长 42.3%。中国网络广告市场规模在突破千亿大关之后，随着市场的成熟度不断提高继续平稳发展。2017 年，中国网络广告与上一年同比增长 28.8%，网络广告市场总规模达到 2957 亿元人民币，两年时间从 2000 亿元人民币大跨越接近 3000 亿元人民币的新台阶（见表 4.2）。

表 4.2　2001 年以来中国网络广告情况 ①

年份（年）	广告额（亿元）	增长率（%）
2001	4.6	—
2002	6.1	32.6
2003	10.8	77.0
2004	23.4	116.7
2005	40.7	73.9
2006	60.5	48.6

① 数据来源：依据中国广告协会官方数据和艾瑞统计模型综合。

年份（年）	广告额（亿元）	增长率（%）
2007	106	75.2
2008	181	70.4
2009	202	11.8
2010	325	61.1
2011	519	59.6
2012	773	46.8
2013	1100	42.3
2014	1540	40.0
2015	2094	36.0
2016	2295	10.0
2017	2957	28.8

注："—"表示未统计。

自 20 世纪 90 年代后期以来，国内主要中文门户网站一直处于一个"三国鼎立"的局面，新浪、搜狐和网易各据一方。门户网站的营利主要来源于网络广告，同时门户网站也占据网络广告的半壁江山。2006 年，新浪以 9.5 亿元人民币网络广告收入占中国网络广告市场比重的 20.4%，搜狐以 6.5 亿元人民币占 13.9%，网易以 3.1 亿元人民币占 6.7%，qq.com 以 2.8 亿元人民币占 6%，TOM.com 以 1.1 亿元人民币占 2.4%。中国主要门户网站累计占网络广告市场比重接近 50%。

新浪是全球最大的中文门户网站，其主要营利模式是广告 + 无线增值服务。新浪在新闻、内容、无线增值这些方面最具竞争力，线上广告在总收入中所占的比例也越来越大，从 2005 年第一季度的 36% 迅即攀升至 2006 年第四季度的 63%，广告收入在总收入中的比例两年内增长了 27%。根据新浪公布的 2012 年第四季度及全年的财报，2012 年，新浪广告营收

4.129 亿美元,较上年度增长 12%。2016 年,新浪全年网络广告营收为 8.71 亿美元。

搜狐从一开始就与新浪展开了正面的竞争,其战略布局和产品结构与新浪极其相似。搜狐公司的企业客户服务包括在其网络矩阵上投放的在线广告以及在其自主研发的搜索引擎上投放的付费搜索和竞价搜索广告服务。在过去很长时间,搜狐的广告收入总量明显低于新浪的收入总量,但搜狐对广告的依赖即广告在搜狐总收入中占的比重,要远远高于新浪。在 2006 年的收入结构中,搜狐的广告比重最高为 69.3%(新浪为 63%)。2007 年,搜狐全年广告收入 1.192 亿美元,较上一年增长 30%。2008 年,搜狐抓住北京奥运会的契机,使得广告收入进一步提升到 1.76 亿美元。2012 年搜狐网络广告收入 4.15 亿美元,超越了新浪广告收入的 4.15 亿美元。2016 年,搜狐网络广告收入明显下滑,从 2015 年的 5.77 亿美元下降到 4.48 亿美元。

网易是中国领先的互联网技术公司之一,网络广告收入占总收入的 13% 左右。2006 年,网易网络广告收入为 3530 万美元,2007 年为 4180 万美元,2008 年为 5950 万美元。2012 年,网易网络广告收入达到 1.376 亿美元。2016 年,网易网络广告收入增长 13%,广告总收入为 3.11 亿美元。

腾讯是国内最丰富的在线生活平台,提供从即时通信、资讯服务、微信、休闲游戏到电子商务的全方位服务模式。腾讯依托其丰富的产品线以及全新的广告合作模式,通过与不同产品的结合,使品牌及产品更加友好地展现在用户面前。在网络营销方面拥有传播范围广、互动性强、投放精准等特点,与国内外无数知名的企业合作,为他们提供最有效的网络营销解决方案。

近年来,腾讯广告业务增长迅猛。2008 年,腾讯广告收入达到 1.301 亿美元,是 2004 年的 15 倍。2012 年,腾讯网络广告总收入急剧增长,成为中国网络广告的龙头老大,当年年收入高达 5.476 亿美元。2014 年和 2015 年,腾讯网络广告收益接连越过 10 亿美元、20 亿美元和 30 亿美元大关,2016 年广告收入达到 38.88 亿美元,继续雄霸中国国内网络广告榜首(见表 4.3)。

表 4.3　中国网络上市公司网络广告市场规模表

公司	年收入（亿美元）										
	2006	2007	2008	2009	2010	2011	2012	2013	2014	2015	2016
新浪	1.54	1.69	2.59	2.02	2.91	3.69	4.13	5.27	6.40	7.43	8.71
搜狐	0.92	1.19	1.76	1.77	2.12	3.42	4.15	4.29	5.41	5.77	4.48
网易	0.35	0.42	0.60	0.76	0.96	1.21	1.38	1.80	2.50	2.76	3.11
腾讯	0.92	1.19	1.30	1.56	2.07	3.16	5.48	9.55	13.58	26.90	38.88

第二节　主要类别

新广告的分类，可以从不同视角出发分为多种方式，其内涵和外延也不尽相同。

从标价方式区分。按照广告明码标价和暗中计价划分，新媒体广告与传统媒体广告一样，有硬广告与软广告两大类型，广告宣传的套路和方式大同小异，新媒体的硬广告更是无处不在无所不包。

从广告终端划分，按照这种分类方式，则可以分为车（船）广播广告、车（船）电视广告、星空广播电视广告、手机广播电视广告、楼宇广场视频广告等等。

从表现形式区分，则可以分为新媒体文字广告、新媒体图片广告、新媒体音视频广告、新媒体动漫广告和新媒体虚拟现实广告等等。

从广告载体区分，按照这种分类方式，则可以划分为网站媒体广告和即时通信广告两大类。网站媒体广告包括商业门户网站广告、政府组织网站广告、报纸杂志广播电视等媒体网站广告、搜索引擎广告、社交媒体广告以及由网站衍生的博客微博客广告、电子邮件广告等等；即时通信媒体广告，主要包括手机短信广告、彩信广告、飞信广告、QQ广告和微信广告等等。

网站广告（包括博客微博客广告、电子邮件广告、BBS广告等）是新广

105

告产业的重头产品，占据着整个产业的重要版图，世界上大牌互联网企业收益的主要来源就是源自网站广告。不同类型的网站广告，收益构成比例又大不相同，搜索引擎网站的广告收益以其特有的运作方式，在所有类别的网站广告中名列前茅，社交媒体网站广告急起直追。

据自 2007 年起发布《全球三十强媒体主》的法国广告巨头阳狮集团旗下的实力传播集团的《2015 全球三十强媒体主》数据，谷歌的广告收入高居榜首，比排名第二的迪士尼高出 136%，其广告收入超过了第二名和第三名（有线电视运营商康卡斯特）广告收入总和。社交媒体网站脸书、中国搜索引擎网站排头兵百度、美国互联网公司雅虎和微软分列榜单中的 10、14、18 和 21 位(见表 4.4)。

表 4.4　全球三十强媒体主榜单排名表

排名	媒体主	排名	媒体主
1	谷歌	16	朝日新闻
2	沃尔特—迪士尼公司	17	环球集团
3	康卡斯特	18	雅虎
4	21 世纪福克斯公司	19	富士传媒
5	哥伦比亚广播公司	20	中央电视台
6	贝塔斯曼	21	微软
7	维亚康姆	22	赫斯特公司
8	时代华纳	23	德高
9	新闻集团	24	读卖新闻
10	脸书	25	Mediaset
11	先进出版公司	26	Axel Springer
12	iHeartMedia	27	ITV plc
13	探索	28	ProSiebenSat.1
14	百度	29	日本电视公司
15	甘尼特	30	Sanoma

一、搜索引擎网站广告

目前，全球最大搜索引擎网站美国谷歌在互联网公司中无论是总收入还是广告业务都是一枝独秀。2016 年，谷歌年度总收益达到 902.7 亿美元，比 2015 年 745.4 亿美元增长了 21.1%，四个季度的收益分别为 215.0 亿美元、202.6 亿美元、224.5 亿美元和 260.6 亿美元，其中广告收益为 793.8 亿美元，占总收益的 87.9%。

美国谷歌和中国百度能够在全球三十强媒体主榜单中高位显赫，雅虎、搜狐等传统门户网站在后期热衷搜索引擎产业，反映出搜索引擎网站广告的无限动能，竞价排名广告就是搜索引擎网站收入的"秘籍"。

谷歌竞价广告是一种在谷歌及其广告合作伙伴的网站上快捷简便地刊登广告的方式，无论广告预算多少都可充分享受其高效的广告服务。Google AdWords 广告会随搜索结果一起显示在谷歌排序的结果上，还会显示在日益壮大的 AOL（美国在线）、EarthLink、HowStuffWorks 和 Blogger 等与谷歌联网的搜索网站和门户网站上，每天都有为数众多的用户进行搜索，并在谷歌联网网站上浏览网页，大量的潜在客户可以分享 Google AdWords 广告。移动电子消费的增长使谷歌在其最核心的搜索领域如鱼得水，消费者能在移动端随时随地搜索和查看内容，特别是线下消费者使用 Google 进行搜索比价，为谷歌推送展示广告以触达目标受众创造了更多的机会。

百度竞价排名与谷歌如出一辙，差不多是"谷歌拿来主义"，在中国互联网市场大获其利。2015 年，百度广告收入也实现了 43% 的增长，是前 30 强中增长速度仅次于脸书的第二快媒体。截至 2014 年 10 月，百度占据了 80% 的中国移动搜索市场，而其中 90% 的百度用户来自移动端。2015 年全年百度总营收为 663.82 亿元人民币，远远超过了中国几大门户网站搜狐新浪网易等收入总和，同比增长 35.3% 的惊人业绩，也超出了华尔街预期。其中百度很大一笔收入（也是最具争议的收益），就是来源于百度竞价排名这种屡试不爽的特殊广告形式。

二、社交媒体网站广告

社交媒体网站广告"高举高打"出新一片广告天地，以互动性联动性共享性群情激发，达到最佳品牌宣传效果。脸书、推特和腾讯等知名社交媒体网站近年来的突出业绩，很大程度源自网络广告的卓越贡献。

推特和脸书不乏政坛高官与体育娱乐明星身影，是互联网意见领袖高地。这类社交媒体网站不仅仅是娱乐明星体育明星聚敛人气另类创收的重要舞台，网站广告无疑也是各类型企业快速进行市场推广、促进品牌快速成长的最强劲推送利器。

体育明星娱乐明星当然会在推特网站大出风头，而且推特粉丝一路追高，推特广告价格年年看涨。嘎嘎小姐在 2012 年 3 月成为第一位粉丝超 2000 万的推特用户，美国歌星凯蒂·佩里则在 2014 年 1 月在推特的粉丝数量超 5000 万，并且在 2016 年粉丝数量接近一个亿（9450 万），每一条推特广告价格上百万美元。体育巨星在推特上是球迷追捧的焦点，球星推特的商业价值居高不下，足球巨星 C 罗 2015 年一条推特的价值为 169280 英镑，NBA 球星勒布朗·詹姆斯一条推特的广告价值为 92323 英镑，排名第三的巴西球星内马尔一条推特的广告价值为 72320 英镑。

腾讯公司 2015 年全年总收入达到 1028.63 亿元（158.41 亿美元），比上年同期增长 30%。马化腾总结认为，QQ 和微信社交平台持续提高自身服务，保持创新，巩固了其作为中国最受欢迎的社交应用的地位。通过推广娱乐导向和基于社区的活动，保持了 QQ 手机版用户（尤其是年轻用户群）的同比增长，将广大用户与多元化产品及服务连接起来，进一步扩大了微信用户群。一年间，腾讯公司社交网络效果广告收入同比增长一倍以上。腾讯公司尝试数种移动游戏新类型，通过推出改编自经典 IP 的新游戏、引入更多元化的游戏种类、发挥 PC 游戏的运营经验以及发展玩家社区，巩固了在智能手机游戏市场的领先地位，推动互动娱乐产业的发展。腾讯公司在推出新的社交广告形式、技术，帮助广告主触达互联网用户的同时，推动效果广告收入的快速增长。

三、移动载体植入广告

2013 年被认为是移动网络广告的拐点，移动网络广告陆陆续续在几年内超过电台、杂志与户外广告，成为新的不可忽视的新广告。移动载体的植入式（亦称之为嵌入式广告）广告构思巧妙，无孔不入，与全新的传播方式及传播手段相得益彰。

游戏植入广告和网络直播弹幕广告是移动载体植入广告的先锋，它们以拥有智能手机、PAD 和 PDA 等移动人群为目标对象，根据商家需求和游戏特点，经过精心设计，在网络游戏中的适当时间、适当位置、适当场景和适当氛围中，"不经意间"将宣传作品（产品或服务）嵌入其中，让网络游戏玩家以最舒服的心态接受广告洗礼。

游戏环境品牌广告是最简单常用的广告植入形式，即品牌在游戏场景内、画面背景、游戏内人物衣装、游戏物品陈设处等位置以静态的方式植入，在《劲乐团》、《劲舞团》、《超级舞者》等三款音乐网络游戏中植入匡威运动品牌信息，《魔兽世界》中可口可乐作为提升体力的魔水，《大唐风云》中绿盛食品牛肉干作为 QQ 能量枣虚拟道具，耐克在《街头篮球》中以"耐克战靴"的道具形式植入等，都属于此种类型。网络游戏植入广告的升级版则是在游戏内置音频或视频广告、关卡情节广告和虚拟实境双向交互植入广告，包括《传奇世界》中的电台配合活动、《完美世界》中的完美主题曲等。最为经典的案例是可口可乐携手魔兽世界以"可口可乐魔兽世界夏日嘉年华"为主题，在杭州黄龙体育馆为魔兽迷们打造一座真实的"魔兽世界"。①

当下，体育娱乐网络直播不断发达，自搭平台的网络直播日益活跃，各类网红创造出一个又一个惊人售卖打赏记录，与之相关的网络直播弹幕广告成为最具活力最具魅力也是最防不胜防的"新广告"。网络主播的自身服装道具广告及背景场景摆设广告、外景建筑及车船码头机场广告、突然进入的字幕文字广告、打赏产品实物广告，在众多网民的高声尖叫中呼啸而来。"张继科豪宅"

---

① 参见刘伟：《新媒体广告形态研究》，《今传媒》2013 年第 2 期。

直播，在很短时间内就上了微博热搜第二位，神通广大的网友们马上扒出来，科科随口胡来的"豪宅"，原来是火了这家咖啡馆。

傅园慧、宁泽涛和中国女排等"网红"直播，生生"镶嵌"了他们背后的广告赞助商。洪荒少女傅园慧最高在线人数达千万，可口可乐的身影随处可见，创下网络直播的纪录。宁泽涛网络直播"网红走秀"身后，是在为他奥运前接下的 361°、伊利、戴比尔斯钻石、网易、VISA、Skullcandy 耳机等数家赞助商站台。郎平和中国女排在 2016 年"双十一"购物节的直播，超过 200 万粉丝观看，得到了 10 万次点赞和互动，商家当天的销售额是平时的 30 倍。

第三节　主要特点

新媒体广告是承载于互联网络等各种新媒体的各种形式的企业与产品服务等宣传方式，传播不受时间空间容量限制，可以不间断展示，在任何时间任何地点都可以浏览鉴赏。

新媒体广告既有传统意义上的网络广告，广告形态比较单一（以文字标注及链接、图形视频展示为主），广告信息承载量小，传播单向、强制接受、互动性差等，也有整合了音视频、动漫图像并穿插网络游戏等介质、能够实现双向信息通信和与用户交互功能的富媒体广告，广告信息内容丰富，表现形态多样，传播过程互动性强精准度高，有着与过往传统媒体广告不一样的特点，有着广告主角本体性、想象创造源动性、承载终端多样性、表现手法多样性和广告内容隐蔽性等特征。

一、广告主角本体性

新媒体广告的主角，已不再是帅哥美女的主阵地，以任正非、柳传志、张瑞敏、朱新礼、董明珠、王健林、马云、雷军、马化腾、李书福、牛根生、江南春等企业家为代表的"本色广告代言人"，大大盖过了影视演艺明星大包大揽企业形象广告的既往风头。

70 多岁的华为创始人任正非为人一直低调，生活上非常朴素。2016 年，有网友拍到任正非在上海虹桥机场排队等出租车，还有网友曝光任正非在华为食堂排队打饭的照片，瞬间刷爆微信朋友圈。作为一家知名企业老板，任正非的一举一动都代表着华为品牌。任正非低调出行，"官兵一致"排队打饭等行为，在满足了公众的好奇心和探知欲的同时，自然为华为集团做了一个大大的广告。

格力电器掌门人董明珠本色出演的"格力大松，让世界爱上中国造"，与稚嫩孩童"米饭香喷喷的"，老少合拍相得益彰，其在公司年终总结会上的掷地诤言"我为股东们省了多少广告费"，足够展示出这位杰出女企业家的自信与格力情怀。

蒙牛创始人牛根生很抠门，人们在日常生活中看到他佩戴的一直是 18 元的"蒙牛"牌领带；吉利汽车总裁李书福喜欢展示价值 30 元、印有吉利字样的衬衣，在各类新媒体上用浓重的台州方言诠释"我的汽车梦"；雷军本就"帅锅"一枚，各类广告出演轻车熟路；谁说马云是"外星人"，偏要与李连杰甄子丹等武林高手一决高下。

任正非、董明珠等企业家为企业代言，董明珠自称亲自上阵做代言的原因归结于"可以节约成本"，任正非则说是"无心插柳"，李书福想看看自己广告口才如何广告形象到底怎么样。董明珠认为，动辄花几千万元请一个明星代言"是一种浪费"。董明珠是格力电器的灵魂，出任形象代言人不仅省钱而且超值，更是顺应潮流的时髦做法。

二、想象创造源动性

想象力和创造力是新媒体广告发展的原动力，人类智慧创造了一个又一个新媒体时代的广告精品，演示出一个又一个新媒体时代的广告传奇，涌现了一个又一个"新广告"人物。

新媒体广告很多都是创作者"灵光乍现"的产物，往往会是有人享乐其中沉湎其中，有人不知所云甚至嗤之以鼻。这种广告彻底打破了传统广告的思维禁锢和科班天条，使用"涂鸦"逆天逆地的线条图形，采取超乎寻常的色彩搭配，将西方文艺复兴派印象派巴洛克风格与中国的豪放派婉约派田园诗派等中国色系中国风格等糅杂混搭，妙用网络流行的卖萌卖乖广告语词，颠覆和摧毁了任何时期的广告"规矩"。正因为如此，恰好契合了新广告人群的价值取向和审美取向，达到了新媒体广告的最优效果。

三、承载终端多样性

相比传统媒体广告单调且单一的承载终端，新媒体广告具有前所未有的多种多样传载终端，个人电脑、智能手机、PAD、车船楼宇、飞机飞船等都可以是新广告的承载终端。

目前，新一代智能手机的功能"高大上全"，可以在屏幕上表现各种广告样式，无疑是当之无愧的新媒体和新媒体广告多样终端的集合体。手机既是互联网站广告的重要移动平台，是动漫游戏渗透性广告嵌入式广告的选择端口，又是手机报纸杂志手机广播电视手机等"融合型"新媒体广告集中营地。短信广告是智能手机的专属领地，一度成为像"全民老公"般的"全民广告"（无论企业主还是政府机构需要"广而告之"时都会第一时间首先考虑），QQ广告微信广告的操作阵地也是智能手机。

四、表现手法丰富性

新媒体广告可以沿用文字图片音视频等传统表现形式，也可以将动漫游戏等现代元素和新兴的虚拟现实技术恰到好处应用到广告内容之中，实时快速传递给目标受众，极大增强了广告的表现力。

新广告多样丰富的表现手法，如不时出现在网站上的灯笼式广告、对联式广告、遮幅式广告、渐变式广告、水滴式广告等形态各异，有助于广告传播的互动性和纵深性。受众更愿意主动获取有用信息，广告主可以随时通过监视广告的浏览量、点击率等新广告指标，精确统计出广告效果，及时调整和修正广告表现形式等广告内容，使得广告更具针对性和灵活性。

五、广告内容隐蔽性

新媒体广告充分依仗现代高新技术和新媒体特征，高深莫测地将广告宣传的内容隐蔽在不起眼之处，"隐蔽性"做到令广告商妙不可言而使希望规避广告的受众防不胜防。

新广告内容的隐蔽性体现在"软性广告"的黄色诱惑隐蔽（"老婆在卧室阳台放一浴缸，我都脸红不好意思洗澡"，让喜好腥味者打开链接，原来是装修公司广告）、"硬性广告"的弄巧反拙隐蔽（网站的水滴式广告常常会把"最小化"或"删去"标志让你点击成为打开）以及"混搭广告"的真伪难辨隐蔽（有用的电子邮件与电子邮件广告被称之为垃圾邮件以类似亲属领导同学口吻混搭其间，岂敢随意删除）等等。

第四节 创意空间

互联网等新媒体广告出现在人们视野 20 年来，其规模递增速度远远超乎想象，各种新载体广告连续出现，新广告产业规模持续上涨。随着越来越多的广告主把注意力转向新媒体传播，新广告产业的规模还会爆炸式增长。新媒体技术的不断发展使人们的互联网思维不断开阔，新媒体广告的创意将不断涌现，新广告形式更趋多样化，广告表现还有极大的创意空间。

一、虚拟现实逐第运用

虚拟现实理论经过 20 世纪 60 年代萌芽到 90 年代进一步完善应用，现在陆陆续续逐第应用于军事、交通、地理、室内设计、城市规划、文物保护、房地产和家电等诸多领域，强烈的仿真效果形成了强烈的市场需求。近年来，新媒体广告开始运用虚拟现实技术成效显著，而且具有很广阔的未来发展空间。

虚拟现实技术是仿真技术与计算机图形学、人机接口技术、多媒体技术、传感技术、网络技术等多种技术的集合，主要包括模拟环境、感知、自然技能和传感设备等方面。模拟环境是由计算机生成的、实时动态的三维立体逼真图像。

虚拟现实技术除计算机图形技术所生成的视觉感知外，还有听觉、触觉、力觉、运动、嗅觉和味觉等多感知技能，有助于增强广告作品的存在感、交互性和自主性。它一改人与计算机之间枯燥、生硬和被动的现状，即计算机创造的环境将人们陶醉在流连忘返的工作环境之中。身临其境的仿真效果，友好亲切的人机交互，强烈变幻的眼球刺激，无不凸显着虚拟现实技术的广告未来优势。

虚拟现实技术是现代科技前沿的综合体现，通过人机界面对复杂数据进行可视化操作与交互，展示出一种新的艺术语言形式，艺术思维与科技工具的密切交融和深层渗透，产生了全新的认知体验，呈现其独特的传播优势。虚拟现实技术融入新媒体广告，可以不直接使用明星做代言，减少了广告成本和版权纠纷，梦幻般明星卡通形象更具吸引力和视觉冲击力。虚拟现实技术可以让受众身临其境使用某个产品，加深受众对产品切身体验。通过增强现实、混合现实等形式，将数字世界和真实世界结合在一起，观众可以通过自身动作控制投影的文本，甚至赋予观众参与再创造的机会。

二、动漫广告空间巨大

动漫广告是通过互联网等新媒体平台以动漫形式将广告内容传递给受众的一种形式，具有出色的创意表现思想，生动性、时尚性和夸张性表达是其独到的新颖艺术特色。

动漫广告作品体积小，制作成本相对低廉，多媒体、超文本的 Flash 创作可以使动漫广告在网络和电视上同时使用，其随机性和可变性比较大，为广告的多平台发展开拓了新的路径。Flash 技术诞生之初主要被用以设计制作网络广告、产品展示、片头动画、交互游戏、卡通动画以及教学研究等，随着技术不断发展，已经从单纯的网络动画工具演变到功能强大的多媒体编辑软件。

动漫广告采用的卡通形象与普通的广告片中的形象相比别具一格，富有动感和新鲜的元素，广告信息明确。动漫广告是创作者高度智慧的结晶，将充分的想象力和创造力融入其中，把表达的信息用一种很夸张的手法表现出来，打破了传统广告的重重框架，从视觉到听觉给观众一种新鲜的感受，广告信息深刻。动漫广告最初通过动画片的形式走入大众生活，经过多媒介的互动与发展，与最高新科技、最时尚的元素搭配在一起，形成了一道亮丽的广告风景。

三、移动广告方兴未艾

移动广告是依附移动终端将广告信息变为具有针对性的服务信息传递给目标受众的传播活动，这类广告以新型智能手持移动通信设备为代表，是网站广告向手机等多位终端转移的一种宣传形式，主要有 APP、新闻客户端、短信广告、彩信广告、WAP 网页广告、手机邮件广告移动搜索广告、手机音视频广告、手机动漫游戏广告等几种形式。基于移动传播特点，移动广告具有分众、定向、及时、互动的核心优势。移动网络广告方兴未艾，将不断给广告运营商和广告主带来巨大的价值和收益。

虚拟现实技术对移动广告而言如虎添翼，其丰富的感觉能力与 3D 显示环境使之成为理想的视频游戏工具，给动漫游戏广告平添了更多畅想空间。三维游戏既是虚拟现实技术重要的应用方向之一，也为三维游戏广告的巨大需求起到了牵引作用。动漫游戏及动漫游戏广告自产生以来，从最初的文字 MUD 游戏，到二维游戏三维游戏，再到网络三维游戏，一直都在朝着虚拟现实的方向发展。在动漫游戏广告中导入虚拟现实技术，是三维动漫游戏广告人的崇高追求。

　　新广告已经成为广告业发展的重要支柱，对数字内容产业的发展起着巨大的推动作用。充分开发网络广告资源，从新媒体广告受众出发，根据受众的爱好与需求发展新媒体广告，在不断开发新技术发展新媒体广告的同时，需要充分挖掘人类智慧，开发网络新媒体广告创意空间，新广告产业将风光无限。①

---

　　① 　参见曾静平、申卉:《网络广告的形式变化与创意空间》,《现代传播》2009 年第 1 期。

| 第五章 |

新载体产业

互联网站是新时代信息传输量和受众规模人群量的载体，创造出新内容产业。人们通过使用电子邮件、短信、QQ、微信等新媒体载体，可以传递资讯，可以管理企业，也在时刻诞生新媒体财富。人们集群聊天产生价值，创作或接受博客微博客等新媒体信息，也不断演变为财富神话，众多粉丝的博客微博客群主，在成为"意见领袖"、"网络红人"的同时，自然也是商家的追随者，是新媒体广告的最佳代言人。

手机短信、电子邮件、博客微博客和 QQ 等林林总总的新媒体载体，在各种"新土壤"温床中不断发酵，在各式各样的人群围观哄抬中升值，成就了一个独具特色的新载体产业群类。

第一节　短信产业

短信服务是电信运营商为解决手机话费过高而推出的价格低廉的文本信息服务，是一种在移动网络上传送简短信息的无线应用。随着技术的进步和市场需求，后来又出现了内容更为丰富生动鲜活的彩信业务。

短信彩信的出现，让本来具有语言传递功能的手机变成了电报式的解读工具，使文字图片动漫音视频彰显更大的作用。如今，短信彩信已经不仅仅是一种单纯的电信业务，而是集信息传播、关心问候、行政管理和决策预警于一体的产业平台。短信祝福、短信投票、短信广告、短信写手、企业管理、短信预警和政府公示等等，已经成为人们日常生活不可或缺的一部分，由短信彩信衍生而来的经济现象层出不穷。短信彩信已经成为重要的新媒体产业形式，号称新兴的"拇指经济"。

一、发展历程

1992年12月3日，全球第一条手机短信诞生，短信的内容是"圣诞快乐"。这条由"始作俑者"沃达丰公司创造性发出的人类历史上第一条手机短信，已经在很长时间内成为电信运营商和报纸杂志广播电视媒体聚敛财富的新手段。短信业务出现后，以前所未有的速度迅速风靡全球，在亚洲、欧洲和美洲地区，短信服务尤其受到欢迎，创造出难以想象的市场空间。2000年，中国短信发送量为10亿条，仅为全球发送量1/15（150亿条）。到2004年时，中国短信发送量是4年前的21倍，占到了全球电信发送量的42.7%。2012年，中国短信发送量8973亿条，全球短信发送量接近10万亿。

超乎想象的短信发送量，裂变出超乎想象的巨无霸产业。根据中国移动年度财报披露的数据，中国移动2010年短信及彩信收入达到最高位468.89亿元人民币，2011年略有下滑，为464.62亿元。2016年，全国移动短信业务量6671亿条，同比下降4.6%，彩信业务量557亿条，同比下降9.8%，移动短信业务收入继续下降至365亿元，同比下降10.7%。2006年，全球短信收入达到475亿美元。2013年，受到QQ、微信等即时通信的影响制约，短信使用用户人群和使用频次开始下降，全球短信收入达到最高峰值1200亿美元。

手机短信在我国如此大受欢迎，既因其简单实用，也因它传情达意更符合东方人含蓄婉转的表达习惯。不管你愿意与否，短信彩信已逐渐走入我们的生活，成为生活的一部分，我们的生活也因短信彩信而改变着。

二、主要类型

手机短信产业包括日常传统业务：节假日业务、应急事件业务、投票竞猜业务以及衍生而来的短信写手产业和短信广告产业。

1.节假日业务。在传统日常业务中，节假日业务占每年总发送量的很大比例。元旦、春节、中秋、愚人节、情人节、光棍节、复活节等各种节假日是手机用户短信群发的高峰期。在我国和韩国等国家，每年的春节假期，短信彩信发送量更是惊人，甚至会出现"塞车"情况。

数据显示，2005年春节假期全国手机短信发送量为110亿条，2006年为126亿条，2007年为152亿条，2008年为170亿条，2009年达180亿条。2013年春节期间，我国移动短信彩信业务量再创新高达到最高峰值，全国移动短信发送量累计达到311.7亿条，同比增长8.3%，彩信发送量累计达到1.3亿条，同比增长16.7%。除夕当天，业务量达到高峰，其中移动短信发送量达到120.1亿条，比日均发送量增长近4倍；彩信发送量达到0.47亿条，比日均发送量增长2.5倍。用手机发送祝福短信成为一种时尚，按每条短信0.1元计算，只在春节假期全国手机用户每年消费就有数十亿元。"拇指经济"正展现出惊人的力量，由此诞生了专门的"短信写手"。

2.投票竞猜业务。短信投票和短信竞猜业务日渐红火，为报纸杂志广播电视等传统媒体与受众的互动推波助澜，短信投票和短信互动一度成为广播电视台节目互动的惯用手段。无论是大型晚会、选秀节目、娱乐现场还是体育直播，各种广播电视节目栏目的主持人在主持的同时总是会加上这么一句话："欢迎观众朋友们通过短信与我们互动、分享您的想法与建议，移动联通用户均可编辑短信 *** 发送至 ***"。

短信投票是由美国AT&T电信运营商率先开启的互动方案。在选拔新兴歌手的歌唱比赛节目《美国偶像》(American Idol)里，短信投票受到普遍欢迎。自此，广播电视节目栏目的短信投票席卷全球，一发而不可收。

2004 年，湖南卫视的"超级女声"节目火爆，引发了我国短信投票的热潮。在长沙赛区决赛的当晚，观众累计奉上了超过 27 万张短信选票。进入总决选之后更是一路飙升：10 进 8 达 200 万张，6 进 5 达 300 万张，5 进 3 达 500 万张，3 强决赛突破 800 万张。据透露，湖南卫视决赛期间的每场比赛短信收入至少在 200 万元以上，7 场比赛能获得 1400 万元以上。如果加上预赛期间的短信收入，"超级女声"2004 年获得约 3000 万元左右的短信收入。2005 年，超级女声短信收入超过了 300 万元。

此后，我国几乎所有的选秀节目都开始采用短信投票，一些非选秀类节目也借用短信互动的模式来提高节目的人气和影响力。据统计，2008 年全国所有电视节目和栏目的投票短信和互动短信总数已达数十亿条，而此类短信的信息资费往往高出普通短信数倍。此类短信除了带来超过百亿的直接收益外，还极大地增强了节目栏目本身的关注度和影响力，提升了节目栏目的无形价值。2012 年，浙江卫视"中国好声音"节目决赛时刻，八万音乐迷在体育场现场短信投票，尤为震撼。

3. 应急事件业务。由政府机构在某种特定情况下群发的短信，有时候属应急状态，如紧急撤离、路桥管制封闭、空气水质污染等，有些则是温馨提示与问候，体现政府部门的人文关怀。

这类短信发送量巨大，往往以千万计算。由于短信有送达率高、阅读率高的特点，政府通过短信向市民发布各种信息成为一种权威可靠而准确有效的方式，加上群发短信资费低廉，也能够有效地控制政府的成本。

政府短信在一些特殊时期可以起到特殊的效果。例如，当有流行性疾病暴发、洪灾地震等灾难降临或者煽动性言论出现时，政府短信就体现出其安抚民心、稳定社会的强大功效。政府短信在节日的时候还会客串祝福短信的功能，逢年过节，我们总会收到政府发来的问候，感受到来自国家的关怀。

三、短信创作

短信创作业务是随着短信发送量日益增大的新兴业态，每逢节假日，民众总是希望将特色节日祝福短信发送给亲朋好友，短信写手应运而生，成为一种新兴职业。他们为网站或其他专门的短信制作公司提供短信，为用户提供网上短信下载或转载，完全凭借自身能力获得应有的知识报酬。早期的短信写手主要是编写文字短信，后来出现了集文字、图画、音乐、动漫和视频等于一体的网络短信写手。

假日祝福语短信、鼓舞励志红色短信和搞笑幽默短信乃至短信段子，是短信写手的主要创作内容。我国有专门的短信制作公司，招聘兼职短信写手，支付固定的工资，按完成条数领取"计件工资"，月薪高达上万元。我国的短信写手以兼职为主，大学生和自由职业者占了很大比例。

2009年，一位短信写手在接受记者采访时透露，他在两天内给一个杂志写了20条拜年短信，每条200元，收入4000元。2003年短信最火的时候，他写50条圣诞短信或春节短信，一个下午就有1万元进账。

四、短信广告

广告业务是伴随着受众多寡而延宕的，手机短信红火，短信广告就会入侵大众的视线。大到楼宇楼盘、小到电话卡，短信广告的内容已经涵盖了短信广告的方方面面。

目前，短信广告的市场运作非常不规范，还未形成完整的价值链和成熟的经营监管体系。由于短信广告具有到达率高、成本低廉等优点，不少小型广告公司开始延揽短信广告的业务，利用短信群发器，很多小商家也在大量发送短信广告。

由于短信广告直接进入手机等私人物品，侵占了受众的私人空间，甚至干扰其正常生活。因此，比起其他广告形式，过量的短信广告更易引起反感，容易造成可信度及美誉度降低，进而影响短信广告的广告效果和后续发展。

另外，短信广告的制作者和发送者专业性不强，短信内容大多未经过精心创意和严格审查，质量不高，使短信广告这一形式进一步贬值。尤其是不少诈骗、骚扰和非法内容的存在，使受众对短信广告产生了强烈的不信任感。短信广告只要引入正确的监管，还能发挥出应有潜能。作为新兴广告形式，短信广告可以灵活采用经营登记管理制，使短信广告经营规范化、专业化，既能保证短信广告经营者的专业水准和经济实力，也有利于对短信广告经营实施监督和管理。

第二节　电邮产业

电子邮件是一种用电子手段进行信息传递与交换的通信方式，是互联网应用最广的服务之一。通过电子邮件系统，用户可以用非常低廉的价格，以非常快速的方式，与世界上任何一个角落的网络用户联系。这些电子邮件文化载体，可以是文字、图片、声音和影像等各种方式，传递新闻、娱乐和专题等各类信息。随着网络科技的不断进步，视频动画、flash 等的多媒体手段也逐渐应用于电子邮件当中。

电子邮件具有全球畅通、价格低廉、投递迅速、使用简便、方便存储等特征，是以往任何传统的通信方式都无法比拟的。除此之外，电子邮件不单可以一对一发送，还可以一对多传播，具有很高的传递效率。美国通信在线电子通信研究公司对全球 700 个电子通信平台进行统计后认为，电子邮件是继电视之后最成功的传播技术，其地位一直没能被任何新生代的互联网产品完全取代。当前，电子邮件的使用几乎渗透到人们生活工作的各个方面，美国大选期间希拉里的"电邮门"甚至被认为是局面逆转的最大变数。

2000 年，全球电子邮件用户近 9 亿个，平均每天产生 70 亿封电子邮件。10 年之后的 2010 年，全球电子邮件用户翻了一倍多，达到 18.8 亿个。2015 年，全球电子邮件用户数量为 25.9 亿人，每天收发邮件数量为 2056 亿次。

中国网民很长时间以来第一目的地就是电子信箱。2001 年时，中国电子信箱的网民使用率高达 92.2% 位居第一，超过排名第二的搜索引擎（62.7%）近 30 个百分点。近年来，中国电子邮件用户增长迅速，10 年间从 2003 年的 6000 万增长到 2012 年的 2.5 亿，网民使用率接近 50%。2016 年，在 QQ 微信等众多即时通信传播载体的冲击下，中国电子邮件用户数量从 2.58 亿降到 2.48 亿，比上一年度下滑 4%。

电子邮件是网络文化的传播使者，是全世界网民不可或缺的互联网应用手段，是在线广告营销的独门利器（网站旗帜广告的"点击通过率"约 1%，电子邮件的"点击通过率"接近 80%），具有广泛庞大的使用人群，蕴藏着巨量产业规模。大牌互联网公司创设的电子邮箱，既是公司品牌形象的有效传播，也是增加用户忠诚度的强力黏合剂，是创造收益的直接渠道。

一、虚实映衬

邮箱地址可以是虚拟的，只要在某某网站注册即可。电子邮件的发送者和接收者的身份可以是虚拟的。他们可以使用各种符号来代替自我，隐瞒真实姓名和身份。这种虚拟性一方面使网民们得以尽情地挥洒想象力，获得前所未有的自由；另一方面也可以使他们丢弃社会责任和义务，规避负面影响的风险。

电子邮件虚拟和现实相映衬的特性，令各大互联网公司争相抢滩电子邮件市场。庞大的适用人群，海量的发送接收邮件数量，提供了工作生活效能，减少了原来发电报写书函打电话发传真的通信开支（电子邮件盛行之前，微软公司平均每年要花 7000 万美元用于直邮）。

电子邮件载体的出现，成就了全球出乎想象的电子邮件广告市场、专门应对邮箱维护、防病毒和防电子邮件广告（有些称之为垃圾邮件）的互联网公司以及各类电子邮件传播咨询公司（铁门赛克、卡巴斯基和 360 等都是这一领域的领军企业）。

二、完美穿越

电子邮件是新一代网络技术与传统书信的有机结合，当电子邮件的发送者和接收者的真实身份核实，电子邮件的传播与接收的信息内容也大多数体现的是真情实感。当下初露风头的原创字迹邮件，可能后来居上的音视频邮件和场景邮件，更会将虚拟与现实演绎得生动精彩，将现代社会传统文化与技术符码的纠结，潜变为远古到现在的完美穿越，化变为累累沉淀的真金白银。

电子邮件是一种传情达意的网络文化载体，它打破了传统书信的时空界限，可以在一转瞬间将要表达的信息即时传递。现代的两地书母子情不再需要跨越漫漫征程，不再需要翘首以盼等候漫长时间，现代的商务邮件往来变得一片坦途。

电子邮件一直是互联网公司的创收营利武器，早期的 Vip 邮箱令各路权贵趋之若鹜，俨然是成功人士的象征。现在，美国微软雅虎和中国新浪搜狐网易腾讯等，都有着自己网站庞大的邮箱用户。Gmail 在 2012 年 10 月份的独立访问用户为 2.879 亿人，超过了微软 Hotmail 的 2.862 亿人。雅虎邮箱（Yahoo Mail）位居第三，其电子邮件服务的独立访问用户为 2.817 亿人。最近几年，腾讯充分发挥其 QQ 微信等的聚合力，有着高达 9 亿的活跃用户，电子邮箱的用户数量远远超过了国内外竞争对手。

三、民商结合

电子邮件简便易行，是"网友"交流日常生活情感的渠道，也是商务联络的主要桥梁。马云每年春节前夕发给每位员工的电子邮件，既有家书般个人交流，又有浓厚的商业气息。在 2013 年 2 月 1 日曝光的邮件中，可以看到马云从"奖励"、"惩罚"、"年终奖"、"加薪"和"红包"等几个方面回应"每一个阿里人"。其中，"今年的红包"那一段很有人情味，正是民用与商务的有机结合。

随着手机的普及和 QQ、MSN、微信和微博客等即时通信工具的兴起，电子邮件的民用功能正在退化或者被取代，继而可以在政府形象、企业形象、在线顾客服务、会员通信和电子刊物网站与产品推广方面发挥作用。电子邮件巧妙地组合进行形象宣传、产品销售、服务推广、商品促销，是电子政务和电子商务取得长期成功的基本因素。定期或不定期给民众和顾客发送电子邮件，可以加强企业与顾客的联系，加固留住回头客的坚实基础。

第三节　博客产业

随着互联网覆盖范围的扩张和基本技术的普及，全民娱乐化的时代已经到来，草根文化借助网络风生水起，和高雅文化共同在网络文化中各自绽放。作为草根文化最主要的传播途径之一，博客微博客以平等、民主的公共领域为公众搭建了一个与精英同台共舞的平台。网络狂草们在博客微博客中感受到一种真正的人性解放，自我展现和表达的欲望得到了充分的满足，进一步体验到自由宣泄情感和快速获取信息的快感。

博客和微博客不仅创作作品，吸引网民（粉丝）围观批注，也生产资源并创造财富。博客微博客营销即是商家或个人通过博客微博平台发现并满足用户的各类需求，进而创造价值的商业行为方式。这种新型的产业经济业态，有人称为"粉丝经济"。

2013年春节前后，浙江省宁波市鄞州区洞桥镇草莓种植户何守智的60亩无公害草莓销售红火，其中有10%的草莓是通过微博微信卖出的。

"快来看看我们合作社生产的'盆棚香'无公害草莓，欢迎品尝。""看见照片，心动吗？快带上家人，一起来享受摘草莓的乐趣吧！"当草莓大批量上市后，何守智的微博微信上晒出草莓照片，叫卖草莓。一颗颗红彤彤的草莓惹人喜爱，引起了更多网友的关注，纷纷想去田野里亲手采摘诱人的草莓，感受现代田园的闲适生活。

微博微信发出后，何守智的草莓生意一下子火了。从2012年12月中旬起，何守智草莓日产量达500公斤，每天有市民来采摘草莓，尤其是周末和元旦期间，每天有几十人，有的甚至组团而来，没想到生意会这么火爆，有几天草莓还不够卖。[①]

博客微博客不仅成就了一新型产业，而且打理微博还成了炙手可热身价不

---

① 参见朱军备、张文胜等：《宁波一农民微博微信卖草莓粉丝转发令生意火爆》，《宁波日报》2013年2月13日。

菲的新就业门路。足球明星 C 罗的推特现在有 4 个人在专门打理，英国皇室招募一名负责打理女王的官方推特账号，包括发布动态、与网友互动等工作内容的新媒体运营官，开出了年薪 3 万英镑同时入住白金汉宫的诱人条件合约。

一、发展背景

在网络上发表博客的构想始于 1998 年，到了 2000 年才真正开始流行。起初，博客作者将其每天浏览网站的心得和意见记录下来，公开给其他人参考和遵循。由于博客的沟通方式比电子邮件、BBS 讨论群组更简单和容易，很快成为个人、家庭、部门和团队之间越来越盛行的沟通工具。

2005 年被称为"中国博客元年"，当年，以新浪为代表的中国商业门户网站纷纷将发展博客作为业务拓展的突破口。2005 年 9 月 8 日，新浪博客上线，盛况空前。实业界巨头、学界精英、传媒巨子、文艺体育界名流以及互联网界的名人不仅一起祝贺，而且有不少大腕一试身手。2006 年 2 月 13 日，徐静蕾新浪博客点击量冲破千万大关，引起全民狂欢热浪。2006 年 3 月，在亿万人关注"两会"的日子里，一个名叫"小丫跑两会"的新浪博客横空出世，以日均 10 万的点击速度直线飙升，王小丫的"两会"博客成了新浪博客频道一道别致的风景线。

互联网总在不经意间创造奇迹，在 QQ、MSN、博客、SNS 这些风行一时的改变人们固有交流方式的互联网工具之后，后起之秀"微博"又一次让人惊艳。作为一个更为方便快捷的互动平台和人际沟通工具，微博凭借其身份等级的零限制和简单方便的操作，迅速博得广大网民的喜爱。微博突破了名人与普通人之间的门槛和界限，在明星中也风靡一时，成为积攒和衡量人气的极佳平台。

微博是网络文化传播的新通道，引领起互联网的新风潮，现已形成一种重要的社会现象，甚至形成一种微博文化。微博进入中国市场仅一年多的时间，就已取得了如此大的轰动效应，其形成的原因和与之相关的文化现象，值得深入分析。

微博客（MicroBlog）即微型博客的简称，是 Web2.0 新兴起的一类开放互联网社交服务，是一个基于用户关系的信息分享、传播以及获取平台，用户可以通过 WEB、WAP 以及各种客户端组件进入个人社区，以 140 字左右的文字更新信息并实现即时分享。2006 年 7 月，美国硅谷青年杰克·多尔西创建启动了世界上第一个社交与微博客服务网站推特网，从此揭开了微博客的发展序幕，标志着因特网时代即时通信方式的兴起。10 年间，这个以 140 个字符为限的即时信息服务已经成为全球性的社交媒体工具，用户从 2010 年时的 3000万，猛增到 2014 年的 2.55 亿。2016 年第一季度，其用户总数更达到 3.2 亿，其中 2.54 亿用户都分散在美国之外的世界各地。

当推特网站在美国如火如荼的发展时，我国国内的创业者也迅速将眼光放在了微博这一新型媒体形式上来。2007 年第一家微博网站"饭否"上线以后，2009 年 7 月，新浪网开始对旗下的新浪微博进行内测，真正掀起国内微博的发展浪潮。

2010 年，国内的互联网公司开始纷纷进入微博"跑马圈地"的状态，新浪、腾讯、网易、搜狐等门户网站均开始布局微博业务的发展，使用微博的人群也开始不断增加。2010 年被业界称为中国"微博元年"，中国互联网信息中心的《中国互联网发展状况研究报告》里，从 2010 年开始将微博的统计数据并入到博客人群之中统一分析，以至于 2010 年中国博客在网民中的使用率达到 64.4%跃居前 4 名，用户规模达 2.95 亿人。

微博客对博客创作行为具有一定激励作用，其发挥出传播方面的优势，丰富了博客作者观点的传播渠道，带来了个人博客阅览量的增长。2011 年和2012 年间，博客作者和微博客作者齐头并进，总量超过了 6 亿人次（部分人属于重复统计）。进入到 2015 年，博客风光不再，微博客用户维持着 2 亿多人的市场规模（见表 5.1）。

表 5.1　中国博客微博客使用情况表

年份	用户规模（万）		网民使用率（%）		年增长率（%）	
	博客	微博客	博客	微博客	博客	微博客
2008 年	16200	—	54.3	—	—	—

年份	用户规模（万）		网民使用率（%）		年增长率（%）	
	博客	微博客	博客	微博客	博客	微博客
2009 年	22140	—	57.7	—	36.7	—
2010 年	29450	—	64.4	—	33.0	—
2011 年	31864	24988	62.1	48.7	8.2	—
2012 年	37299	30861	66.1	54.7	17.1	23.5
2013 年	8770	28078	14.2	45.5	−76.5	−9.1
2014 年	10896	24884	16.8	38.4	24.2	−11.4
2015 年	—	23045	—	33.5	—	−7.3
2016 年	—	27143	—	37.1	—	17.8
2017 年	—	31601	—	40.9	—	16.4

二、新型产业

博客微博客营销是新型的销售方式，庞大的博客微博客群体（包括千万级粉丝群）即是直接稳定的售卖人群。美国推特在全球拥有 3.2 亿用户，中国几大微博大军集聚地新浪微博、腾讯微博、网易微博和搜狐微博的注册用户总数已经突破 6 亿，每天日登陆数超过了 4000 万。同时，微博用户群又是中国互联网使用的高端人群，是对新鲜事物最敏感的人群，是中国互联网上购买力最高的人群，微博营销自然就是销售高端产品和服务的理想选择。

微博曾被调侃为"抱着金饭碗要饭"，已经蜕变为目前新媒体形态的集大成者。放眼全球，没有一家社交媒体平台比微博更丰富多样。借助社交广告的红利，微博近年来不仅扭亏为盈，更深层次上的商业平台效应开始凸显。2016年前三季度，微博在用户活跃和收益上超越了很多分析师的预期，月活跃用户接近 3 亿，同比增长 34%，创下今年最大增幅。总营收 11.8 亿元，同比增长 49%，净利润同比增长 156%，单季广告收入首次超过 10 亿元。

中银国际 2016 年的一份报告提及了 4 家其看好的中国互联网股票，微博与腾讯、阿里巴巴、网易并列出现。从 IPO 时的不足 20 美元，到最惨淡的 8.78 美元，再到如今 45 美元左右，微博股价让很多人跌碎了眼镜。"在过去半年市值的疯狂后，微博应该迎来了其规模化的关键窗口期。从披露的战略布局和阶段成果来看，微博已经越来越不把推特当成自己的标尺，脸书的全媒体平台格局才是未来追求目标。"[1]

博客微博营销以博客微博作为营销手段，每一个听众（粉丝）都是潜在的营销对象，企业利用更新自己的博客微博客向网友传播企业信息、产品信息，树立良好的企业形象和产品形象。现在，博客营销基本消退，新浪微博推出的企业服务商平台，为企业实施微博营销，形势一片大好。

"用户在哪里，营销在哪里"，这是新浪微博的客观印证。此前很长时间里，新浪微博总收到"刷粉"私信，现在频繁收到的是"微博营销推广"。不仅如此，"微博营销"阵营里很多专业进行微博营销的公司大行其道。这些公司号称，"加粉，加 V，提高曝光率"，无所不能。当然，每一桩每一件，都有对于微博营销的明码标价。其中，官方微博建立、粉丝及认证，每一条价格即为 5000 元人民币，一年代管 700 篇微博，收费 36000 元人民币（见表 5.2）。

表 5.2　微博营销的详细价目表

产品类别	描述	分类	收费（RMB）	数量	备注
微博营销	官方微博建立、粉丝、认证		5000	1 家	微博的建立、5000 名粉丝、加 V 标志

---

① 参见跨界骚年:《社媒情怀依旧的微博，卖点儿广告怎么了?》，2016 年 11 月 22 日，见新浪专栏·创事记。

产品类别	描述	分类	收费（RMB）	数量	备注
微博营销	加粉丝	普通粉丝	200	10000 个	10000 粉丝起算
		真实粉丝	100	1000 个	1000 粉丝起算
	信息推广	转发与评论	100	1000 条	用不同的微博账号推广信息，1000 条起发
		制定推送	200	1000 个	对指定的微博用户推送信息
	微博代管	月度	3000	60 篇	每天撰写 2 条微博，粉丝量每月增加 3000 以上
		年度	36000	700 篇	
	红人微博转发、直发（微博粉丝量10 万—80 万）		500 起	1 条	直发 +50 元 / 每条
	微博认证服务		1000	1 账号	为微博认证
	事件营销		3000	1 次	1 万条转发，1 千条评论，1 条新闻
	活动策划		1000	1 次	策划一次微博活动
	软文营销		1000	1 篇	一篇文章并在新闻站点发表

　　新浪微博粉丝异常火爆，超级大明星的追星一族直逼亿人大关，让当年博客人气大王徐静蕾、王小丫等难以望其项背。2006 年 5 月，徐静蕾在新浪上开设的个人博客流量达到近 3000 万，成为首个登上著名博客搜索引擎 Technorati 排行榜首的中文博客。"小丫跑两会"博客历史访问人数达 11564536、点击量 33741208，已经算是一个非常不错的数据了。10 年过去，博客已经"潜水"，满眼全是微博粉丝的天下。2016 年，微博粉丝前 10 名数量均在 6000 万

以上，谢娜和陈坤微博粉丝都超过了 8000 万（见表 5.3）。

表 5.3　微博粉丝排行榜(2016 年 11 月 24 日)

排名	姓名	粉丝量	备注
1	谢娜	83422607	女主持人
2	陈坤	80211365	男演员
3	姚晨	79220593	女演员
4	赵薇	78502992	女演员
5	何炅	77905006	男主持人
6	Angelababy	72667015	女演员
7	林心如	69232483	女演员
8	郭德纲	64978518	相声演员
9	林志颖	64933632	台湾演员、歌手
10	张小娴	64740001	香港作家

专家预言，打通线上与线下日渐成为不少互联网企业的核心战略，微博营销的闭环行动正在提速，微博一站式购物已不再遥远。数据显示，移动用户钟情微博，在上下班路上登录微博的概率比平时高出 181%，中国上班族的早晚高峰路上很多都是微博使用者，由用户生成的、提到了品牌的微博推文中，有66%来自移动用户。

三、原创真实

博客微博客受到追捧，真实原创是重要缘由。一名受人欢迎与尊重的博主，需要以真实的身份面对网友，将自己的真情实感真挚地"原汁原味"呈现在网络日志里。2013 年 3 月搜狐第一周的博客周人气排行最前列者均为实名实姓，孙立平、许小年和叶永烈等大牌人物榜上有名（见表5.4）。

表 5.4　搜狐第一周的博客周人气排行表

姓名	职业	点击率
孙立平	清华大学社会学系教授	784365
陶短房	国际时事评论员	651487
刘胜军	国际金融研究院副院长	534355
张智勇	赵红霞案代理律师	467179
童大焕	东方早报专栏作者	378871
马宇	中国经济政策研究人员	334578
吴戈	军事评论员	325687
刘昌松	北京市杰睿律师事务所律师	315711
许小年	著名经济学家	273847
高娓娓	旅美华人	254142
叶永烈	著名作家	201547
许一力	CCTV 证券频道首席评论员	180981

微博客草根性原创性更强，鸿篇巨制压缩为只言片语，广泛分布在桌面、浏览器、移动终端等多个平台，多种商业模式并存发展。

2013 年"两会"期间，经济学家许小年 3 月 10 日发表微博，全文如下：

对中国经济改革稍有一点理解的人、稍有一点了解的人都知道，中国经济 78 年以来所取得的这些成就，不是政府更了解经济，而是政府不断地向后退，政府退出农村，农村就繁荣了，政府退出城镇经济，城镇经济就繁荣了，政府怎么可能比民间有更多的信息，怎么能够比民间更高瞻远瞩呢。

四、个性显著

博客微博客凭借平台的开放性、终端扩展性、内容简洁性和低门槛等特性，在网民中快速渗透，成为一个重要的社会化媒体，成为网民获取新闻时事、人际交往、自我表达、社会分享以及社会参与的重要媒介，是提升企业品牌和产品推广的重要平台。

在广袤无垠的网络空间里，博客的出现掀起了网络的新文化运动，它可以记录人们日常生活中的感悟，让人们找到了自己的"居所"。在属于自己的网络空间里，每个人都可以成为主宰，控制一切。人的主观能动性得到了充分的发挥，在一个追捧明星的大众娱乐时代，平民可以转瞬成为英雄，边缘可以很快成为中心焦点。个性化的行为、个性化的角度、个性化的思想，是博客微博客文体的力量源泉。

2012年12月17日，笔者突发奇想，写了"贪官溯源"博文发在新浪博客，多少可看出拙文秃笔的个性：

> 有道说，无官不贪，无奸不商。究其源头，着实深远。先从"官"字型看，一顶乌纱宝帽，罩着洞开的两张大口，活生生比常人多出一张嬉笑怒骂吃喝逍遥的嘴巴。
>
> 从古至今，人们习惯以"官"谓称，村庄的叫村官，法院的叫法官，警署的叫警官，军队的叫军官，客人叫客官，就连古代专供皇家役使、不男不女的中性人，也有官称——宦官。国人对官的迷醉，可见一斑。
>
> 打击贪官，先从"名"正。法官警官最需要第一时间改名。法官，端着国家的金饭碗，却在百姓心目中"吃了原告吃被告"；警官，头顶金灿灿的国徽，时时受到"警匪一家"的诟病。凡此种种，不一而足。
>
> 改掉官名，去掉官瘾，才能够做到如习近平同志训鉴一般"千万不要既想当官又想发财"，让贪官遁形。①

----

① 参见曾静平等：《网络文化概论》，陕西师范大学出版总社2013年版，第102—103页。

第四节　QQ 产业

QQ 是新载体的重要一员，QQ 在层级产业链布局谋篇方面的新奇创想，为 QQ 用户提供的看似平等的信息交流与传播、资源获取与共享平台，实则自发形成的或人为构建的层层等级，演绎出别出心裁的丰硕产业。

2016 年，腾讯全年总营收从上一年度的 1028.63 亿元人民币飙升到 1519.38 亿元人民币（净利润为 414.47 亿元人民币），同期增长 48%。QQ 月活跃账户数达到 8.68 亿，是腾讯增值业务的增长亮点，主要反映了来自数字内容订购服务和 QQ 会员较高的订购收入，以及虚拟道具销售收入的增加。

2017 年 6 月，本应 50 年后才出现的 QQ 最高级别玩主出现在北京、广东佛山、江苏苏州和福建三明，昭示着这批玩家斩关夺隘的高超本领，自然也伴随着投入大量资金购买先进装备。购置网络游戏装备是 QQ 玩家的制胜法宝，而不断推陈出新游戏装备则是腾讯集团公司层级产业的源头活水。

腾讯 QQ 构建的层级性体系成功地通过将打造层级性业务链、强化用户等级意识、叠加外显性与实用性特权，满足用户的出众需求和多层等级嵌套营造差异感，维持用户优越追求这三方面加以结合，刺激非付费用户的活跃度，让"特权"的享有者们为了到达特权顶峰而继续在层级性体系内攀升，同时更不断吸引"特权"圈子外的 QQ 用户加入，实现付费用户数量的稳步提升，为腾讯公司带来持续增长的商业利润收益。

一、发展背景

层级（等级）现象是传播学者一直重视的话题。理查德·韦斯特认为，等级制度是一种把事务和个人按照一定上下级顺序排列的组织原则，组织语境与其他传播方式的不同，是大多数组织具有明确界定的等级制度。

1999 年 2 月，由腾讯公司自主开发的一款基于互联网的即时通信平台腾讯 QQ 上线，支持在线聊天、语音通话、视频、在线（离线）传送文件等全方位、多终端通信社交功能。2000 年，腾讯的 OICQ 基本上已经占领了中国在线即时通信 90％以上的市场，并以非常快的速度跃升。2000 年 4 月，QQ 用户注册数达 500 万，2001 年 2 月，腾讯 QQ 注册用户数增至 5000 万。2007 年，"QQ2007 正式版"中新增了丰富的"在线状态"功能，在原有"在线"、"离开"、"隐身"和"离线"四种状态的基础上，新增了"Q 我吧"、"忙碌"、"静音"三种状态，用户可以在状态菜单中自由切换在线状态。

腾讯 QQ 的合理设计、强大功能、稳定高效的系统运行，使得 QQ 问世近 20 年仍广受用户青睐，稳稳占据中国社交网络平台用户总数、月活跃账户数榜首。截至 2016 年 9 月底，QQ 月活跃账户数达到 8.77 亿，最高同时在线账户数（季度）达到 2.50 亿，成为世界上人数最多的社交网络平台之一，全球范围社交媒体的追捧人群数量仅有脸书可与之媲美。其中，2005 年腾讯集团公司推出的 QQ 层级性（等级性）产品，不仅加速了 QQ 用户人群的扩张，刺激了使用人群的竞争意识，而且将层级（等级）性传播现象和层级性产业布局，悄无声息地深深嵌入在这一活跃的社交网络平台中。

所谓 QQ 层级性，即 QQ 传播除了不分男女老幼美丑尊卑的普众传播，有着统一的传播途径与传播内容外，还会在一定时间一定空间范围内按资论辈，具有一定的层级关系。当然，为了达到 QQ 玩主的理想层级，需要付出不同努力或资金，包括 QQ 用户的增值服务支出费用、使用年限、上线时间长短以及活跃程度等。QQ 玩主通过各自路径到达不同层级，自然就会拥有相应层级的配套权益，包括分等级的身份标识、交流辅助工具以及不同的话语权等，享受丰富的社会交往、娱乐休闲、生活服务等差异化体验。

腾讯 QQ 通过丰富等级体系和优化其娱乐导向的功能，以进一步"层级化"迎合年轻用户人群。2016 年，QQ 引入面部美妆工具、油画风格照片以及动态视频挂件等一系列特色功能，使其聊天及分享的层级体验更具娱乐性和针对性。同时，腾讯 QQ 通过设计不同层级的文学、卡通及短视频等趣味性内容，大大提高了 QQ 用户活跃度和黏合度。

二、层级构建

2005 年 8 月 15 日，腾讯集团公司推出新的 QQ 在线计划服务，即通过累积活跃天数，可以获取相应的 QQ 等级、QQ 在线等级，由星星、月亮和太阳三个图标代表不同等级。拥有 QQ 在线等级为太阳级别及以上的用户，可享受任意上传设置 QQ 自定义头像和建立一个 QQ 群的尊贵特权。随着 QQ 玩家的巨量增长，装备不断先进化，"太阳级"不够用了，便升格为"皇冠"。

早期的 QQ 等级是以小时来计算的，后来将 QQ 等级改为以天为单位，每天只要在线两个小时就算一天，半小时以上两小时以下则记为半天。QQ 等级让无数玩家为之疯狂，朝思暮想看着它从星星变月亮，再变太阳，再升皇冠。据腾讯集团公司的苦心设计，最高级的 QQ 可以达到 9 个太阳（2 个皇冠 +1 个太阳），即 144 级，需要的时间是 21312 天，大概需要 50 年时间（见表 5.5）。

表 5.5　QQ 等级设计及用户活跃天数表

等级	等级图标	活跃天数
1	☆	5
4	ℂ	32
8	ℂ ℂ	96
12	ℂ ℂ ℂ	192
14	◎	320
32	◎◎	1152
48	◎◎◎	2496
64	♔	4352
144	♔♔♔◎	21312

无论是人民币"玩家"还是"挂机党"，都是由腾讯 QQ 精确化等级与层级建构而来。QQ 玩主玩家支付的费用越多或"挂机"时间越长，他们在 QQ

层级性体系中的排位也就越高，获得的权益也愈尊贵，"腾挪"的空间越广阔，自然成为真正的显贵一族。

通过设立 QQ 人群权益的等级化享有，QQ 增值业务的"出众派"应运而生。从"VIP 您的生活"到"有特权，无妥协"再到"不做大多数，做个出众派"，作为腾讯 QQ 推出的最成功的增值服务业务，QQ 会员用不断变化的宣传标语，喊出了"我要出众"这一互联网时代 QQ 用户的深层心理诉求。

打开 QQ 客户端中的好友列表，昵称为红色并带有红色会员铭牌或金色超级会员铭牌的在线好友，排列在你所有好友的最前面，高级 QQ 群在 QQ 群体系中亦是如此。鼠标移动到 QQ 好友的头像上，在立即弹出的迷你资料卡中，由金色的皇冠、太阳、月亮和星星组成的等级体系显示着每个 QQ 好友的成长等级，QQ 红钻开通者华丽的 QQ 秀展示着他们青睐的或自认为可以代表自己的俊男美女形象，而普通用户拥有的则是被赠予的没那么夺目的服饰甚至仅仅是一件毫无存在感的白 T 恤，资料卡最下方被点亮的 QQ 业务图标的多少也透露出这一位好友是否已深入地体验了 QQ 的各种服务。

点击进入 QQ 好友的 QQ 空间，不同级别的空间装饰挂件与模板一目了然。与不同的好友聊天时，QQ 等级更高、付出费用更多的好友，发送的以某位明星的字体显示出的带着特色气泡的文字消息、更长的语音消息以及多样的魔法表情等无疑让双方的交流更加有趣，也让用户感受着不同层级享受的不同的特权。

三、层级产业

腾讯 QQ 用完备的层级化产业链，建构出了存在于享受特权的出众派和接受常规的大多数之间的层级性差异。为了强化 QQ 用户的等级意识，让广大用户能够认可并主动融入这一层级性体系，腾讯 QQ 打造了一个完善的层级性业务链，几乎涵盖了腾讯 QQ 提供的所有社交、娱乐、生活服务，并将层级观念和等级特征在产业布局谋篇方面体现得淋漓尽致。

"挂机党"和人民币"玩家"们通过长时间的挂机（保持 QQ 在线状态）或

支付费用（包括购买装备），使自己在腾讯QQ的"星星—月亮—太阳—皇冠"等级体系中攀升得更快。"挂机党"通过在QQ群内积极发言让自己在QQ群群主自设的等级，在"会员—贡士—进士—探花—榜眼—状元"等级体系中排位靠前，通过积极尝试各种免费点亮多种业务图标的方式让自己看上去是QQ的资深体验用户，或者通过长时间玩某款游戏让自己在游戏里的身份等级更高等。

以QQ会员等级为例，一共有LV1、LV4一直到LV48及以上9个不同的等级，每一等级的用户享有着不同的权益。最低等级的LV1、LV4和LV10不享有QQ旋风下载和超级QQ体验，也没有"七雄争霸"礼包，而最高级别的LV48及以上，不仅具有"每8级可获得一个礼包"和40个"超级表情"，而且独享"七雄争霸"骄阳礼包。

活跃的"挂机党"们辛苦换来的等级权益，远远没有人民币"玩家"通过支付一定的费用享受得更尊贵、更酷炫、更强大、更海量和更便捷。现阶段，腾讯QQ提供的主要围绕QQ用户的社会交往和娱乐休闲需求的增值服务有QQ会员、超级QQ、QQ黄钻、QQ红钻、QQ绿钻等近40种（见表5.6）。

表5.6　QQ层级分布状况与相应权益表

服务名称	服务领域	最高级别	费用（元/月）	推出日期
在线等级	QQ	不限	无	2004年9月29日
QQ会员	会员	VIP7	10元/手机15元	2006年6月15日
超级会员	QQ会员	SVIP8	20元+10元	2013年7月
黄钻	QQ空间	LV8	10元/手机15元	2007年10月19日
红钻	QQ秀	LV8	10元/手机15元	2008年1月22日
绿钻	QQ音乐	LV8	10元/手机15元	2008年4月2日

续表

服务名称	服务领域	最高级别	费用（元／月）	推出日期
蓝钻	QQ游戏	LV7	10元／手机15元	2008年11月14日
黑钻	地下城与勇士	LV7	20元／月	2009年5月1日
紫钻	多个游戏	LV6—LV7	10元—20元	—
粉钻	QQ宠物	LV7	10元／手机15元	2010年11月16日
寻仙VIP	QQ寻仙	—	20元／月	—
CF会员	穿越火线	—	30元／月	—
读书VIP	腾讯读书	—	10元／手机15元	—
超级QQ	手机	黄金8级	10元／手机15元	2008年3月10日
拍拍彩钻	拍拍网	LV5	—	2010年5月5日
手机魔钻	手机	LV6	10元／手机15元	—
QQ钻皇	黄、红、绿及蓝钻	15星钻皇	50元／月	—

  可以看出，人民币"玩家"付费多寡，自然决定了享有权益的优劣。玩家们支付的费用越多、玩的时间越长，他们在QQ层级性体系中的排位也就越高，获得的权益也愈尊贵。

  10多年间，腾讯QQ不断开发和丰富了多层级、多领域的增值服务，为QQ用户们提供更丰富的外显性与实用性特权，满足用户的出众需求。以QQ会员（包括普通QQ用户、QQ会员、QQ超级会员）这一增值服务为例，QQ会员用户享有外显性特权和实用性特权，覆盖功能特权、装扮特权、生活特权和游戏特权等方方面面，涉及等级加速、排名靠前、红色昵称、多彩气泡、个性名片、好友上限、QQ 群人数、云消息服务和游戏礼包等近 80 项，令玩家全方位地获得心理与实用需求满足（见表 5.7）。

表 5.7　各层级 QQ 会员部分权利对比表

特权类别			普通 QQ 用户	QQ 会员	QQ 超级会员
外显性特权	功能特权	等级加速	不加倍	普通最高 1.9 倍 年费最高 2.2 倍	普通最高 2.2 倍 年费最高 3.0 倍
		排名靠前	无	靠前	最前
		红色昵称	无	有	有
		身份铭牌	无	红色 VIP	金色 SVIP
	装扮特权	超级、魔法、签名表情	无	有	有
		会员头像	静态	所有特权	所有特权
		多彩气泡	无	有	有
		个性名片	无	可挑专属个性名片	可挑选全场个性名片
实用性特权	功能特权	好友上限	900 人	2000 人	2000 人
		文件中转站	2G，30 天	最高 2T，16 天	最高 2.5T，16 天
		QQ 群人数	最多 500 人	最多 1000 人	最多 2000 人
		会员长语音	60 秒	3 分钟	5 分钟
		好友克隆	无	无	1 次 / 月
		云消息服务	好友 7 天，不指定	好友 30 天，35 人	好友 2 年，40 人
	生活特权	观影特权	无	享有特权	享有更高特权
		购物特权	无	享有特权	享有更高特权
		购房特权	无	享有特权	享有更高特权

续表

特权类别			普通 QQ 用户	QQ 会员	QQ 超级会员
实用性特权	游戏特权	游戏礼包	无	有	更丰富
		新游抢先玩	无	可	可

近年来，腾讯集团公司通过 QQ 人群裹挟的无敌人气，以资本化运作全球"打击"策略，成为全球游戏市场的产业引擎，朝着全球最大的游戏公司既定目标迈进。过去 10 年来，腾讯通过投资收购使命召唤（Call of Duty）开发商、韩国 CJ Games、手游开发商 Glu Mobile 和 League of Legends 开发商 Riot Games 等大手笔动作，强势占领游戏产业阵地。2016 年，腾讯从日本软银购入《部落冲突》和《皇室战争》开发商 Supercell 高达 84% 的股份，引业界惊呼"这是腾讯在全球游戏行业单笔收购的巅峰之作"。收购完成后，腾讯集团公司在全球游戏市场中所占的份额达到了 13%，进一步推动了总体收入的大幅增长。

同时，腾讯集团公司继续在 PC 和智能手机客户端游戏市场发力，已经成为中国最大的游戏运营商及发行平台。2013 年开始，腾讯集团公司凭借其科技创新能力和在 QQ、微信等的新媒体号召力，加大了网络游戏的投入力度，成为网吧游戏的最大赢家。腾讯游戏创作的"穿越火线"、"地下城与勇士"、"QQ 飞车"和"QQ 炫舞"等，一直是 2013 年各家网吧游戏排行榜的前 10 名，在权威"网吧游戏排行榜"上，前 10 名有一半是来自腾讯游戏的杰作。2016 年，《英雄联盟》在全球所有 PC 客户端游戏中收入排名第一。腾讯受益于智能手机用户游戏数量的增长，主要玩家对战游戏及角色扮演游戏强劲的经营表现，手机终端游戏收入大幅增长，《梦幻诛仙》、《剑侠情缘》、《征途》以及《御龙在天》等游戏大获成功。

《王者荣耀》是腾讯集团公司的吸"金"利器，也是中国社会上下关注的热点。《王者荣耀》坐拥 2 亿注册用户，涵盖多年龄段玩家，日活跃用户超过 5000 万，夺得全球 iOS 收入冠军，创造了腾讯平台智能手机游戏的新纪录。与此同时，腾讯控股的股价随着《王者荣耀》一路飙升，从 2016 年初的 152.5 港元 / 股上涨至 2017 年 6 月 15 日的 273 港元 / 股，总市值达到 2.59 万亿港元。

在腾讯 QQ 这一社交网络平台上，不论是自然形成的层级化传播现象，还是人为建构的层级性产业链，都将内容传播和产业布局高度融合，"润物细无声"地黏合了巨量人群，铸造出超级产业巨舰。层级性体系依据 QQ 用户的使用行为与切实需求而建成，不仅被广大 QQ 用户认可，让 QQ 等级特权享有者们乐在其中，更为腾讯公司带来了丰厚的利润收益。腾讯 QQ 的产业发展从 QQ 用户体验出发，丰富与发展其层级性体系内容，完善层级性体系结构，趋利避害创新层级传播内容，讲求社会效益与产业丰腴双赢双盛，还有更多更优的发展期许。①

---

① 曾静平、刘爽：《论 QQ 传播的层级性受众和层级性产业》，《现代传播》2018 年第 2 期。

| 第六章 |

新形式产业

在传统媒体时代，文字图片音视频贯穿始终，它们是传统媒体产业的主要表达形式。直到互联网时代到来，动漫与电子游戏及其所带动的产品与服务逐渐发展成为新媒体产业的新成员，即有别于传统媒体时代文字图片音视频形式的新形式产业。

电子游戏诞生在 20 世纪 60 年代的美国，目前美国主流的游戏机是微软的 Xbox360，软件生产商主要有 EA、Activision-Blizzard 等。动漫是指以创意为核心，以动画、漫画为表现形式，渗透于图书、报刊、电影、电视、音像制品、舞台剧、电脑和各种移动互联网等基于现代信息传播技术手段的新型艺术，其相关产品的开发、生产、出版、播出、演出和销售，以及与动漫形象有关的服装、玩具、电子游戏等衍生产品的生产和经营的产业，即动漫产业。鉴于动漫游戏时时互相耦合，相互交叉渗透，产业发展往往难分彼此，在很多国家和地区一般统称为动漫游戏产业。

动漫与游戏贯穿新媒体产业的方方面面，是网吧产业、电脑媒体产业和移动互联网产业等的主要支柱。网络动漫与网络游戏的更新换代，驱使一批又一批网络动漫游戏爱好者前赴后继，"欲与天公试比高"，或"武林争霸"，或"魔兽争雄"。2004 年以来，国家密集出台一系列动漫扶持政策极大地促进了中国动漫事业的繁荣发展。据中国社会科学院发布的国内首部动漫蓝皮书《中国动漫产业发展报告（2011）》显示：2011 年我国国产动画片共 385 部 22 万分钟，已取代日本成为世界第一动画生产大国，产量为日本的两倍。

全球动漫游戏市场发展不均衡，美国、英国、日本、韩国和中国台湾等是动漫游戏最为发达的国家和地区。同时，各个国家和地区玩家的年龄性别特征以及选择游戏的兴趣爱好追求也不一样，游戏在部分地区依然被视为"洪水猛兽"。法国的电视节目会严肃而专业地评价游戏，而有些国家则视其为儿戏。澳大利亚 98% 的亲子家庭拥有游戏机，68% 的人喜欢玩游戏，游戏和冰啤一样受欢迎。美国和日本的玩家性别比例基本相当，而中国、印度、巴西、南非等地的玩家绝大多数都是男性，印度甚至只有男孩子才沉迷游戏。以色列 16—30 岁的青壮年是足球网络游戏的发烧友，他们花费数百美元购买 PS4，只为了玩《FIFA》或者《实况足球》，或者偶尔玩《使命召唤》。另一类以色列人喜欢其他各种游戏，但不愿暴露自己的玩家身份。

根据市场研究公司 Newzoo 发布的最新报告，2013 年全球游戏收入为 755 亿美元，比上一年度增长约 2 成。如果再加上动漫产业，全球的电子游戏和动漫产业总产值超过了 1300 亿美元。

美国长期以来在全球动漫游戏产业行业领跑，创收规模占全球总值约为 40%。2005 年至 2012 年，美国数字游戏产业的增速是其经济增长速度的 9 倍。2007 年，美国的电子游戏产业收入达到了 95 亿美元，2008 年为 117 亿美元，2011 年达到 250 亿美元，数字游戏产业已成为美国文化产业发展最快的领域[①]。美国移动游戏发行商 Glu 在 2015 年和 2016 年连续两年总收入超过 2 亿美元，《金·卡戴珊：好莱坞》、《猎鹿人》、《Cooking Dash》和《Covet Fashing》等几款游戏贡献了大部分收入。

中国的网络游戏产业从 2001 年 3 亿元人民币的市场规模增长到 2009 年 271 亿元人民币，过去 5 年网游行业保持了 52% 的年复合增长率，2011 年中

---

① 李乾清：《美国数字游戏产业成为市场黑马》，《中国文化报》2012 年 11 月 30 日。

国网络游戏的销售业绩达到人民币 428.5 亿元（这一数据与日本的 70 亿美元基本持平），比 2010 年增长 34%。2015 年，中国大陆游戏产业收入达到 1407 亿元（约合 222 亿美元），超过美国（219 亿美元）成为全球第一大市场，其中电子竞技份额占到 270 亿元人民币。

腾讯继续在 PC 和智能手机客户端游戏市场发力，是中国最大的游戏运营商及发行平台，运营中国前三大 PC 客户端游戏（分别是《英雄联盟》、《地下城与勇士》及《穿越火线》）。其中，2016 年《英雄联盟》在全球所有 PC 客户端游戏中收入排名第一。腾讯受益于智能手机用户游戏数量的增长及主要玩家对战游戏及角色扮演游戏强劲的经营表现，手机终端游戏收入大幅增长。其中，《王者荣耀》的日活跃用户超过了 5000 万，创造了智能手机游戏的新纪录。同时，腾讯在角色扮演游戏中取得了持续进展，比如《梦幻诛仙》、《剑侠情缘》、《征途》以及《御龙在天》等游戏的成功。

网易从 2011 年开始布局手机游戏，2016 年 9 月推出的《阴阳师》，半年时间 APP 累计下载量已突破 1000 万，日活跃用户突破 400 万，丁磊不惜参与直播亲自为之站台。

在 2017 年美国"超级碗"总决赛上，发布的不仅有电影和电视的预告片，还有耗资亿万级的游戏广告在这寸土寸金的全球广告制高点上劲爆出彩。范冰冰出演武则天的游戏《Evony-The King's Return》的宣传片，与多位国际巨星试验的亚瑟王穿越时空，进行三方 PK，玩家可以在游戏里体验三个王朝的兴衰。短短两分钟的广告拍摄费用耗资 1 亿元人民币，在广告费用天价（30 秒 500 万美金）宝地播放，瞬间秒杀了众多投资豪客。

电子游戏在创造巨额经济效益的同时，还成为增强一个国家软实力的重要因素。在西方国家已经诞生了"游戏学"（Ludology）这一结合了传播学、计算机科学、心理学、叙事学和艺术学等学科的新兴学科[①]。

越来越多的信息显示，手机网络游戏正在成为网络游戏产业新的重要增长

---

① 薛强：《美国、日本和中国三国电子游戏比较研究》，2012 年 10 月 17 日，人民网—游戏频道。

点。手机游戏用户最喜欢通过手机浏览器下载手机游戏，用户比例远高于手机应用商店。UC、腾讯、垂直下载网站成为主要的游戏下载渠道，与这三大平台相比，电信运营商平台不具优势。用户在选择下载平台时，朋友的影响最大，占34.7%，其次是平台操作层面，比例为20.9%，游戏种类与质量和品牌的知名度是另三大影响要素。手机网游用户中，经常用WiFi网络玩手机网络游戏的比例为53.5%，高于其他网络类型，使用3G网络的比例次之，为38.8%。

与PC设备相比，智能手机便携性、移动性的特征更能满足用户随时随地使用手机游戏的需求，用户利用排队、等车的时间进行游戏，手机游戏碎片化的特性凸显。平板电脑终端与手机终端相比，57.1%的手机游戏用户更常在手机上玩游戏，24%会更多在电脑上玩游戏。29.8%的用户在手机上玩游戏以来，电脑端玩游戏的时间减少了，手机游戏逐渐成为一种普遍的娱乐方式。在整体网游进入疲惫停滞期的时候，手机网游发展迅速，手机端网络游戏用户规模增长迅猛。

在中国，为了应对快速增长的动漫产业发展，全国很多高校纷纷成立动漫学院或数字媒体艺术学院，以满足专业市场的人才需求。2016年8月，内蒙古开设国内首个电竞中专专业。自2016年9月电子竞技运动与管理进入教育部增补专业名单后，国内多家高校开始了电竞专业的筹办。9月末，湖南体育职业学院宣布，将于2017年开设电竞运动与管理专业，培养包括电竞运动员在内的电竞相关从业人员。2016年年底，位于北京怀柔区的国内首家电子竞技学院在12月开始首次招生，计划在2017年3月正式开学。首批招生计划在300人左右，预计分为6个班，学制为3年，学费2万元人民币。学院目前设有电子竞技学业教育和短期培训两种模式和办学层次，学生学习之后可获得国家开放大学认证的大专学历和电竞行业认可的从业资格证。

第一节　中国动漫游戏产业

动漫游戏产业是中国最具发展潜力的新兴产业之一，也是中国政府重点扶持的文化产业，现在正在成为新的经济增长点。截至 2010 年底，中国活跃大型网络游戏用户规模为 1.1 亿人，比 2009 年增长 4069 万人，增长率为 58.7%。另据来自国家新闻出版总署的统计数据，2011 年我国网络游戏市场实际销售收入达到 428.5 亿元人民币，比 2010 年增长 32.4%。其中，民族原创网络游戏收入为 271.5 亿元人民币，同比增长 40.7%，占市场实际销售收入的 63.4%，连续 7 年占据市场份额主导地位。2016 年，中国网络游戏市场规模达到 1655.7 亿元，位居全球第一位，占据全球网络游戏市场份额的 24.5%。

2010 年，中国动漫行业产值仅为 471 亿元，2014 年我国动漫产业内容生产实力进一步提升，总产值超过 1000 亿元。2016 年中国动漫行业产值达 1320 亿元，预计 2017 年将达到 1500 亿元的产业规模。

一、中国动漫游戏产业的产生

谈到中国动漫游戏产业，不能不提及曾经的中国网络游戏界巨擘陈天桥和盛大集团（上海盛大网络集团公司）。1999 年，上海浦东新区科学院专家楼一套三室一厅的房子里，26 岁的陈天桥与弟弟陈大年、夫人雒芊芊等 5 人一起创立盛大网络。2001 年 7 月 14 日，陈天桥决定一"赌"定生死，用盛大网络账上仅剩的 30 万美元从韩国 Actoz 公司拿下《传奇》的代理权，一举创造了"盛大传奇"。通过迅速捆绑电信、服务器、渠道、代理诸方力量，《传奇》在半年内便实现了爆发，2001 年 9 月 28 日，《热血传奇》正式上线。仅一周之后，《热血传奇》最高在线人数突破 1 万人，一个月后跨过 10 万关口。当时，在中国众多网吧里，60% 的人都在玩《传奇》。一年后，《热血传奇》玩家在线数达到 50 万，成为当时全球在线人数最高的网游。2002 年底，中国网民总人数为 5910 万，而当时《热血传奇》注册人数为 4000 万，游戏渗透率高达 67.7%。当年，《热血传奇》为盛大带来 1.39 亿元的净利润，2003 年增长至 2.73 亿元，2004 年 8 月盛大网络在纳斯达克上市，31 岁的陈天桥成为福布斯新晋首富。2005 年，陈天桥创全球先河，宣布旗下所有游戏免费，这种"免费玩、买道具"的在当时被业界所抵制甚至唾弃的玩法，现在却成了几乎所有网游的"致富之道",不能不赞叹陈天桥的"先知先觉"。

2013 年底,陈天桥将盛大游戏和盛大文学等主要资产出售后,盛大集团貌似基本已退出中国主流互联网江湖。实际上,在陈天桥的大胆创新精神统领下,一批互联网先锋企业在盛大的扶持下茁壮成长,年轻一代耳熟能详的格瓦拉、墨迹天气、虾米音乐、暴走漫画等企业都来自盛大的投资和培育。①

2004 年以来,文化部先后批准了上海、四川、大连三个国家动漫游戏产业振兴基地,主要开展动漫游戏产业的培训、研发、产业孵化与国际合作。基地的建设目标不是为企业挂牌,而是使之成为我国动漫游戏产业的孵化器,强调导向性和示范性。此后几年,文化部又在长沙、无锡建立了动漫产业基地。

几乎同一时期,国家广播电影电视总局批准在深圳、大连、苏州、无锡,长影集团、江通和上海美术电影制片厂、中央电视台中国国际电视总公司、三辰卡通集团、中国电影集团公司、湖南金鹰卡通有限公司、杭州高新技术开发区动画产业园、常州影视动画产业有限公司、上海炫动卡通卫视传媒娱乐有限公司、南方动画节目联合制作中心等建立了 15 家国家动画产业基地,以及中国传媒大学、北京电影学院、吉林艺术学院动画学院、中国美术学院 4 所国家动画教学研究基地。

2005 年 7 月,文化部、信息产业部联合印发的《关于网络游戏发展和管理的若干意见》(以下简称《意见》)提出发展和管理并重,着力提高原创水平。其中的第三条特别强调了"国产原创"的重要性,"要以科学发展观来指导和检验网络游戏发展和管理工作,既清醒地认识到网络游戏存在的问题,采取措施、加强监管,努力解决现存的问题,为广大未成年人营造和谐的网络文化环境,又充分重视网络游戏的积极作用和产业价值,立足长远,支持民族原创网络游戏产业的发展,使内容健康向上、形式丰富多彩的网络游戏产品居于国内市场的主流,民族原创网络游戏产品尽快占据国内市场主导地位,适时进入国际市场,网络游戏市场经营行为得到有效规范,知识产权得到普遍尊重,法制管理

---

① 参见逐鹿:《陈天桥——胜败两忘,如今投 10 亿美元想弄清"自己是怎么活着的"》,2016 年 12 月 8 日,搜狐财经。

体系基本完备，打造一批具有中国风格和国际影响的民族原创网络游戏品牌。"

2007 年，中国网络游戏以《征途》《魔兽世界》《大话西游》《劲舞团》《跑跑卡丁车》《泡泡堂》《劲乐团》《超级跑跑》《QQ 堂》《街舞区》和《QQ 音速》占据主要市场份额。

2016 年，《古墓丽影：崛起》《火影忍者：究极忍者风暴 4》《黑暗之魂 3》《黎明杀机》《极限脱出 3》《FIFA 17》《战地 1》《看门狗 2》《龙珠：超宇宙 2》和《使命召唤 13：无限战争》等入围十大高品质 PC 游戏。

二、中国动漫游戏产业的发展

时过境迁，90 后的胃口在变。《三国杀》在风火经年之后，慢慢冷却。日历翻到 2013 年时，在网吧里面的网络游戏已然"穿越"。首先，腾讯科技凭借其科技创新能力和在 QQ、微信等的网络号召力，加大了网络游戏的投入力度，成为网吧游戏的最大赢家。腾讯游戏创作的《穿越火线》《地下城与勇士》《QQ 飞车》和《QQ 炫舞》等，一直是 2013 年各家网吧游戏排行榜的前十名。由 17173 网吧联盟进行线上统计，联合几大媒体与网维、易游、讯闪等网吧游戏更新软件厂商更新软件，通过对近 12 万家网吧的游戏客户端的监控信息，共同打造的权威"网吧游戏排行榜"，前 10 名有一半是来自腾讯游戏的杰作，"快吧"联合 131 游戏之家推出的"网吧热门游戏排行榜"前 10 名，只有排名靠后的三款游戏非腾讯游戏所制作或者代理（见表 6.1）。

表 6.1　2013 年我国网吧最热门的网络游戏

131 快吧	制造商	17173 网吧联盟	制造商
穿越火线	腾讯游戏（代理）	穿越火线	腾讯游戏（代理）
地下城与勇士	腾讯游戏（代理）	地下城与勇士	腾讯游戏（代理）
英雄联盟	腾讯游戏	QQ 飞车	腾讯游戏
QQ 飞车	腾讯游戏	QQ 炫舞	腾讯游戏

续表

131 快吧	制造商	17173 网吧联盟	制造商
QQ 炫舞	腾讯游戏	反恐精英	世纪天成
逆战	腾讯游戏	梦幻西游	网易游戏
反恐精英	世纪天成	劲舞团	久游
御龙在天	腾讯游戏	跑跑卡丁车	世纪天成
梦幻西游	网易游戏	战地之王	腾讯游戏
梦三国	电魂科技	街头篮球	天游

2013 年排名我国网吧最热门的网络游戏冠亚军《穿越火线》和《地下城与勇士》，恰好也是 2011 年发布的《中国十大收入网游排行榜》中的龙头，由腾讯代理的这两款韩国生产的游戏，分别凭借 54.6 亿元和 29.5 亿元人民币销售业绩盖过了中国本土企业的风头。排名前 10 名的作品中，有 4 部是来自韩国，劲显"韩风"劲吹，也反映出中国网络游戏在创意、艺术表现、文化挖掘和市场运作等方面的欠缺。网易旗下的《梦幻西游》则以 27.6 亿元人民币的营收夺得季军，随后 4—10 名的产品分别为《天龙八部 3》（23 亿元）、《传奇》系列（22.7 亿元）、《龙之谷》（15.8 亿元）、《魔兽世界》（14.4 亿元）、《诛仙前传》（13.5 亿元）、《征途 2》（9.8 亿元）、《问道》（8.5 亿元）。

腾讯收购 Supercell，在行家眼中是 2016 年夏天最大的重磅炸弹，标示腾讯已经在游戏领域无处不在的存在了。Supercell 是一家芬兰开发商，拥有 iOS 和 Android 平台上诸多热门游戏，几乎每款年均都能提供近 10 亿美元的收入来源，月均活跃用户上亿。腾讯从软银手里购入 Supercell 的股份物超所值，收购完成后，腾讯在全球游戏市场中所占的份额达到了 13%，进一步推动了腾讯总体收入的大幅增长。

在《热血传奇》火爆了 14 年后，《王者荣耀》出生于腾讯的天美工作室，在初期发展并不好、数据和影响力都不尽如人意的背景下一飞冲天。凭借《英雄联盟》背景，简化操作，加持中国历史人物，注重用户体验等优势，逐渐席卷全国。因为太容易让人上瘾"中毒"，网友戏称它为"王者农药"。

《王者荣耀》威力初显源于腾讯系出身的助力。基于与微信、QQ 的强大关联性，《王者荣耀》在熬过不温不火的初期后，开始呈现分裂式增长，名气也越来越火爆，如今已经成为 iOS App Store 畅销榜第一的常驻者。仅一年时间，《王者荣耀》日活跃用户从 450 万涨到 5000 万，用户注册数量达到 2 亿，游戏渗透率高达 27.4%。这就意味着，中国每 7 个人里就有一人在玩《王者荣耀》。据统计，玩家花费在《王者荣耀》的时间是《阴阳师》的 6.8 倍，是《梦幻西游》的 11.9 倍。2017 年春节期间，《王者荣耀》最高日流水达到了 2 亿元，2017 年第一季度，《王者荣耀》月流水超过 30 亿元，其中一款皮肤的月流水就达到了 1.5 亿元。行家预测，《王者荣耀》2017 年将给腾讯带来 100 亿元，甚至 120 亿元的利润。有媒体预测，《王者荣耀》即将成为全球最赚钱的游戏。《王者荣耀》不仅给腾讯带来高额回报，也让很多玩家陪练找到了发财之路——在这款游戏里，他们获得了 5000—50000 元不等的月收入，额外的奖金收入也经常不菲。①

三、中国电子竞技强势出击

全球电子竞技产业在近些年迎来了快速发展时期，国内也开始对电子竞技产业出台了各种扶持的新政策，并且大量资本涌入，使得电竞市场的发展越来越受到瞩目。

2003 年，中国国家体育总局将电子竞技列为第 99 个体育项目，发展势头超乎寻常。中国电子竞技选手不仅可以获得比日韩更高的薪酬待遇，而且一举"杀"向了该领域的世界最前沿，屡屡在世界电子竞技大赛上获得优异战绩。2014 年，中国战队 Newbee 在 TI4（DOTA2 第四届国际邀请赛）夺冠，获得约合 3119 万元人民币奖金。两年后，这项纪录再次被中国选手打破，中国战

① 参见互娱资本论：《〈王者荣耀〉这么火，但它能成为下一款"传奇"吗?》，2017 年 7 月 13 日，见新浪科技专栏·创事记。

队 Wings 在 2016 年 10 月登顶 TI6，夺下创电竞史纪录的 6048 万元人民币。

当下，电子竞技已发展成为资本追逐的热点，步入发展黄金通道。2016 年阿里体育投入 1 亿元人民币进军电子竞技，旗下阿里体育更打造了 WESG 世界电子竞技运动会，腾讯 4 亿元参与直播平台斗鱼 TV 的新一轮融资，后者成立不到 3 年，估值已达百亿，电竞直播是它的拳头产品。世纪游轮、浙报传媒、大唐电信、掌趣科技、华谊兄弟、中青宝和游久游戏等上市公司也加速布局电竞行业。

2016 年 4 月，按照国务院有关部署，发改委、教育部、工信部等部门制定了《关于促进消费带动转型升级的行动方案》，鼓励以企业为主体，举办全国性或国际性电子竞技游戏游艺赛事活动。

电子竞技产业的火爆，引发中国各级政府的高度重视，中国不少地方政府将其融入地方的文化产业发展中，通过主办各种活动扩大社会影响，增加文化产业版图。2015 年，宁夏银川市举办了世界电子竞技大赛年度全球总决赛，高达 1 亿元人民币总奖金吸引了来自全球 32 个国家和地区的电子竞技高手。总决赛汇集了传统电竞、页游、手游坦克世界等 11 款游戏，个人最高奖金 70 万元人民币，电子竞技的高额奖金一方面来自全球电子竞技的高额版权，另一方面来自厂商的赞助和用户付费以及门票和周边产品。

四、中国动漫游戏市场反诹

动漫游戏与新媒体"唇齿相依"，贯穿于新媒体发展的每一个阶段，是新媒体产业的润滑剂、催化剂。中国动漫游戏市场的发展与繁荣，反映了国家管理层面的关心引导，见证着几代人的不懈努力，见证了不同品种类别动漫游戏（包括生产商家及国度）的起落荣衰，映射出我国动漫游戏玩家的人群与胃口。

中国、日本、韩国的文化渊脉历史悠久、一袭相承，相互学习借鉴也是情理之中。中国动漫和网络游戏曾经紧随近邻日本、韩国，对日本和韩国的动漫网络游戏亦步亦趋，无论是日韩动漫游戏的精华还是糟粕一律照单全收，甚至连日韩文字、日韩符号也成为中国动漫的时尚标签，中国传统文化的标志性人物如秦始皇、孟姜女、孙悟空、猪八戒、嫦娥、西施转眼成为日韩动漫游戏的多重演绎对象，"端午节"、"中秋节"在韩国一些动漫游戏作品中俨然成了东北亚岛国的创造发明。

上海哔哩哔哩公司是国内知名的视频弹幕网站，因其冠名赞助上海职业男篮一举成名。哔哩哔哩有最及时的动漫新番，最棒的 ACG 氛围，最有创意的 Up 主，可谓是中国网络动漫的先驱。但是，哔哩哔哩的主网页里，满是诸如"4p/ 凹凸世界 / まふまふ"、"kiss kiss kiss 小野大辅 PV"日本文字图形、日本头饰、日本服装等日本元素，又让人惊叹，这是中国的动漫先锋还是日本动漫在中国的"洋代办"？

韩国版《热血传奇》风光了 10 多年，本土版的《王者荣耀》在 2017 年占据天时地利人和，吸金揽银，以至于没听过《王者荣耀》的年轻人几乎都已经"灭绝"。2018 年最新的手机游戏的下载排行榜，下载量前两名都被"吃鸡"手游霸占。"吃鸡"游戏如雨后春笋般涌现，诸如《小米枪战》、《荒野行动》、《终结者 2：审判日》等，就连以《王者荣耀》为傲的腾讯也有《穿越火线》吃鸡模式。手机内存不够的玩家，为了尝鲜，便卸载了怨气累积已久的《王者荣耀》。

1. 中国本土动漫游戏精品何在？中国特色的动漫游戏品牌企业何在？"舶来品"韩国版《热血传奇》被《人民日报》点名批评，腾讯自产的《王者荣耀》也遭到国字号媒体"连篇累牍"的批判。是网络游戏本身的弊端还是管理者黔驴技穷无所作为？中国式家长、中国式教师是不是也应该适应"抢占眼球""抢夺感情"的无形怪妖？

2. 中国动漫游戏能否与地理历史等中小学教材深度融合，以"动漫游戏 + 音视频 + 文字图片"的立体表现形式叙说历史故事，再现历史形象，让历史人物活起来动起来鲜明生动起来，让山丘江河川岳等地形地貌鲜活起来灵动起来，呈现立体感纵深感实物感？

3. 中国动漫游戏能否与物理化学等中小学教材深度融合，以"动漫游戏 + 音视频 + 文字图片"的立体表现形式，减少化学试剂的毒害，杜绝物理实验的伤害事故？同时，还可以增设"奖励机制"，每通过一道实验，就奖励一道相关又好玩的游戏，激活课堂气氛，激发孩子的想象力和创造力。

第二节　美国动漫游戏产业

支撑美国数字游戏产业快速发展的，是全美乃至世界范围内一个庞大的游戏迷阵营。据游戏设计师简·麦克尼格尔介绍，地球上有 5 亿人每天玩游戏 1 小时，其中 1.83 亿人来自美国。许多人可能以为电子游戏是孩子们的最爱，但 1/4 的美国游戏玩家年龄超过 50 岁。

自 2007 年金融危机爆发以来，美国文化产业同其他产业一样未能幸免于难。数字游戏产业却利用美国民众收紧钱包缩减高端文化消费之时，把握商机，一举成为美国文化产业新的增长点。根据美国市场调查分析及研究机构 NPD Group 在 2010 年 1 月 15 日的调查数据显示，美国视频游戏行业的销售收入为 196.6 亿美元，包括游戏硬件、软件和外设产品，不过相比 2008 年的 214 亿美元营收降低了 8%。游戏机、PC 游戏软件市场共营收 105 亿美元，其中 PC 游戏软件行业的销售收入是 5.38 亿美元。

像其他多种娱乐产业一样，美国游戏产业主要实行行业自律管理。在游戏的出品和销售两个层面都分别有着各自的全国性行业组织。游戏出品商的全国性行业组织是总部位于华盛顿的"娱乐软件联合会"（Entertainment Software Association，简称 ESA，原名"互动数字软件联合会"），该联合会成立于 1994 年，为非营利性机构，其成员包括电子艺术、微软、索尼电脑娱乐、威旺迪游戏等游戏行业巨头，可以说代表了美国游戏市场的主体企业。在美国人眼中，游戏是重要的休闲娱乐工具之一，是创新的灵感和源泉，而美国游戏市场以发行商为主的产业链展开。

一、游戏是重要的休闲娱乐工具

在一项针对美国民众关于游戏消费情况的调查结果显示，大约有 63% 的美国人喜欢玩游戏，多数人都把游戏看成是一种能够有效减小压力的娱乐方式，几乎所有的美国人都认为玩游戏能够让家庭关系更融洽，很多人都喜欢与同学、朋友、亲人一起玩游戏，这样能够得到更大的乐趣。

美国娱乐软件协会（ESA）发布的研究报告显示，在 2011 年，72% 的美国家庭都拥有游戏机，玩家的平均年龄并不是人们想象中的青少年，而是 37 岁，甚至有 29% 的玩家在 50 岁以上。有 33% 的玩家表示玩游戏是他们最喜欢的休闲娱乐活动，而统计得出的游戏买主的平均年龄高达 41 岁。玩家们选择游戏的因素主要集中在：游戏的画面质量、游戏故事情节、是否是喜欢游戏的续集以及游戏口碑状况。其中，52% 的购买者是男性，48% 的购买者是女性。在美国，有 19% 的玩家倾向于玩网络游戏，而在线游戏中，最受美国玩家喜爱的是拼图、纸牌以及小游戏类型。策略、体育、角色扮演类居其次。但是美国的移动游戏领域发展势头迅猛，有 55% 的美国玩家热衷于用手机或其他手持设备玩游戏。

ESA 的研究报告还显示，在美国有 91% 的父母自己也在玩游戏，有 86% 的孩子在购买游戏之前得到了父母的允许。有 90% 的父母愿意为孩子们玩游戏买单，68% 的父母已经开始相信游戏是具有教育功能的，57% 的父母认为游戏可以促进家庭关系和谐进步，54% 的父母觉得游戏能够成为朋友间联系的纽带。这比 5 年前家长们对游戏的理解要积极很多。家长们在对游戏的限制上，比对互联网、电视、电影方面的限制要多很多。娱乐软件分级协会（ESRB）也受到了父母们的高度赞扬。86% 的父母都了解游戏分级。

二、游戏是创新的灵感和源泉

今天的游戏设计者正试图对数字游戏产业进行特别的延伸，将数字游戏元素融合到影视、出版、IT 甚至制造业当中。因为自 2007 年底金融危机爆发以来，以资本、原材料或劳动力为核心要素的物质生产出现明显衰退，而具有知识密集、创意驱动和高附加值等特征的文化产业却呈现出更强的可持续性。数字游戏产业作为美国新兴文化产业的代表，现在不仅服务于消费，更开始服务于生产。

现代个人电脑的许多进步和创新都归功于游戏产业，如声卡、显示卡和图形处理器，CD-ROM 和 DVD-ROM 驱动器等，Unix 和 CPU 也有一些较为显著的改善。部分特别开发的 Unix 可以让程序员玩太空旅行游戏。

现代游戏对 PC 资源的应用最为苛刻。许多玩家购买大功率的个人电脑为的是用最快的设备运行最新、最先进的游戏。因此，CPU 发展的部分原因是游戏产业比商业或个人应用需要更快的处理器。

声卡起初是为游戏添加数字音频而开发的，后来才用于音乐和高保真。早期显卡的开发是为了显示更多的色彩，后来则用于图形用户界面（GUI）和游戏。图形用户界面促进了高分辨率的需求，游戏促使了 3D 加速诞生。显卡还是唯一允许多个连接的硬件（如 SLI 或者 CrossFire 的显卡）。CD-ROM 和 DVD-ROM 的开发一般用于媒体的大容量存储，而廉价的大容量媒体信息存储能力催生了更高的读写速度。

三、美国游戏市场以发行商为主

美国游戏产业所建立的市场，是以发行商为核心的商业链条。发行是美国游戏产业链的核心环节，其风险最大，利润也最高。发行商在投资开发时通常采用版税金预付的方式，投资后发行商获得对该项目一定的控制权，资金并非一次到位，而是安排专门的项目经理监控游戏的开发进度，根据进度注入资金，如果开发状况与预期偏差太大，发行商可以要求返工或终止投资。母盘制作完成、开发工作结束后，发行商通常还要承担本土化、生产、市场推广、公关、分销等后续工作。

发行商支付给开发商的版税率，通常在 15%—25% 之间，低可至 10%，高可达 45%，这一比例通常以产品的净营业额为基础。版税率的高低一般受发行商的投资额度、产品潜在销量、知识产权归属等因素的影响。通过版税金预付的方式，开发商降低了风险，但回报也相应变小。这种商业模式使得众多开发企业甚至小的开发团队没有经营方面的后顾之忧，有助于规避不必要的风险，令其能够将全部精力投入游戏开发这一最重要的任务上。而发行商在承担巨大风险的同时，也能够享受到少数极为成功的产品所带来的巨大收益，使产业良性循环下去。

第三节　欧洲动漫游戏产业

欧洲是西方文化的发源之地，深厚的艺术底蕴为动漫游戏产业打下了良好基石。法国动漫产业发展享受着来自政府的强大资金支持，目前是仅次于美国、日本的第三大动画节目生产国。法国漫画历史悠久。1830 年，世界上第一本漫画杂志《漫画》就诞生于法国，此后一直处于世界先锋地位，涌现出以杜米埃为代表的一批闻名世界的大师和脍炙人口的作品。在全球化时代，法国人一方面通过举办安纳西国际动画片节、昂古莱姆国际漫画节等活动增强本国动漫产品的国际影响力，另一方面则是通过与别国联手，加快走向世界的步伐。法国拥有高水平的动画制作队伍和远低于美国日本的制作成本，近年来许多外国动画制作纷纷迁入法国，甚至连美国迪斯尼公司都在法国设立了动画制作室。英国的创意产业领先世界，动漫产业相对于其他创意产业而言，特点是规模不大，发展迅速，受行业瞩目。

在 1.4 亿多的俄罗斯人口中，游戏玩家总数约有 7200 万，其中游戏付费玩家为 4040 万，2016 年人均游戏付费约 35 美元。移动游戏玩家约有 5290 万，其中移动游戏付费用户约 1300 万。据 Newzoo 报告显示，2015 年俄罗斯游戏市场规模为 12.9 亿美元，其中移动游戏市场约 3.8 亿美元。预计到 2016 年底，俄罗斯作为西欧第 1、全球第 12 大游戏市场，游戏市场规模预计达到 14 亿美元，其中 PC 端为最大市场，有 6 亿美元；其次是移动端，有 5 亿美元，主机游戏市场则较之前有所萎缩，仅有 3 亿美元。在俄罗斯经济回暖之后，俄罗斯移动游戏市场将会大幅增长，届时可能会超过 PC 市场成为俄罗斯游戏市场最大组成部分。

动漫是英国创意产业和技术发展扩展最为迅速的领域之一，其劳动力构成涉及创意和传媒产业的许多分支，正在国际上获得越来越高的声誉。英国目前有 300 多家动漫企业，全国雇员为 4700 人左右。全英各地均有特征鲜明且运作成功的动漫生产制作中心，包括布里斯托、卡迪夫、邓迪、伦敦和曼彻斯特。这些地方聚集着大量高水平的动漫人才。

在英国，动漫产业归类于创意产业。1997 年 5 月，时任英国首相布莱尔推动成立"创意产业特别工作组"时，创意产业就被明确提出作为一种国家产业政策和战略规划。布莱尔亲自担任工作组主席，设立创意产业局，负责包括动漫产业在内的产业扶持和产业规划。英国创意产业特别工作组将创意产业定义为："源于个人创造力、技能与才华的活动，通过知识产权的生成和取用，这些活动可以发挥创造财富与就业的成效。"

从英国政府确认的 13 个行业来看，当时虽并未直接提到动漫产业，但是根据创意产业的定义，动漫产业无疑属于创意产业的范畴。作为老牌的工业国家，英国已经清楚地意识到依靠包括动漫产业在内的创意产业进行产业结构转型的必要性和可行性。可以说，在 21 世纪前夕，英国政府将动漫产业列入国家着力发展的产业类别是十分明智的。8 年时间，创意产业局就在英国培育了 12 万家创意企业，每年产值高达 600 亿—700 亿英镑。创意产业相关从业人员占全英国就业人口的一半。对于动漫产业，政府一方面大力扶持，另一方面严格监管，其中一个重要的原因就是动漫产品对未成年人影响巨大。

英国动漫产业雇员中，大学毕业生占 3/4 以上，硕士研究生占 1/3 以上，远远高于高等教育劳动人口在英国劳动力人口总数中的平均比例。为迎合市场需求，这些动漫人才拥有全球领先的最新数字技能。英国的许多动漫工作室在一系列专业领域内拥有全球公认的专业技能。其中，学龄前故事和设计动漫尤其令英国引以为傲，如广为热播的多媒体定格动漫连续剧《查理与罗拉》（由 Tiger Aspect Production 制作）和《小羊肖恩》（由 Aardman Animations 制作）。

在英国，有一些世界顶级公司专门为影片提供计算机生成视觉效果，如 Double Negative 公司。在该公司众多作品当中，《哈利·波特》系列尤为世人所熟知。英国动漫公司开发和使用先进技巧与技术的能力越来越为世人所瞩目。比如 DMS 的创建者 Natural Motion 公司就实现了在 3D 角色动漫领域的突破。

以牛津大学的研究为基础，DMS将人工智能、生物学和动态模拟结合起来，创造出了高质量的实时3D角色动漫。Trunk Animation也是一个处于业界领先地位的公司，他们利用2D和3D计算机辅助技巧创作出了新颖并且引发整个视觉产业思索的作品。

英国动漫产业的另外一个助力因素在于经常举行各种重量级的动漫产业活动，比如两年一度的英国动漫奖，覆盖到了英国动漫领域的方方面面，还有一年一度的鲁钝国际动漫节等。鲁钝国际动漫节是全球最大的动漫节，每年夏天都展出来自全球30多个国家的2000多个动漫作品，在其持续一周的活动时间里放映360部电影。

第四节　日韩动漫游戏产业

随着数码技术的发展，"内容产业"渗透到日本的各个领域，动漫和游戏已经成为日本娱乐产业的中流砥柱，每年有数以千计的动漫电视节目和几十部动漫影片问世。

一、日本动漫产业规模及开发推介模式

近20年来，没有一个国家像日本那样，疯狂大赚电子游戏的钱。从20世纪60年代初的街机，到六七十年代之间的家用游戏机，再到八九十年代的掌上游戏机，日本经过50多年的耕耘，终于把电子游戏这棵"摇钱树"，培育成第一时尚娱乐产业，垄断全球业界长达10余年。对日本来说，电子游戏产业是国家经济的重要支柱之一，在GNP中曾经占有1/5的举足轻重地位。日本游戏业在最辉煌的1998年，曾占领全球电子游戏市场硬件90%以上、软件50%以上的市场份额。

Media Create2009年12月31日公布的一组游戏产业数字显示，2009年日本游戏业市场中，硬件市场为2208亿日元，是2008年的84.7%，软件市场为

3504亿日元，是2008年的96.4%。

日本动漫产业的向外延伸，依靠的是屡试不爽的"免费"手段。日本外务省利用"政府开发援助"中的24亿日元"文化无偿援助"资金，从动漫制作商手中购买动漫片播放版权，并将这些购来的动漫片无偿地提供给发展中国家的电视台播放，使不能花巨资购买播放权的发展中国家也能够播放日本的动漫片。对这些发展中国家来讲，这种"免费的午餐"只是暂时的，等到其对日本动漫产品形成依赖后，从免费到低价位再到正常价位，这一营销策略将会逐步实施。

日本游戏在海外地区的广告收入远高于在日本市场，甚至绝大部分的收入都来自中国大陆市场。例如，《昭和粗点心店物语》来自中国市场的下载量占到了47%。对于独立开发者来说，日本游戏在中国市场最大的门槛是语言壁垒。日本的独立游戏开发者在发布作品的时候，至少需要做好繁体版（面向台湾市场）、简体版（面向中国大陆市场）、韩语和英语的本地化。有时候，只要做了语言的本地化，日本游戏就有可能在海外取得不错的收入。日本的开发商谋求以台湾地区为据点辐射华语市场，STS在2015年的时候在高雄建立了分公司。

日本游戏公司的开发体制基本上是三三模式，即所有游戏开发部门分为三级，新进人员和能力一般的开发人员集中在若干小型游戏开发部门，开发投资较小的普通游戏，从中培育和发现游戏开发人才；然后资深的开发人员组成更具实力的中型部门，负责制作在市场上有一定知名度的游戏；最后则是集中公司最优秀人才的大型制作部门，通常由公司最优秀的王牌游戏设计师担纲制作人，总负责游戏的开发，而这类王牌制作人都是凭着其作品出色的市场表现，从游戏策划升到游戏监制再升到游戏制作人。日本几乎所有著名游戏公司都采用这个行之有效的筛选机制，从这个机制出来的游戏设计师，都是业界的精英，也是创作出人气大作的游戏作品的保证。日本公司对这些天才往往不惜巨资，他们的年薪通常都是以百万美元计。如由著名游戏设计师铃木裕负责开发的超级游戏大作《莎木》，世嘉公司投入了5000万美元的巨资，开创了全世界游戏软件开发费用的新纪录，毫不逊色于好莱坞大老板们拍电影时的大手笔。

日本玩家最爱角色扮演游戏（RPG），除了日本以外，没有一个国家将角色扮演视为最受欢迎的游戏类别。令人吃惊的是，称霸全球的《最终幻想》在日本只能屈居《勇者斗恶龙》之后。东京甚至有一家名为"Luida's Bar"的老字号《勇者斗恶龙》主题咖啡厅。

二、韩国从文化战略产业高度发展动漫产业

1998 年，韩国明确提出"文化立国"的方针，将包括动漫产业在内的文化产业作为 21 世纪发展国家经济的战略性支柱产业。为此，韩国政府出台了《21 世纪文化产业的设想》，制定了《文化产业发展五年计划》、《文化产业发展推进计划》。计划用 5 年时间，把韩国文化产业的产值在世界市场的份额由 2001 年的 1% 扩展到 5%，海外出口额增加到 100 亿美元。

2003 年，韩国文化观光部制定了《漫画产业发展中长期计划（2003—2007 年）》。该计划提出，至 2007 年，韩国漫画制作规模要达到 5000 亿韩元，消费市场达 1 兆韩元，使国产漫画市场占有率提高到 70%，销售市场与借阅市场各占 40% 和 60%，出口占 10%。2006 年 1 月 4 日，韩国的文化观光部发表了《动画产业中期增长战略》，提出了新的目标，将每年只有 3000 亿韩元的韩国动画市场规模在 2010 年之前提高到 1 兆韩元。为此，韩国政府在 2006—2010 年间投资 764 亿韩元（约 7.36 亿元人民币）。

为实现"文化立国"，发展新媒体产业，韩国政府还出台了《国民政府的新文化政策》、《文化产业振兴基本法》、《文化产业促进法》等法律法规。其中，《文化产业振兴基本法》是韩国政府第一部有关文化产业的综合性法规，很多条文与动漫产业相关，比如，这部法规首次正式把漫画列入文化产业范畴，为政府对漫画产业的支持提供了法律依据。另外，韩国还修订了《广播法》、《影像振兴基本法》、《著作权法》和《电影振兴法》等相关法律条文。这些法律条文明确了动漫产业的产业性质，为其健康发展提供了有力的法律保障。

为了给动画产业提供良好的生存发展空间，韩国政府对国产动画片与进口动画片在本国电视台的播放比例进行了详细的规定：韩国动画片占 45%，外国动画片占 55%。此外，任何一个外国国家的播放额度，不能超过外国动画片播出总量的 60%，这主要是为了防止日本动画片充斥电视荧屏。在这样严格

的规范下，目前韩国电视媒介上，韩国动画片、日本动画片和其他国家的动画片的播放比例分别是 45%、33% 和 22%。为了防止动画片在电视上的播出时段缩小甚至消失，韩国政府修订了《广播法》，从 2005 年 7 月起，采用本国动画片义务播放制，各电视台要保障用总时间 1%—1.5% 的时间播放本国动画片，这使韩国动画片有了稳定的国内市场。

除了规范性政策，韩国政府还对动漫产业实施了一整套激励机制。2002年，韩国游戏动画业分别评出了 15 个和 12 个获奖产品和单位，"国务总理奖"（大奖）为最高奖项，奖金 1000 万韩元，"文化观光部长官奖"（优秀奖）奖金 500 万韩元，"特别奖"奖金 300 万韩元。为了提升本国原创能力，增强在国际竞争中的实力，韩国政府加大了奖励力度，2003 年，文化观光部把"国务总理奖"升格为"总统奖"。

动漫游戏产品的对外出口，是韩国动漫游戏产业发展的重点。为此，韩国政府于 2002 年设立"出口优秀奖"，奖金 500 万韩元。除了丰厚的奖金外，国家还为获奖单位提供国内外经营出口的多种优惠。韩国知名的《流氓兔》，因为在销售及许可业绩、消费者喜爱度、构思和质量水平等几个方面的评估中深受好评，连续两年被授予"大韩民国卡通造型大奖"。韩国三维动画片系列《小企鹅 PORORO》也因孩子们的喜爱而赢得政府最高奖。这些奖项，不仅给了动漫从业者莫大的鼓励与支持，也扩大了这些获奖动漫产品在国内外的知名度，为其进一步拓展市场创造了有利条件。

据韩国 CONTENTS 振兴院 2010 年 9 月 20 日公布的一项统计结果，截至 2009 年底，韩国共有游戏公司 4573 家。其中有 56.1% 的公司在开发网络游戏，手机游戏约占 29.3%，有 12.7% 的公司同时开发多个平台的游戏，包括网络游戏和手机游戏或者网络游戏和单机游戏等。

据韩国文化体育观光部和韩国通信振兴院联合公布的《2010 年韩国游戏产业白皮书》，2009 年韩国游戏产业全球销售额达 56.7 亿美元，同比增长 17.4%。其中，网络游戏销售额 32.0 亿美元，占比 56.4%；网吧游戏销售 16.7 亿美元，占比 29.4%；音像游戏销售 4.5 亿美元，占比 8.0%。从出口国家和地区销售占比情况来看，中国 34.9%、日本 26.5%、美国 12.3%、中国台湾

8.3%、欧洲 8.2%和东南亚 6.7%。

韩国游戏产业的发展得益于政府的扶持。韩国政府不仅给游戏产业以正确的定位和引导，更是将其和本国经济发展紧密地联系到一起，做了很多市场培育方面的工作，如政府每年向游戏产业投入的资金多达 500 亿韩元，并为游戏企业提供长期的低息贷款，建设游戏产业基地以扶持中小游戏企业的发展等。

在韩国，从制作到运营，一个网络游戏公司起步门槛较低，主要得益于政府实行的援助计划。此外，在有利的政策形势下，韩国出现了众多的游戏院校，一些原本不涉足此领域的大学也开设了游戏相关专业课程，以大力培养游戏专业人才，从而为游戏生产提供了基础保障。

韩国动漫领域具有分级制度，这种分级制度是一种政府行为。韩国设有专门负责电影与游戏内容分级管制的机构——"韩国媒体评等委员会"（Korea Media Rating Board，简称 KMRB），这是仿效美国"娱乐软件分级协会"（Entertainment Software Rating Board，简称 ESRB）的产物。针对韩国国情，KMRB 的分级比 ESRB 更为保守。具体来说，它分为全年龄、12 岁以上、15 岁以上与 18 岁以上几个级别。

为了保障分级制度的有效运行以及保护玩家在网上的虚拟财产不受侵犯，韩国政府实行了网络游戏实名制。此外，韩国政府还制定了游戏企业的延伸责任制，如果玩家因玩某个游戏出现了诸如自杀等问题，企业应承担相应的赔偿责任。这样一来，游戏企业在开发、销售其产品时就不得不考虑其社会效益。

第五节　动漫游戏产业链

动漫游戏产业链是指以动漫游戏研发商、运营商、销售渠道、电信运营商和用户为主线链条，辅之以相关服装道具、场景设置和直播打赏等环节。其中，动漫游戏运营商直接面对上游的研发商，下游面对销售渠道和目标用户，是整个产业链价值体系的核心。动漫游戏产业链的辅助线则涉及 IT 产业、制造业、媒体业以及展览业，丰富的产业链相互关联，且随着动漫游戏规模化的发展，相关产业形成了巨大的商业空间。

动漫游戏运营商处于产业链最高端，是网络游戏产品达到最终用户的桥梁，是建立动漫游戏网络环境的中枢保障，是产业链中附加值最高的环节。运营商处于整个动漫游戏价值链中最核心的位置，如果以 10 万同时在线用户计算，运营商将为供应商带来每月近 2 亿元以上的上网费收入，这还不包括服务器的托管和带宽费用。可见，运营商为上下游企业创造了一座巨大的金矿。

目前，国际上著名的动漫游戏开发商有美国的暴雪、电子艺界，日本的史克威尔艾尼克斯，韩国的 NCSOFT、网禅（WEBZEN）、NEXON、娱美德等，中国台湾的智冠、大宇、昱泉等也有一定的开发网游产品实力。中国大陆的腾讯、网易、盛大网络、金山公司、完美时空、巨人网络、久游网等，是具备自行研发动漫游戏实力强劲的生产商。

动漫游戏的产业链的构成与传统产业链相比相对简单，其核心产业链很短，涉及的关系也相对单纯，即动漫游戏开发商—总代理商—分销零售商—用户，游戏开发商—游戏运营商—基础平台商—用户。运营商是整个链条中最主要的资金流动环节，同时也是风险最高的环节。渠道商作为联结运营商与最终用户的中间环节，对网络游戏价值的最终实现非常重要。

网吧产业在中国独有的特色新媒体形式产业链中扮演重要角色，一是介于互联网接入服务提供商与最终用户之间，为动漫游戏玩家提供上网服务；二是兼作行销网点，处于动漫游戏销售渠道的最末端。通过连锁经营，网吧形成区域性乃至全国性的大规模销售网络，增加了多种增值服务，逐渐取代了传统渠道商，确立了其在动漫游戏产业链中的重要地位。

随着开发商与运营商的逐渐合一，连锁网吧直接负责动漫游戏推广和渠道销售，动漫游戏产业链通过以开发和市场两个主要价值增值点为中心的纵向整合，逐渐由原来的三元结构变为更加扁平化管理的、便捷的二元结构。①

---

① 参见曾静平等：《网络文化概论》，陕西师范大学出版总社 2013 年版，第 149—150 页。

| 第七章 |

新制造产业

　　新制造产业是与各种类型的新媒体产业相互关联而诞生的制造业态，既包括新媒体使用的必需品，即显性的看得见摸得着的互联网电视、个人电脑、智能手机、3D 打印和无人飞机等的实物制造业，也包括为新媒体用户玩家特殊需求配套服务的各种产品与服务形成的 Q 币魔兽币联众币等的虚拟制造业，还包括介于虚拟制造产业和现实实物制造产业之间的各式各样的软件开发制造产业。新媒体环境下主导的未来制造行业，已经不再是标准化规模化一统天下，而是逐渐进入到定制化、个性化、时尚化和智能化阶段。

　　互联网的全面普及和深入发展，各种新型媒体不断出现在人们日常生活工作中，互联网电视、家庭（个人）电脑（PC）、智能手机及其辅助配件制造业空前发达，IBM、微软、飞利浦、LG、三星、索尼、夏普、苹果、联想、戴尔、华为、TCL、小米和海信等跨国公司，从众多新媒体制造企业中突出重围，成为全球"新制造产业"的领跑者。

　　2015 年，中国规模以上电子信息产业企业 6.08 万家，其中电子信息制造企业 1.99 万家，软件和信息技术服务业企业 4.09 万家，全年完成销售收入总规模达到 15.4 万亿元，同比增长 10.4%。其中，电子信息制造业实现主营业务收入 11.1 万亿元，同比增长 7.6%。2015 年，中国大陆共生产手机 18.1 亿部，彩色电视机 1.4 亿台，分别增长 7.8% 和 2.5%，其中智能手机和智能电视分别为 13.99 亿台和 8383.5 万台，分别占比达到 77.2% 和 57.9%，生产微型计算机 3.1 亿台（同比下降 10.4%），生产集成电路 1087.2 亿块（同比增长 7.1%）。

第一节　电视制造产业

新媒体时代，赋予了电视这一传统传播介质更多更新的传播内涵。从早期一个单位或一个社区村寨一部电视众人共享，演进到电视机进入家庭在显赫位置供放着，标志着财富地位。现在，在新技术包括电视制造技术和媒体传播技术推进下，壁挂式超薄型曲屏多维电视机安装在很多人家的各个角落，遍布在楼宇广场公交地铁高铁航空。在新媒体时代，天幕电视与广场电视争辉相映，数字交互电视娱乐万家，互联网电视彻底突破了原有"电视"界限，智能化电视屏幕无处不在，"新电视"造就了新产业。

美国 J.D Power 公司是全球知名的第三方市场咨询研究机构，每年基于数百万消费者的反馈信息进行产品、服务方面满意度的评测。在美国 J.D Power 公司 2016 年发布的年度消费者满意调查报告显示，所有购买 50 寸以上电视的消费者中，52% 的人群会选择 4K 超高清产品、80% 会选择智能电视、27% 会选择曲面电视，反映出 4K、智能、曲面已经成为消费者心中的电视高端产品"标配"。

一、家庭电视

智能电视的出现，完全颠覆了传统电视机的地位和用途，也让它们有了更多的立足之地，大厅卧室阳台卫生间都有了电视的用武之地。一个家庭拥有几台电视已经不再是奢谈，一个房间摆放功能不同的几台电视已不再是故事。

全球电视制造巨头主业务都是家庭电视机，日本的松下、东芝、索尼、夏普，韩国的三星、LG，中国的 TCL、长虹、海信、海尔等都曾经是这一产业园区的弄潮儿。随着互联网电视、4K 电视等智能电视时代的到来，一批雄霸一时的世界级电视制造厂商未能跟上智能化发展步伐，日本一些大牌电视制造企业早年投入较大，近年来专利申请数量明显降低，亏损、破产、被收购、财务造假、卖大楼、债转股等情况频频发生，索尼、东芝、夏普连续多年亏损，大幅裁员更导致民心涣散。2013 年，电视机业务已经连续七年亏损的日本松下公司关闭了中国上海等地的离子工厂，彻底退出等离子电视及面板产业。

中国自 2010 年后，电子产业的专利申请数量大幅增加，到 2012 年超过了3 万大关。据美国 J.D Power 公司 2016 年发布的年度消费者满意调查报告中显示，海信与三星、索尼、LG、夏普等品牌凭借高得分值上榜。海信作为唯一通过美国 Netflix、YouTube、Amazon、VUDU 四家内容商认证的中国品牌，一直致力于 ULED、激光电视等高端产品的自主创新。2015 年，海信 ULED 电视在美国发布，作为中国自主画质技术代表的亮相引发市场巨大反响，有资格也有底气与世界顶级品牌分羹美国市场。

2016 年，全球液晶电视出货量达到 2.58 亿台，比上一年下降 2.5%。2016 年 1—11 月，中国大陆生产彩色电视机 1.57 亿台（其中液晶电视机 1.51 亿台），增长 8.2%；智能电视 9517 万台，增长 17.1%，占彩电产量比重为 60.7%。

2013 年，日本索尼以及众多中国国产电视品牌纷纷发力 4K 电视，已经逐渐走进主流市场。其中，中国 4K 电视消费占到全球 80% 左右的比重。LG 和三星正在积极优化产品结构往大尺寸和 4K 产品转移，依然站稳全球电视制造业第一和第二的位置，特别是在大尺寸领域的竞争力持续增强。

TCL2016 年电视全球出货量突破 2000 万台，仅次于三星和 LG。TCL 电视在北美市场的出货量近 200 万台，同比 2015 年增长近一倍，成为北美市场增长最快的电视品牌，排在北美彩电销量第四位。在 2016 年电商平台亚马逊上，TCL 是继三星之后销量第二的电视品牌。2017 年，TCL 高端副品牌XESS 创逸电视新旗舰和两款概念产品，惊艳亮相美国市场，两款新品搭载最新的超薄和无边框技术，实现曲面 6.9mm、平面 7.9mm 的超薄量子点电视设计，而两款概念产品分别是 3.9mm 极薄的量子点曲面电视和全球首台搭载

LED 封装量子点技术的产品。

中国互联网公司乐视"杀"入电视制造市场，让业界行家大跌眼镜，实际上这应该是"互联网思维"的杰作，是"新电视时代"家庭电视的新宠。乐视一直希望构建一个"内容＋平台＋终端＋应用"的乐视生态，乐视网、云视频平台、乐视影业、超级电视及乐视盒子、智能电视操作系统 LetvUI，智能电视应用市场 LeTVStore 等生态初具规模，超级电视 Max70、X60、X60S、X50 Air、S50 Air、S40 Air L 等在线销量屡创佳绩，一举结束了 3SL（三星、索尼、夏普、LG）等国际巨头垄断市场的局面，进入美国市场行情看涨。

二、楼宇电视

在现代通信技术环境下，高清性能、外观精致而又方便安装的新潮电视机出现在商业楼宇、高档住宅、办公大楼、高铁机场和商场娱乐场所，将受众精确定位在"高收入、高学历、高消费和流动性强"的"三高一强"群体，创造出"等候经济"。

20 世纪 90 年代，楼宇电视在加拿大诞生。1995 年，加拿大的一家公司 CaptivateNetwork Inc 创立了全球首个楼宇媒体。经过十多年发展，Captivate 已经成为该领域最大、最受信赖的公司。北美最大的 24 个市场区域中，Captivate 在 830 多个建筑里安装了超过 8800 个显示屏，每天有约 300 万受众。此后，全球楼宇电视遍地开花，逐渐成为新媒体产业的一支生力军。21 世纪初，中国"等候经济"再造辉煌，楼宇电视终端规模以百万计，形成一个年市场规模近百亿的庞大产业。

毋庸置疑，没有电视制造技术的升级换代，就没有楼宇电视媒体的生存空间，更没有后来的"等候经济"。传统电视既笨又重，安装极为不便，成本相对昂贵，加上外观与高端场所不够匹配，很多业主拒绝与楼宇电视媒体运营商合作。液晶电视平板电视的出现，让曾经濒临破灭的楼宇媒体产业绝处逢生。

中国卖场楼宇电视联播网在分众传媒的运作下覆盖全国 100 多个城市，在大中小型卖场、超市、便利店安置 17 英寸 LCD、30 英寸 LCD、42 英寸 PDP，设置 30W 扬声器，直接而显著地影响消费者消费行为，成本不到当地电视台广告的 20%，深受广告主和消费者青睐。

中国领袖人士联播网覆盖全国 26 个城市的 200 个高尔夫球场，5 大城市机场贵宾厅，精确锁定公司决策者、拥有集团大宗采购决定权的大型公司总裁、CEO、CFO、大中型公司企业主和金融机构领导人士等。根据停留时间、场地条件等因素，在公共区域安装 30 寸液晶或 42 寸等离子电视，在私密区域安装 17 寸液晶电视，电视屏幕远远大于楼宇电视，其超低干扰的收视环境、高频次广告传送、60 次 / 天的平均播放密度，极为有效地增强品牌传播记忆度。①

三、广场电视

广场超大屏幕电视是新电视制造产业十分重要的业务增长点，近年来发展势头迅猛。每逢奥运盛事、世界杯足球赛、网球大满贯和建国庆典等重大赛事和重大活动，人们不约而同聚集在公园广场等地，感受瞬刻的乾坤挪转和世间百态，有了无拘无束的激情释放舞台。网球大满贯、世界杯和奥运会赛事期间，没有进入现场的狂欢球迷簇拥在赛场外的巨幅大屏幕下，饮酒狂歌，感受着与场内别样的体验，共同欢庆、共洒激情。在各种盛大活动的推动下，超大屏幕电视制造产业一路追高，中国大陆超大屏幕 LED 的市场份额从 2009 年的 9.5% 猛增到 2011 年的 14.6%。

全球一个个大型城市公园、体育公园和主题广场等的建立，为广场电视的发展增添了许多便捷条件，一座座新型现代化车站码头学校的显赫位置，无不被先进璀璨的电视荧屏装点着。而液晶技术的创新，实现了超大高清电视屏幕从创意到制造出品的梦想。

2009 年，美国职棒大联盟在亚特兰大的据点订购了一台当时最大的"极光屏幕"，面积是 522 平方米。2010 年 7 月 24 日，世界上最大屏幕影像设备

---

① 参见刘世英：《分众的蓝海：江南春的创意神话》，中信出版社 2006 年版。

"极光屏幕"在日本问世。这台 2651 英寸大的巨幅电视屏幕，使用了 35 块超大型液晶面板，造价 2.25 亿元人民币。"极光屏幕"屏幕面积 700 多平方米，约有网球场大的这项设备，由日本中央赛马场（JRA）订制，9 月 30 日正式启用。

极光屏幕最大的特色是利用 LED 发光二极管(Light Emitting Diobe）技术，聚旋旋光性强，可使屏幕色泽明亮、画质精细。就屏幕大小而言，新产品是东京赛马场原本使用的屏幕的三倍。如在其他赛马场同时有比赛的话，屏幕还可以切割成三个画面实况转播。①

2012 年 1 月，由中国山东省青岛新正信科技有限公司为澳大利亚客户定制的世界最大 LED 大屏幕电视车诞生。移动电视车是世界最新 LED 技术与多媒体形式的结合体，是集固定电视屏和电视转播车于一体的新一代移动的"文化宣传车"。此车 LED 显示屏为 P12 的高亮度显示屏，长 11 米、宽 4.5 米、面积 49.5 平方米，电视车上除装有 LED 显示屏外，还加装了液压系统、计算机控制设备以及高科技数码视频设备等。控制系统全部可通过手中小小的遥控器来控制显示屏的升降，最高可升至 8 米，另外显示屏可 90 度折叠，还可 355 度旋转。

在具有标志性意义的广场矗立巨型电视屏幕，可以在无形中拉进政府与民众的距离。2008 年北京奥运会期间，北京市政府在城市中心广场、体育赛场外和休闲娱乐中心外部署了一批超大屏幕 LED 电视。同时，英国伦敦的特拉法尔加广场，聚集了数以万计的游人和观众，通过大屏幕电视观看北京奥运会开幕式和直播北京奥运会赛事实况。②

美国纽约的曼哈顿时代广场，如同法国的香榭丽舍大街、中国的天安门广场和上海的南京路淮海路一样吸引八方来客，几乎全世界各地来纽约游玩的游客，都会到曼哈顿的时代广场亦称《纽约时报》广场游览。2011 年，中国政府在《纽约时报》广场上采用了 6 块超大屏幕来推广国家形象。1 月 17 日，

---

① 参见杨明珠：《世界上最大的屏幕问世，相当于 2651 英寸超大电视》，2010 年 10 月 12 日，中国新闻网。

② 参见王如君：《伦敦同声欢呼》，《人民日报海外版》2008 年 8 月 9 日。

由中国国务院新闻办筹拍的《中国国家形象片——人物篇》在美国《纽约时报》广场大型电子显示屏上播出，中国各领域杰出代表和普通百姓在片中逐一亮相，让美国观众了解一个更直观、更立体的中国国家新形象。①

《纽约时报》广场"中国屏"自2011年8月开播以来，已有桂林、张家界、井冈山、青岛、丽江等旅游胜地和北京、上海、江苏、福建等30多个省市的形象片在上面亮相。

四、天幕电视

天幕电视恢宏大气，梦幻浪漫，将电视制造业推上云巅，是高端大中型企业树立品牌形象的理想选择。美国拉斯维加斯的天幕电视和中国首都北京的世贸天阶，带活了天幕电视区域的经济发展繁荣。

2000年1月，美国纽约曼哈顿地区位于《纽约时报》广场四座纳斯达克交易所外的纳斯达克标志与股市行情表荧幕揭幕启用。这个花费了3700万美元的荧幕高达36.6米，只是租用这个位置，就花费纳斯达克每年至少200万美元。在广告市场这其实已经是一个优惠的价格，因为广告"出现"的次数远超于其他类型的广告所能达到的。那半圆柱型的NASDAQ巨幅广告，不停地变幻着黑蓝红的冷热面孔，又似乎在预示着这世界金融中心的股市莫测风云。广告的商业金融气息与高科技艺术手段，在这里得到完美的统一。

在美国拉斯维加斯赌城弗雷蒙特街，你能感受到宽25米、长400米巨型天幕的震慑。这个沿着街道两侧架起的巨型天幕，以210万个霓虹灯泡（2004年6月，佛瑞蒙街耗资1700万美元，把巨型天幕的210万个霓虹灯泡换成1250万个LED颗粒，大大改善了影像画质），组成了一场扣人心弦的声光秀。在晚上8：00至12：00之间，每逢正点，整条长廊上的商铺都会暂时熄灭灯光，在九十尺高空上的全白拱顶上，展示出世界上最大的幻彩屏幕。天幕表

---

① 参见温如军:《纽约时报广场亮起"中国屏"》，《法制晚报》2011年8月4日。

演，幻光异彩，画面趣味怪诞，游人欣赏目不暇接。强劲震撼的背景音乐，加上超乎常规的视觉冲击，使所有人记忆深刻，流连忘返。

2006年，又一座"天幕"般的视觉盛宴——世贸天阶，出现在中国首都北京。世贸天阶位于迎宾国道东大桥路的东侧，坐镇北京CBD西区门户，由南北两翼商业廊和两座写字楼组成。

商业廊为全石材建筑，风格现代而又蕴含古雅醇厚的内涵，它的上空，亚洲首座、全球第二大规模的电子梦幻天幕凌空而起。世贸天阶天幕长250米、宽30米，总耗资2.5亿元，由曾获奥斯卡奖和四次艾美奖的好莱坞舞台大师Jeremy Railton担纲设计。北京的世贸天阶天幕具备了许多技术上的后发优势。控制系统全部为数字系统，启动仅需几秒钟的时间，显示屏幕由500多万个发光像素、2000多万只超高亮度LET灯组成。这比采用模拟系统的拉斯维加斯天幕先进许多。

除了技术上的先进性，北京天幕电视的节目内容更为丰富精彩。在拉斯维加斯，人们只是抬头观看节目。在北京世贸天阶，天幕电视通过声光技术，人们会发现自己已经置身于节目当中。比如，表现下雪的场面，会有雪花落在观众身上，市民身临其境。北京世贸天阶的天幕电视一年播出十几套节目，晚上每小时播出一次，每次10分钟。

拉斯维加斯天幕吸引的主要是远方游客，北京世贸天阶由于身居消费场所的便利条件，吸引的主要是当地居民，创造出更大的价值。世贸国际商业中心耗资2.5亿元的天幕系统在创造一个令人流连其中的现代景观之时，8万平方米的商业营就仿佛是CBD区域内全球顶尖的时尚购物休闲场所。

北京世贸天阶天幕电视定位为"结合美食、娱乐、空间艺术、时尚信息橱窗以满足看、听、嗅、味、触的全感官之旅的休闲购物场所"，为CBD内的中高收入的白领提供流行时尚零售业态及商业服务设施，集6星级Night Club异域特色主题餐厅、家居生活、SPA、美食广场、品牌旗舰店等于一体。世贸天阶是北京CBD区域内独具时尚品位、休闲娱乐、文化艺术气息的高档综合时尚购物场所，被有识之士称为"梦开始的地方"。

第二节　电脑制造产业

新媒体的快速发展，带火了全球 PC 热销，个人电脑制造业持续多年快速增长。与此同时，在各种个人电脑使用不断分化精化细化的推进下，电脑滤膜、微型主机、显示器、路由器、机顶盒、鼠标（无线鼠标、鼠标垫）、键盘（包括无线键盘和专用游戏键盘）、耳机、电脑遥控、数据存储器（光盘 U 盘）以及电脑升降机、笔记本电脑散热垫等相关的电脑辅助设备制造业水涨船高，加上不断升级换代的电脑软件制造产业等，成为新制造产业的重要组成部分。

一、电脑整机制造业

个人电脑（Personal Computer，缩写为 PC，亦称个人计算机）是新媒体最重要的终端之一，在机型上有常见的桌上型电脑（台式机）与笔记本电脑，是从笨重的商业电脑到今天在我们日常生活中扮演重要角色的高性能机器，既可用来工作，又能用来打游戏，成为人们日常工作生活不可或缺的重要器具。

1981 年，IBM 公司推出 IBM 5150，为快速发展的个人电脑市场推波助澜。同一年，第一款便携式电脑亚当·奥斯本（Adam Osborne）研制成功。这一款便携手提电脑重约 24 磅，售价 1795 美元，显示器 5 英寸。1982 年，Commodore 64（康懋达 C64）上市，由此开始了成功的畅销之路，持续热销 11 年之久，销量至少为 1700 万台，足以赢得《吉尼斯世界纪录》"最畅销电脑"的头衔。康懋达售价 595 美元，相对便宜。1994 年，康懋达停止生产并宣布破产。1983 年，康柏根据 IBM PC 的相同软件，开发出第一台 PC 版本，在商业上大获成功。1984 年，苹果推出了第一款具有图形用户界面的电脑 Macintosh（麦金塔电脑，简称 Mac），与之前的 IBM 个人电脑相比，存储容量更大、性能更优。这是家用电脑有着里程碑意义的事件，苹果被世人称为个人电脑市场的大救星。1985 年，东芝采用 x86 架构开发出世界第一台真正意义的笔记本电脑。1986 年，康柏发布第一款采用英特尔最新 80386 芯片的台式机 Deskpro

173

386，在同 IBM 较量中胜出。20 世纪 80 年代末期，康柏公司推出了 LTE 和 LTE 286，这两款电脑有内置硬盘和软盘驱动器，性能类似于台式机。苹果在 20 世纪 90 年代大部分时间一直在 PC 市场处于挣扎状态，直到联合创始人史蒂夫·乔布斯（Steve Jobs）1996 年的复出才给这家企业带来新生。1998 年，iMac 和 Macs 新操作系统的相继发布令苹果在台式机市场重新占据一席之地，从此长时间占据着高端电脑市场的重要一席。

中国电脑制造业长时间"亦步亦趋"，为境外（包括中国台湾地区）大品牌做代理销售，直到联想等国内 PC 制造企业异军突起，这种局面才开始得到扭转。2003 年 4 月，联想宣布使用新标识"Lenovo"，为进军海外市场做准备。2004 年 3 月，联想成为中国首家国际奥委会全球合作伙伴，为都灵冬季奥运会和北京奥运会独家提供设备及技术支持。2005 年 5 月 1 日，联想完成收购蓝色巨人 IBM 的个人电脑事业部，这不仅使联想收获了百年品牌百亿规模的全球性业务，还获得了顶尖笔记本电脑 ThinkPad 的研发、设计、生产以及国际化的人才队伍和运营管理能力，联想从一家土生土长的中国公司，一跃成为国际化企业。十多年间，联想的业务已经遍布全球 160 多个国家，近 70% 的营收来自海外，联想品牌已经进入全球百强，是一个真正的全球性品牌。其个人电脑连续 8 个季度雄踞全球榜首，同时也成为全球第三大智能手机厂商和 x86 服务器厂商。2009 年，联想制定了清晰有效的"保卫 + 进攻"双拳战略，保障联想全球业务持续增长。2010 年 1 月，联想正式发布移动互联网战略，推出智能本 Skylight、智能手机乐 Phone 和双模笔记本 IdeaPad U1。2012 年 5 月，联想发布"PC+"战略，在移动互联终端领域主动布局、积极拓展，致力于成为 PC+ 时代的全球领导厂商。2013 年 7 月，联想全球市场份额达 16.7%，首次成为全球个人电脑行业第一。现在的联想是一家营业额达 460 亿美元的《财富》世界 500 强公司，散布于全世界的员工有 6 万人，是全球消费、商用以及企业级创新科技的领导者。联想为用户提供安全及高品质的产品组合和服务，包括个人电脑（经典的 Think 品牌和多模式 YOGA 品牌）、工作站、服务器、存储、智能电视以及智能手机（包括摩托罗拉品牌）、平板电脑和应用软件等一系列移动互联产品。

2007 年，全球 PC 出货量达到历史高度，约为 2.7 亿台。经过 10 年的发展盘整起落，2016 年全球个人电脑制造销售量总计 2.697 亿台，全年出货量相当于 2007 年水准。按照平均每台电脑 4000 元人民币计，全世界电脑制造产业规模从 2007 年起就已经超过了万亿大关。如果从互联网 1994 年联通全球开始计算，20 多年间，全球电脑制造业市场规模高达 20 多万亿元人民币。在 PC 制造业中，联想、清华同方、海尔、神舟、惠普、戴尔、华硕、苹果、宏碁、康柏、三星、东芝等国内外电脑品牌，一直以来占据着全球 PC 绝大部分市场份额。在 2016 年全球个人电脑制造销售市场中，呈现着加速整合趋势，前三大厂商（联想、惠普与戴尔）占全球 PC 出货量 54.7%，高于 2015 年的 51.5%。

二、电脑辅助制造业

电脑辅助制造产业是除了电脑整机生产制造之外的各种各样设备制造业，涵盖了专业电脑桌（椅）、电脑机箱、电脑滤膜、微型主机、显示器、路由器、鼠标（无线鼠标、鼠标垫）、摄像头、耳麦（耳机）、键盘（专用游戏键盘）电脑遥控、数据存储器(光盘U盘)以及电脑升降机、笔记本电脑散热垫，等等。据专业公司专业人士粗略统计，每一百万电脑制造业，至少拉动了五百万相关产业（即电脑辅助设备制造产业）。

鼠标（含无线鼠标）是电脑计算机的一种输入设备，是显示系统纵横坐标定位的指示器，是个人电脑用户最频繁操作的设备之一。1968 年 12 月 9 日，世界上的第一个鼠标诞生于美国斯坦福大学。20 世纪 80 年代初，世界上出现了第一代光电鼠标，但过高的成本限制了其使用范围。1981 年，第一个商业化鼠标诞生。此后的很多年间，罗技（Logitech）公司致力于电脑鼠标的技术开发和产业推广。1983 年，罗技公司发明了第一个光学机械式鼠标，这种鼠标结构成为业界标准。2003 年，罗技与微软分别推出以蓝牙为通信协定的蓝牙鼠标。2005 年，罗技与安华高合作推出第一款无线激光鼠标。

罗技有限公司是电脑鼠标领域内的全球领导厂商，1981 年创建于瑞士，专业设计制造各种个人电脑辅助外围产品，其中以鼠标最为出名，其宗旨是帮助人们享受到更好的数字世界。现在，全球最大的 PC 制造商大多为罗技的 OEM/ODM 伙伴，主要产品包括鼠标、键盘、摄像头、音频、游戏外设、笔记本周边等。罗技以严格的质量控制标准来批量生产产品，并提供覆盖全球的分销和物流服务。截止到 2006 年，罗技公司已经在美国加州、欧洲的瑞士和中国香港分设全球企业总部暨美洲区总部、欧洲中东及非洲区总部和亚太区营销总部，在全球 30 多个国家拥有了 7200 多名员工，卖出了 7 亿个鼠标。在 2006 年 3 月结束的最近一个财年中，罗技公司推出了 130 多种新产品，向全球发出 1.43 亿件产品，营收超过 18 亿美元。罗技的零售业务占收入的 88.4%。除了充分发挥其自有的设计和制造优势外，罗技还通过战略并购及结盟其他业界领先厂商，为消费者提供更多的优秀产品。2016 年 4 月 13 日，罗技公司宣布以 5000 万美元的价格收购了运动耳机商 Jaybird。

1974 年创立于中国香港的富士康集团（在中国台湾地区被称为鸿海科技集团）是另一家不仅仅局限于电脑辅助设备制造的国际化 3C 制造企业，在总裁郭台铭先生的领导下，以恢宏的气度建立透过提供全球最具竞争力的"全方位成本优势"，使全人类皆能享有电脑、通信、消费性电子（3C）产品，以前瞻性的眼光自创具备机光电垂直整合、一次购足整体解决方案优势的 3C 代工服务——"eCMMS"商业模式，以坚定及无私的理念贯彻谋求员工、客户、策略伙伴、社会大众及经营层的共同利益之高标准公司治理。

富士康集团 1988 年投资中国大陆，是专业生产 3C 产品及半导体设备的高新科技集团（全球第一大代工厂商），拥有 120 余万员工及全球顶尖 IT 客户群。自 1991 年至今，集团年均营业收入保持超过 50% 的复合增长率，是全球最大的计算机连接器和计算机准系统生产商，连续 9 年入选美国《商业周刊》发布的全球信息技术公司 100 大排行榜（2005、2006 年排名第二），连续四年稳居中国内地企业出口 200 强第一名。早年生产黑白电视机旋钮起步的富士康集团早已今非昔比，现在的产品线涵盖了游戏机、笔记本电脑、液晶电视、光驱、数码相机、投影机、散热系统及组件、LED 光照明、新型界面材料、镁铝合金产品、印刷电路板等产品的研发与生产，是全球最大的消费性电子产品研发制造商，企业规模跃居 2013 年《财富》全球企业 500 强第 30 位。富士康集团主要上市成员已于亚洲及欧洲的证交所、香港证券交易所及伦敦证券交易所挂牌交易，集团全球总市值超过 700 亿美元，布局横跨欧、美、亚三大洲，在全世界共取得各种专利超过 15300 件。

在电脑前工作多个小时后身心都有疲惫感，鼠标键盘等能够提高效率的电脑辅助设备成为电脑设计师们的追逐目标。由此，电脑辅助设备制造业方兴未艾，高科技产品层出不穷。2011 年，微软推出一款吸引眼球的人体工学键盘，计划通过该产品的上市，再次扩展在外设市场上的地位和份额。这款名为 Comfort Curve 3000 的键盘，不像常用的矩形键盘，采用的是流线型设计，整个键位紧密的呈流线型排列，键盘的首行是多媒体控制键，专门用来对多媒体的播放进行控制。由于采用良好的人体工学设计，使用起来比一般键盘感觉更舒适些。

当电脑用户感觉到传统的键盘、鼠标在游戏上操控性不够，"追踪眼球辅助"在游戏世界的视角、可以更快看到敌人或宝物的新型操控设备粉墨登场。2016 年 11 月，以心理学与神经科学研究眼动追踪著称的 Tobii 推出新的眼动追踪设备 Tobii Eye Tracker 4C，加上头部追踪功能，无须像其他设备必须把整个头套住，就可以享受眼动追踪设备带来的便利性。Tobii Eye Tracker 发射红外线，再用接收器侦测眼睛注目的方向，精密程度比不上鼠标，不过作为辅助设备相当称职，完全不必分神用键盘或是鼠标移动视觉，149 美元的售价得到了优良的市场反应。①

三、电脑软件制造业

电脑软件制造业包括电脑装机软件、电脑游戏软件、电脑下载软件、电脑杀毒软件、工业应用（嵌入式）软件、政府（企业）管理软件、财务管理软件等多种产品形式，其中电脑游戏软件、电脑杀毒软件、工业应用（嵌入式）软

---

① http://mini.eastday.com/a/161111193358104.html.

件和财务管理软件占据一定市场份额。2016 年，中国全年软件产品继续保持快速增长势头，实现收入 1.54 万亿元人民币，同比增长 12.8%。其中，全国软件业实现出口 519 亿美元，同比增长 5.8%。2017 年，我国软件和信息技术服务业继续呈现稳中向好运行态势，收入和效益同步加快增长，出口有所恢复，吸纳就业人数平稳增加，创新能力不断提升，产业结构持续调整优化，服务和支撑保障能力显著增强，软件业务收入加快增长。2017 年，全国软件和信息技术服务业完成软件业务收入 5.5 万亿元人民币，比上年增长 13.9%。

全球游戏软件市场发展迅猛，我国的游戏软件开发后来居上，近年来已经稳居世界第一位。2016 年，我国的游戏软件市场规模达 220 多亿美元（近 1500 亿元人民币），这个数字是国内电影市场的 3.3 倍。未来的游戏软件开发产业，将朝着移动端以及虚拟现实方面发展，越来越多的游戏开发商会涌入到游戏开发行业。

电脑杀毒软件也称反病毒软件或防毒软件，是用于消除电脑病毒、特洛伊木马和恶意软件等计算机威胁的一类软件，是个人电脑应用日趋广泛征程中防范各种使用风险的必备设施。360 安全卫士、金山毒霸、微软 MSE、诺顿 Norton、卡巴斯基、赛门铁克、瑞星 RISING 和江民科技等公司，是全球杀毒软件市场中最具竞争实力的企业。

360 安全卫士是中国第一大互联网安全品牌，致力于通过提供高品质的免费安全服务，为中国互联网用户解决上网时遇到的各种安全问题。面对互联网时代木马、病毒、流氓软件、钓鱼欺诈网页等多元化的安全威胁，360 以互联网的思路解决网络安全问题。360 是免费安全的首倡者，认为互联网安全像搜索、电子邮箱、即时通信一样，是互联网的基础服务，应该享受免费服务。为此，360 安全卫士、360 杀毒等系列安全产品被免费提供给中国数亿互联网用户。360 开发了全球规模最大的、技术领先的云安全体系，能够快速识别并清除新型木马病毒以及钓鱼、挂马恶意网页，全方位保护用户的上网安全。

卡巴斯基实验室是一个覆盖全球 100 多个国家的国际集团，公司总部位于俄罗斯的莫斯科，并由总部统一负责全球的运营和业务发展。目前，卡巴斯基实验室拥有超过 2300 名高素质专业人才，在全球 29 个国家均设立了区域办事处，产品和技术为全球超过 3 亿的用户提供安全保护。卡巴斯基实验室是当今全球增长速度最快的 IT 安全公司之一，稳居全球四大终端安全软件提供商之一，市场地位在全球所有地区均呈现出显著增长。根据公司 2011 年的财务业绩，卡巴斯基实验室全球收入比上一年增长了 14%，总体收入额超过 6 亿美元。

江民科技公司是全球领先的信息安全产品和服务提供商，依靠技术创新创造产业佳话，是国内首家通过 ICSA 权威认证的防病毒厂商，荣获 2010 年重大信息安全保卫工作突出贡献奖。2006 年 2 月发布的江民杀毒软件 KV 网络版，成为国内首家通过英国西海岸实验室反病毒 checkmark 国际认证软件，并且同时通过软件成熟度 CMMI 国际认证。2008 年，江民科技为北京奥运会信息网络安全技术保障单位全程护航。2015 年，江民科技为北京国际田径锦标赛和中国人民反法西斯抗战胜利 70 周年提供网络安全应急保障服务并获得荣誉嘉奖。

2016 年，江民科技再上新台阶。2016 年 3 月推出一体化内网安全综合解决方案。2016 年 4 月，江民科技推出基于 Linux 系统的全功能企业级杀毒软件，为国产操作系统终端安全保驾护航。5 月，江民科技发布企业级移动终端安全管理系统，为企业移动办公提供整体解决方案。9 月，江民科技为 G20 峰会提供网络安全应急保障服务并获得荣誉嘉奖，向全世界展示了计算机安全领域的实力，并在 11 月浙江乌镇召开的"第三届世界互联网大会"作为大会网络安全应急保卫小组成员，保障大会顺利召开。

第三节　手机制造产业

智能手机早已不仅是通话工具，而是最重要的新媒体终端，是文字、图片、动漫和音视频等形式集中传播的新型媒体载体。各种新型智能手机的生产，自然也是新媒体制造业的主要支柱。智能手机具有携带方便、互动性强、私密性好、信息获取和传播速率快以及跨地域跨国界传播等特点，拥有声音和振动提示等功能，能够做到与新闻同步，可以自主选择接收和发布信息，信息的及时互动或暂时延宕得以自主实现，是人际传播与大众传播完满结合。目前，手机屏幕的增大（三星 P6800 改版机即是一款拥有 7.7 英寸巨大屏幕的跨界产品，华为 P8max 的 6.8 英寸屏幕也有异曲同工之妙），点阵放大和矢量图放大等字体文图缩放技术的大量采用，以及浮窗浏览、手势感应、即时暂停和电视遥控等功能设置，是新媒体传播最为集聚的功能平台。

随着 3G、4G 无线网络的高速渗透，智能手机持续对人们的生活方式和消费方式产生影响。一些常见的应用，如浏览网页和下载内容等，在美国增长了11.6%，高于法国、德国、意大利、英国和西班牙的平均增长率（9.2%）。在美国互联网监测公司 comScore 开展调查的国家中，2011 年日本的移动媒体渗透率最高，达到 76.2%，其次是英国 56%，美国位居第三，移动媒介渗透率为 55.2%。[1]

根据 comScore 公司在 2012 年 2 月 24 日对美国和欧盟五国（法国、德国、意大利、西班牙和英国）的移动市场发布的《2012 年移动未来焦点》报告显示，美国智能手机用户数最多，达到 9786.5 万部，手机市场份额为 41.8%，低于英国（51.3%）、西班牙（51.0%）、加拿大（45.3%）和意大利（43.9%）的智能手机市场占有率（见表 7.1）。

表 7.1　2011 年世界各国智能手机用户数

（单位：千人）

国家	用户数	市场份额（%）
美国	97865	41.8
英国	25386	51.3
西班牙	17855	51.0
加拿大	9103	45.3

---

① 参见吴小坤、吴信训：《美国新媒体产业》，中国国际广播出版社 2012 年版，第 227—230 页。

续表

国家	用户数	市场份额（%）
意大利	21067	43.9
法国	18788	40.0
德国	21300	37.0
日本	16092	16.6
中国	22300	23.2

作为全球信息产业经济的重要引擎，中国智能手机的生产制造和销售应用走在世界前列。在 2016 年前五名智能手机厂商中，无论是全球出货量、市场占有率和同比增长等指标，中国的华为、OPPO 和 VIVO 稳居前三位。在三星、苹果两大智能手机巨头出现出货量负增长时，华为增长幅度超过了 30%，而 OPPO 和 VIVO 的增长幅度分别高达 132.9% 和 103.2%，大有后来居上之势（见表 7.2）。

表 7.2 2016 年度全球智能手机统计数据 ①

（单位：百万）

厂商	2016 出货量	2016 市场占有率	2015 出货量	2015 市场占有率	变化率
三星	311.4	21.2%	320.9	22.3%	−3.0%
苹果	215.4	14.6%	231.5	16.1%	−7.0%
华为	139.3	9.5%	107.0	7.4%	30.2%
OPPO	99.4	6.8%	42.7	3.0%	132.9%
VIVO	77.3	5.3%	38.0	2.6%	103.2%
其他	627.8	42.7%	697.1	48.5%	−9.9%
合计	1470.6	100.0%	1437.2	100.0%	2.3%

---

① 数据来源：2017 年 2 月 1 日 IDC 全球季度手机追踪。

2016 年，中国大陆全年生产手机 21 亿部，同比增长 13.6%，其中智能手机 15 亿部，增长 9.9%，占全部手机产量比重为 74.7%。中国国产品牌手机深受好评，占据着越来越多的手机市场份额，如华为、VIVO、OPPO、金立、魅族、乐视、酷派、中兴。华为作为民族品牌的骄傲，依靠巨额技术投资和人才投入，在中国大陆市场当之无愧雄踞榜单第一位，曾经辉煌的三星由于 Note 7 连续发生爆炸事件，市场不断萎缩，从上一年度榜首跌至第六位，营销策略受到质疑的小米跌至第 11 名。

根据华为 2016 年年报显示，华为终端全年智能手机发货量达到 1.39 亿台，在国产手机制造销售中位居第一，销售收入 1798 亿元人民币，同比增长 44%。华为能够取得如此骄人业绩，离不开技术创新，在全球的授权专利达到了"巨头"级别。根据欧洲专利局（EPO）发布的 2016 年度报告数据显示，华为在欧洲的专利申请量达到 2390 件，跃升至第二位，专利授权量达到 924 件，排名第七位。在数字通信领域，排名超越了爱立信和高通。

华为智能手机在高端市场大有作为，与徕卡紧密合作强强联手，华为 P9、P10 的双摄像头手机摄照相功能大受推崇。华为首次在 Mate 9 手机上引入了保时捷设计（Porsche Design）的概念，售价高达 8999 元人民币，一度还被炒到 2 万人民币以上，如今也是紧俏缺货状态。不少影视体育明星都以拥有华为保时捷手机为傲，不时在个人微博（微信）上晒出了独家定制版保时捷设计 Mate 9，背部可以清楚地看到个人签名。

智能手机应用在全球各国各有千秋，美国智能手机用户在社交网络、在线零售等方面的应用高于统计的其他国家。中国大陆智能手机用户呈现分化状态，刷微信朋友圈、收发短信等仍是最主要的功能。2004 年 11 月 17 日，韩国 LG 电子公司宣布，已经开发出世界上首款能接收地面数字多媒体广播（DMB）信号的手机。LG 电子公司在新手机上安装了家用电视天线以接收宽带 DMB 信号。在过去两年多的时间里该公司投资了 200 亿韩元（约合 1830 万美元）开发这种地面 DMB 电话，参与项目研究的技术人员达到 130 人。

现在，手机短信彩信彩铃、手机报纸、手机杂志、手机小说、手机广播、手机电影、手机电视等手机上网和手机电子商务等应用悉数登场，不仅增加了手机销量，而且大大延展了智能手机的新媒体产业功能，成为移动互联网经济的核心。

一、手机广播

所谓"手机广播"，就是利用具有收音和上网功能的智能手机收听广播。目前国外很多广播公司提供手机广播电视服务，如美国的 Clear Channel、瑞典的 SBS Broadcasting System SA、英国的维珍广播公司（Virgin Radio）等。日本和韩国在 2004 年联合发射了一颗直播卫星 MBSAT，以广播方式为两国手持移动终端用户提供音频、视频和数据业务服务。此外两国都开展了数字广播和移动通信网融合的手机多媒体广播试验。

手机广播实现了"一人一媒体"，使人们可以随时随地收听广播，也可以按照自己的意愿随时点播节目，已经成为越来越多受众选择接收信息的渠道。除了随时收听、便于携带等优势，随着通信网络覆盖率的提高和无线通信技术的发展，手机广播还将打破地域界限，使受众在全球范围内收听自如。

手机广播在国内的发展非常迅速。2003 年 8 月，吉林移动与吉林交通文艺台合作推出的"用手机收听广播项目"启动。2004 年，重庆电台与重庆吉动广告传媒公司合作把广播节目引入手机通信领域。上海文广集团在 2005 年 7 月 11 日开播互动式语音应答方式的手机广播，用户可以实时或点播收听。同年 9 月，中央人民广播电台同联通和闪易互动合作在 CDMA 手机上开通手机广播。2005 年 3 月，北京人民广播电台在北京进行手机数字广播服务的试运行，推出 6 套"手机广播"节目，目前已有北京、上海、广东、河南等地区提供地面 DMB 服务。2007 年 4 月 6 日，中国国际广播电台手机广播电视正式开播，联合中国联通推出的 CRI 手机广播电视业务，集成了中国国际广播电台的广播、电视、互联网以及多语种信息资源优势，利用国际广播电台的资源，采用流媒体技术，为手机用户提供音频、视频节目点播和下载服务。2012 年 5 月，福建省泉州人民广播电台在苹果手机和安卓系统的应用端开发了 889

新闻频率、904 交通之声、923 私家车音乐广播和 1059 刺桐之声 4 个客户端，实现了 24 小时在线收听和节目点播。2012 年 9 月 19 日，山东广播电视台与中国联合网络通信有限公司山东省分公司在济南举行"山东手机台"战略合作协议签约仪式。山东手机台拥有手机电视、手机广播、手机报、手机阅读、手机音乐、短信互动、微博等多项业务和产品。山东手机台不仅聚合了山东广电、山东 17 地市广电频道的最优质内容，还在不断优选集成国内外影视剧、小说、音乐、动漫、游戏等手机网民喜爱的内容，为用户打造个性化、全方位的视听全媒体。

手机广播相对于传统广播媒体来讲，具有多向互动的传播优势。首先是与传统媒体的互动。手机广播可以实现与广播、电视、报刊的互动，如发送短信或者拨打热线电话参与节目，和主持人或者受众讨论相关话题，为传统媒体提供下载音频或图片服务。其次是受众可以用手机广播在线收听、点播节目，也可以发送电子邮件或者进入聊天室、BBS、网上调查等参与电台的节目讨论。再次手机广播最大的优势就是可以利用手机直接通话交流，链接不同媒体的受众群，促使不同媒体之间的受众进行多向的沟通和交流，实现更广泛、迅速的互动。由于没有专门设计手机广播节目，一边听广播一边走路（或工作）还存在安全隐患，手机广播市场还有很大的发展潜力，智能手机围绕手机广播市场开发还有很多方面值得改进。

二、手机电视

由于手机媒体具有运用碎片时间、互动性强的特点，日本、韩国、英国和美国等国运营商早在 2003 年就瞄准了手机电视这块诱人的市场，先后推出手机电视业务。2004 年，日本 MBCo 公司率先开通了全球首个基于 DMB 制式的手机电视服务。2005 年 5 月，韩国的 TUMedia 公司正式大规模推出了基于韩国 DMB 制式的手机电视服务，不到 5 个月就发展了近 20 万用户。2005 年 11 月，芬兰颁布了欧洲第一个移动数字电视许可证。2006 年初，美国迪斯尼推出基于通信网的"ESPN 手机电视频道"，但市场却不买账。该业务只吸引

3 万个超级体育迷，与原计划发展 24 万户的目标相去甚远。英国电信打造的 Movio，则与欧盟各成员国的 DVB-H 标准不兼容，以至业务乏人问津。费用偏高也是一大难题，手机上的节目和家里电视机上的没区别，而收看时间往往只有几分钟，付费理由的确很难成立。①

2006 年 4 月 1 日，日本大城市的手机用户通过在收看电视的手机里安装一个接收器，可以在手机上欣赏数字电视节目。通过日本移动运营商、终端设备制造商和广电部门的通力合作，不仅实现了资源的有效配置，推动其手机电视服务稳步发展，而且也为日本三网融合打下了良好的基础。截至 2006 年 10 月 22 日，KDDI 在 AU 以及冲绳地区累计销售手机电视 100 万台。同时，NTTDoCoMo 投入市场的唯一一款电视手机 P901iTV（松下）到 9 月底已发售 16 万台。而 SoftBank（原 vodafone）推出的唯一一款 905SH（夏普）虽然没有公开发表其销量，但据日本新闻报道，仅 5 月 27 日到 6 月 26 日一个月内即售出约 10 万台。截至 10 月底可大概估算日本手机电视已销售 150 万台以上。按手机保有量 8500 万估算，电视手机开播半年后已占总手机用户数量的 1.76%。② 日本推出的手机电视业务，成为当时全世界订户最多、规模最大的产业集群。此前，该节目已经在日本试播了好几个月，日本电视台、富士电视台等主要电视台都参与了试播。为了正确评估手机电视节目可能产生的订户数量，目前的试播都是免费的。由于目前这种能收看电视节目的手机还只是限量生产，因此在商店里还很难买到。③

2012 年 4 月 1 日，Mmbi 公司（多媒体广播电视公司）成立了日本首家面向 Docomo 智能手机进行节目播放的手机电视台 NOTTV，并在东京六本木举行了开播仪式。NOTTV 节目将实施 24 小时播放制。视频画质是普通电视台的 10 倍，频道也十分具有多样性，涵盖了影音、综艺、动漫、体育等各类节目，Mmbi 公司表示力争在 1 年内吸引 100 万名用户。NOTTV 由 NTTDOCOMO 通讯公司和日本各大民间电视台共同出资设立，可以通过高

① 黄灿灿：《韩国手机电视运营分析及启示》，《通信世界》2006 年第 2 期。
② 参见邢哲：《日本手机电视经验借鉴》，《通信产业报》2007 年 4 月 17 日。
③ 杨孝：《日本开播手机电视节目通过电视塔传送图像》，《北京晚报》2006 年 4 月 5 日。

智能手机和平板电脑等收看。节目内容实行收费制，每月 420 日元（约合 32 元人民币）。

2013 年 3 月 6 日，索尼在发布包括 4K 电视 X9000A 系列在内的春季新品时，即渲染与索尼 Xperia 智能终端的融合。业内人士认为，在经历 16 年最大亏损和市值严重下滑后，索尼亟须通过移动业务突围，而手机业务则成为重中之重。①

日本手机电视开展得如火如荼，三大运营商和 NHK、日本电视、TBS、富士电视、朝日电视等合作，先后开始了这一业务。日本手机电视节目内容也丰富多样，用户只要在手机上点击选择 One-Seg 播放，就可以选择回答猜谜或询问，累积积分后就用索尼手机通过 MHL 线连上电视，即可将手机内的高清内容呈现于高清电视上，并在电视上使用各种手机应用，或展示视频、照片、音乐等内容。同时，用户还可以用电视机遥控器来遥控浏览智能手机里的内容和互动应用程序。目前，该项功能已支持包括 4K 电视在内的 9 个系列新品及多款索尼智能手机。

随着 4G、5G 时代的到来，中国移动和中国联通争先恐后地涉足手机电视业务抢占市场，以引导消费者需求，培养消费者的消费习惯，同时树立品牌形象，为大媒体时代的运营积累经验。2003 年，中国手机电视业务在博鳌亚洲论坛期间首次推出。博鳌亚洲论坛开幕前期，海南广播电视台电视新闻综合频道、公共频道开始反复播放"海南广播电视台掌上频道（手机电视）"宣传片。在博鳌亚洲论坛期间，手机电视项目通过移动、联通两家手机网络，共向用户发送了由海南台电视新闻中心制作的将近 70 条博鳌亚洲论坛相关视频新闻。在短短三天时间里，全国各地共有 3 万人次使用了这项全新的电视服务。手机电视业务运转了一个多月间，开设了"相约博鳌"、"53 届世界小姐总决赛"、"03—04 英超联赛"、"4 台秀场"四个栏目。累积向手机用户提供超过 600 分钟的视频节目。

从 2004 年起，中国联通和中国移动先后推出了基于蜂窝移动网络的手机

---

① 参见李光焱:《索尼自救新招手机电视业务合璧》,《广州日报》2013 年 3 月 13 日。

电视业务试验。2004 年 3 月底，广州移动组建专网提速 GPRS，批量购机降低门槛，率先实现手机电视商用。5 月，该业务作为中国移动的数据业务品牌"银色干线"的时尚业务正式推出。同月，中国联通也发布了一项名为"视讯新干线"的手机视频服务，并与国内 12 个电视频道达成协议，包括中央电视台新闻台、央视 4 套、央视 9 套以及凤凰资讯台等。2005 年 1 月 1 日，上海移动推出了免费试用手机电视的业务。紧接着，手机电视业务在湖北开通，成为继广东、上海后第三个开通手机电视业务的省市。四川移动、苏州移动等各省市的电信部门也纷纷介入电视手机业务。

2008 年北京奥运会期间，CCTV 手机电视奥运台推出 20 路直播频道，以及"奥运会开幕式精彩瞬间"、"奥运会赛事大盘点"等各分类点播专题，通过收看提醒、专题推送、视频搜索等全新技术手段，向手机电视用户提供收视服务。8 月 8 日至 24 日，CCTV 手机电视日均访问量（PV）达 2153 万，是 7 月份日均访问量的 21 倍，收视份额占手机电视全网业务的 79.4%，以绝对优势领先整个手机流媒体行业。此外，CCTV 手机电视业务与中国移动联合推出"奥运手机报"，利用双方优势资源互补，实现双赢。北京奥运会期间，CCTV《奥运手机报》订购用户数已逾 1200 万。

2009 年 9 月，"中国网络电视台手机电视"异军突起，独创性地将中国网络电视台内容内置入苹果公司全球近 5000 万部 iPhone 手机中，覆盖欧美等 142 个国家主流手机用户。iPhone"中国网络电视台手机电视"是唯一面向全球用户推出的央视手机电视平台，在世界杯、世博会、亚运会等大型活动中表现出色。2010 年 8 月 2 日，中国网络电视台趁热打铁推出 iPad 服务，向用户提供 300 余档央视精品栏目及部分地方卫视栏目内容，包括央视黄金档热播影视剧、纪录片、动画片等视频点播服务。9 月 22 日，"中国网络电视台TV 手机电视"正式登陆 iPad 平台，亮相仅 2 天就得到全球苹果用户高度关注，下载量突破 5 万次，迅速上升至新闻类应用程序排行榜首位，力压 BBC、TIME Magazine 等媒体同类 iPad 应用。截至 2010 年 11 月中旬，"CCTV 手机电视"iPhone 用户数突破 400 万、iPad 版用户数突破 40 万，用户数稳步提升，稳居同类产品第一。

三、手机阅读

手机报是将传统媒体的新闻内容通过无线技术平台发送到手机上，从而在手机上实现阅读短信新闻、彩信新闻等功能，是传统报业开发新媒体的一种主要方式。手机报是我国目前普及率最高的手机媒体业务，我国的手机报用户普及率已达到 39.6%。截至 2010 年底，全国报业整体已推出各个领域的手机报约 2000 种，中国手机报付费用户在 1 亿左右，持续成为新媒体消费的热点。

2004 年 7 月 1 日，《中国妇女报》推出全国第一家"手机报"——《中国妇女报—彩信版》，实现手机用户与报纸的互动，一年后该手机报订户达到 15 万份，直逼传统订户数量的 20 万。2004 年 12 月，重庆各大报纸联手推出《重庆晨报》、《重庆晚报》和《热报》WAP 手机上网版，跃跃欲试者摩拳擦掌；2005 年 5 月，浙江手机报正式开通，引发杭城报业上网热……手机报热潮迅速席卷全国，它还被许多人视为报纸复兴的希望。

2008 年 6 月，美国考克斯报业公司与一家移动公司合作创建了 19 个手机报网站，向用户提供地方新闻、地方搜索以及定向广告。美国甘尼特报业集团则看中了移动互联网"地方搜索"服务的巨大潜力。2008 年 5 月，美联社也推出了手机网站（www.apnews.com），并开发应用软件与黑莓、苹果等手机制造商合作。在一年时间里，该网站发送了 550 万条地方新闻，覆盖 100 个市场最大的地区。①

IMode 是日本电信（NTT）的子公司 DoCoMo 在日本市场推出的无线通信数据业务，可供手机用户使用无线互联网。在日本报纸发行量饱和并走下坡路之时，《朝日新闻》、《日本经济新闻》等报社纷纷通过 IMode 手机媒体传送新闻。IMode 手机是网络终端，成为新闻、广告、增值服务的载体。IMode 手机用户可以用来观看和查询新闻资料，如交通信息、股市查询、新闻气象服务等，还可以用于市场调查和顾客管理，甚至许多日本出版社将纸质出版物通过

---

① 占江:《美国报业危机与数字出版转型》,《中国出版》2011 年 12 期。

IMode 同步出版。①

2004 年，号称中国第一部手机小说的《城外》被一家移动电信服务提供商以 18 万元人民币的价格买走。《城外》是一部手机短信体连载小说，每一篇只有 70 个字（含标点），连载 60 天共 4200 字。② 此后，各种各样冠以手机小说创作大赛名称的文学创作赛事如火如荼地开展起来。

自 2004 年起由中国移动发起的手机文学赛事，已成为手机文学爱好者的年度品牌盛事。2006 年第三届赛事期间，手机文学的创作和阅读方式已经开始发生变化，原来 70 字的短信方式已经风光不再，彩信特别是手机上网创作并阅读者占参与者的半数以上，"手机阅读"的市场潜力已现端倪，并引起纸媒期刊界的关注。中国移动集团公司希望与各家文学团体及单位、个人进行更宽层面的合作，突破过去较为简单的合作方式和传统的传播手段，深入到手机文学从生产到消费的整个产业链，使手机文学获得更多的成功机会和更大的市场。中国移动的目标是将"e 拇指"打造成中国手机文学第一门户，建成"作家首选的手机文学发表平台，用户首选的手机文学阅读平台，优秀文学期刊首选的手机版发布平台"。③

在日本，手机小说是带动电影、音乐、出版等多媒体联动的一大文化产业，仅靠出版单行本就达到了几十亿元的规模。2003 年日本 3G 业务大量推出之后，其手机图书出版额达到 20 多亿日元。随后市场呈现爆炸式发展，2006 年达 238 亿日元，2007 年猛增至 400 亿日元。日本手机图书出版以每年平均超过 100% 的速度连续增长，相关的企业也赚得盆满钵满。2006 年，《恋空》的横空出世更引爆了手机小说的热潮。作品在"魔幻岛"网站上发表后获得了巨大成功，累计点击量达 2672 万人次，该书出版后一个月的销售量就达 100 万册。《恋空》除了小说外，还出了漫画版，而后改编成的电影上映 2 个月票房突破 40 亿日元。其后，电影主题歌也成为流行单曲，唱片和电视连续剧接

---

① 参见匡文波：《手机媒体概论》，中国人民大学出版社 2006 年版。
② 李俊兰：《中国手机短信小说第一人》，《北京青年报》2005 年 1 月 14 日。
③ 参见王辛莉：《第三届 e 拇指手机文学原创争霸赛在海口颁奖》，12 月 25 日，中国新闻网海口。

连问世。从手机小说到纸质图书到电影、音乐专辑、电视剧，《恋空》成功地打造出一条完整崭新的文化产业链。《恋空》的新型商业模式给日本出版界带来极大的冲击，并彻底改变了日本出版人的观念。而后以传统出版模式为主的出版社和作家，也纷纷涉足这一新兴领域。[①]

第四节　虚拟制造产业

在互联网的带动下，新媒体内容产业、新媒体广告产业、新媒体营销产业和融合新媒体产业等迅速成长起来，在这些新媒体产业的背后，其实还总被忽略到另外一个新生产业——新媒体制造产业，即在新媒体的驱动下，派生出来的以个人电脑软件为主体的各种生产制造市场急剧升温，包括世界性虚拟货币比特币和各级各类的虚拟装备、用于 QQ 魔兽联众等玩家的 Q 币、魔兽币和联众币等虚拟产品制造和销售，成为新媒体时代的另类消费热潮。虚拟产品的制造与消费，伴随着中外网络游戏市场的发展愈发火爆。

一、不同凡响的比特币

比特币之所以不同凡响，是因其作为一种虚拟货币的国际属性，受到全球民众追捧而又最具争议。不仅新生一代网络游戏玩家趋之若鹜纷纷购买，普通大众也看好其投资价值将其持有。权威数据显示，全球流通的比特币总量超过了 160 亿美元，相当于每分钟大约产生 1.25 个比特币。比特币"魔力非凡"、瞬息万变，问世 3 年间曾升值上万倍，又会在一夜之间"跌停"，在一些国家被视为搅乱金融秩序的"货币妖魔"。相关人员也在研究和思考这种加密货币会怎样夺走发行货币的各国政府的权力，继而欲将其彻底封杀并扫出国门。

2009 年，不受国家央行和任何金融机构控制的比特币在全球金融危机大

---

① 郭艺：《触摸手机文学市场爆发点》，《解放日报新财经周刊》2009 年 8 月 1 日。

爆发背景下诞生。比特币是一种依据特定算法的 P2P 形式的数字货币，使用整个 P2P 网络中众多节点构成的分布式数据库来确认并记录所有的交易行为，并使用密码学的设计来确保货币流通各个环节的安全性。P2P 的去中心化特性与算法本身，可以确保无法通过大量制造比特币来人为操控币值。基于密码学的设计，可以使比特币只能被真实的拥有者转移或支付，确保了货币所有权与流通交易的匿名性。比特币可以用来兑现，可以兑换成一些国家的货币。比特币持有者可以用比特币购买各种虚拟物品，比如网络游戏当中的衣服、帽子、游戏装备等，也可以使用比特币购买现实生活当中的物品。

2014 年 9 月 9 日，美国电商巨头 eBay 宣布，该公司旗下支付处理子公司 Braintree 将开始接受比特币支付。该公司已与比特币交易平台 Coinbase 达成合作，开始接受这种相对较新的支付手段，旅行房屋租赁社区 Airbnb 和租车服务商 Uber 等 Braintree 客户开始接受这种虚拟货币。

比特币的货币功能逐渐被公众所接受，这样市场上大量的交易活动就可能使用比特币，这对于人民币的稳定性、货币职能的发挥以及流通中正常的货币功能产生干扰。2014 年 4 月，中国人民银行约谈部分第三方支付机构和银行，重申希望彻底切断比特币交易网站的交易资金链条，并点名批评了两家银行。随后，支付宝发布声明全面封杀比特币支付交易，不会为比特币等虚拟货币提供充值和提现服务，也不允许通过支付宝购买或销售相关交易充值码。2017 年 1 月 22 日，火币网、比特币中国与 OKCoin 币行发布公告，为进一步抑制投机，防止价格剧烈波动，各平台将于 2017 年 1 月 24 日中午 12：00 起开始收取交易服务费，服务费按成交金额的 0.2%固定费率收取，且主动成交和被动成交费率一致。

在日本曾经主要作为投资产品的比特币，如今被越来越多的实体店作为一种结算手段使用，这将促进这种虚拟货币在日本的普及。目前，日本国内支持比特币结算的店铺约有 4500 家。据《日本经济新闻》报道，大型电器零售连锁 bic camera 和日本最大比特币交易所 bitFlyer 合作，将从 7 日起在 bic camera 位于东京的有乐町旗舰店以及 bicqlo bic camera 新宿东口店试运行比特币结算系统，与现金支付享受同样比例的购物折扣。

2017 年夏天，Recruit 集团旗下公司 Recruit-lifestyle 旗下 26 万家店铺能使用比特币结算。消费者结算时，向店铺的收银软件输入日元金额，消费金额就会被换算成比特币并显示一个二维码，消费者用手机扫码后，消费额就会从其比特币账户扣除，与店铺合作的比特币交易所再把比特币兑换成日元汇到店铺账上。由于比特币在世界各地使用时都可以直接从消费者本人账户扣除，而无需兑换成当地货币，所以近几年去国外旅游时使用比特币结算的消费者逐渐增多。从 2017 年 7 月起，在日本购买虚拟货币时不再缴纳消费税，也被视作比特币市场扩大的助推剂。

尽管比特币市场形如过山车般起起落落，"比特币挖矿机依旧一机难求"。全球最大的比特币矿机制造商为北京比特大陆科技有限公司，该公司每年能卖10 万台矿机，拥有比特币矿机 70% 以上的市场份额，创始人兼 CEO 吴忌寒被喻为比特币首富。2018 年新年刚过，深圳华强北赛格广场引来世界各地的"矿机商人"，来到地球上最大的数字货币矿机集散地"淘金"。现在，华强北赛格广场最赚钱的生意是销售用来挖掘数字货币的矿机。

在地标建筑赛格广场，一些以销售电脑配件、维修电脑为主的柜台已经贴上了矿机的销售广告。由于太多人过来找了，即使是再迟钝的柜台老板也能从中嗅出商机。比特币价格一路飙升，用来挖矿的矿机价格随之水涨船高，矿机上游的台积电、英伟达等芯片厂商也从中受益。英伟达甚至发出了限购通知，并要求经销商优先把显卡卖给游戏玩家而非矿商。①

二、中国特色的魔兽币

比特币是新媒体环境下的国际化虚拟货币，而 Q 币、联众币、百度币、泡币、酷币、魔兽金币、天堂币、盛大点券等完全是中国新媒体智慧结晶，无论是设计生产还是玩家购买使用，都具有鲜明的中国特色。

---

① 参见段倩倩：《比特币挖矿机依旧一机难求，显卡芯片厂商掘到金》，《第一财经日报》2018 年 2 月 2 日。

游戏币的产生方式一般是游戏中通过打怪、执行任务等方式随机产生。对于玩家，获得游戏币的途径包括在游戏的过程中通过打怪、执行任务、交易、战斗、PK 等行为获得。无论是在互联网上养宠物养孩子，还是偷菜通关打牌，总需要购买各式各样的虚拟货币，各种虚拟付费方式越来越为人所熟知，Q 币、大话币、魔兽币、天堂币、网易 POPO 币、盛大点券等都成了时尚青年的财富标志。

腾讯公司创造的 Q 币是一种最普及的虚拟货币，可以玩游戏、养宠物、买 QQ 秀、布置 QQ 空间等，甚至在选秀比赛中都可以用 Q 币来投票。由于虚拟网络交易已经超出了人们预料的范围，围绕着虚拟物品的交易，产生了在游戏中以获取虚拟物品为工作的职业玩家、炒作游戏点卡和虚拟物品的炒家等等，实际上已经形成了产、供、销一条龙的网上交易市场。网友私下进行虚拟货币和虚拟物品的交易会带来很多社会问题，如网络盗窃、网络诈骗等。2006年，腾讯、盛大、网易等 5 大游戏厂商就曾联合发出声明，呼吁国家对于虚拟财产立法、禁止第三方交易平台对于虚拟物品的非法交易。尽管腾讯公司一再强调 Q 币只是网络虚拟商品，在用户之间不能互相转移，但众玩家的实际行动彻底颠覆了创造者的初衷，各种通过虚设手机号码来充 Q 币值再以超低价格转卖给玩家的"特种偷盗虚拟财产"案件屡屡发生。

魔兽币（亦称之为魔兽金币）是我国另一种热门的虚拟货币，存在于魔兽世界游戏的虚拟世界里。游戏玩家使用游戏币在游戏中产生交易行为，交易对象一般为武器、装备、宝物、宠物、技能，等等。

魔兽金币是游戏中使用的虚拟游戏数据，仅限于在游戏中用来获取游戏道具，或在某些特殊游戏场次作为计分单位，以增加游戏乐趣，是玩家级别的一种体现方式。游戏币不能兑换为现钞，属非现金供用券，但可以在游戏交易平台购买。

2007 年 2 月，文化部、工商总局、信息产业部和中国人民银行等 14 部委联合印发《关于进一步加强网吧及网络游戏管理工作的通知》，指出"虚拟货币已出现对经济金融秩序产生冲击的趋势"，并下令"严禁倒卖虚拟货币"。

2017 年 9 月，国内通过发行代币形式包括首次代币发行（ICO）进行融资的活动大量涌现，投机炒作盛行，涉嫌从事非法金融活动，严重扰乱了经济金融秩序。为贯彻落实全国金融工作会议精神，保护投资者合法权益，防范化解金融风险，中国人民银行、中央网信办、工业和信息化部、国家工商总局、银监会、证监会、保监会联合下发了"关于防范代币发行融资风险的公告"，指出要"准确认识代币发行融资活动的本质属性"，"任何组织和个人不得非法从事代币发行融资活动"，强调"加强代币融资交易平台的管理，各金融机构和非银行支付机构不得开展与代币发行融资交易相关的业务"。下一步，国家将采取包括取缔相关商业存在，取缔、处置境内外虚拟货币交易平台网站等在内的一系列监管措施，以防范金融风险，维护金融稳定，不排除出台更进一步监管措施的可能。

三、空间无限的装备业

游戏装备定义非常广泛，涵盖了消耗品、装备品和任务品三大品类。最初只是指"装甲"，即网络游戏世界里面的上身、下身、鞋、帽子和手套等，后来加上了武器，再后来将戒指、盾牌、勋章、护符、拥有附加属性的时装、坐骑，甚至文身、刻印、属性头衔、属性称号等一切除宠物和光环效果以外的对游戏进行有帮助的事物。

现在的网络世界超级丰富发达，游戏装备"武装到牙齿"，装备市场细分到为一款游戏或应对某一特定对手专门设计出各个阶层所需求的"武器"，一个个"零部件"都越来越讲究。游戏装备的消耗品包括了食物、药品、打造原料、合成原料、暗器、摄妖香、飞行符、宠物口粮等。其中，摄妖香、飞行符、宠物口粮和部分食物、药品可以在物品栏里叠加，其他物品不能叠加。飞行符和摄妖香是"江湖人士"的常用之物，有了它们在"江湖"上行走会方便很多。

2014年，由波兰游戏公司CI Games和德国公司deck13联合制作的第三人称动作角色扮演游戏《堕落之王（Lords Of The Fallen）》，3年后终于登陆移动平台。《堕落之王》手游并非是单纯的移植作品，玩家在游戏中并不能像PC版一样的操控角色的一举一动。为了照顾移动平台操作不便的缺点，玩家不仅需要在适当的时间根据提示按出合适的按键，还需要根据游戏保留了 PC 版高难度的特点，适时购买导入相应的高端游戏装备，以确保在击杀怪物后玩家将获得很高的成就感。

《精灵宝可梦 GO》不仅为游戏行业未来发展指明了方向，同时也成就了《精灵宝可梦 GO》成为全球最吸金的手游，仅 2016 年半年时间便揽入了 68 亿元的收入。由于在假期推出相应活动，让《精灵宝可梦 GO》的活跃度再次提升，仅在万圣节当天的收入便突破了 460 万美元，当周收入 2300 万美元，相较平时提升了 133%。其中，这些风靡全球的网络游戏产业链环，随处可见游戏装备的活跃身影。

现在，越来越多的游戏玩家为购买游戏装备等网游虚拟产品打开了他们的钱包。在新媒体制造市场中，虚拟装备行情看涨，各种虚拟货币俨然比法定的人民币美元欧元还要时尚流行。搜索进入"游戏装备"，各种"红包"、"礼金"扑面而来，"登录送 Q 币"、"升级送现金"、"在线领红包"等比比皆是。从 2016 年"网游装备交易价格排行榜"来看，为装备游戏《流放之路》而配置的"全 F 顶级 BD 血雷锤全身顶级套，战撸一切，土豪求秒，极品顶级坐骑，赤兔・飞鸿，劲足属性"，以 25000 元人民币冠绝全场，"R2"（顶级精华）、"剑侠情缘Ⅲ"系列（95 挑战仙侣大铁玄晶硅石、战无 95 大铁瑰石、挑战仙侣庭园 95 醉月玄晶大铁瑰石）、"奇迹 MU"系列（13 祝福权杖、风陨落、敏弓暗套）和"街头篮球"（白闪 8000）等装备价格从 20000 元人民币到 7700 元人民币不等。"页游装备交易价格排行榜"榜单显示，《烈焰》、《传奇霸业》、《烽火战国系列》、《大天使之剑系列》和《奇迹战神》等游戏装备最受欢迎，价格区间跨越 400 元到 3200 元人民币。在网游账号交易价格排行榜中，《梦三国》的账号以 71000 元人民币的高价夺得了第一名。

网络游戏装备市场热爆，游戏装备等虚拟产品价格不菲，虚拟产品交易可带来巨大的利润，再加上这些虚拟产品的性质较模糊，且网络系统较易攻破，漏洞与问题不免出现，需要各方面增强防范意识。

| 第八章 |

新服务产业

互联网等新媒体的发展，延伸出了新内容产业、新营销产业、新广告产业、新载体产业、新形式产业和新制造产业等新媒体产业。在这些新兴产业的引领下，为上述产业服务又有别于传统服务行业的"新服务产业"浮出水面。

新媒体内容产业的不断扩张和市场细分，逐渐分化、刺激和催发互联网地产市场、互联网餐饮娱乐市场、互联网旅游市场、互联网医疗卫生市场、互联网教育市场和互联网体育市场充分发育成长。在新媒体营销产业的直接推动下，与之配套服务的"新快递产业"迅猛发展，关联紧密的互联网金融产业迅速跟上，势不可挡向前突进。

第一节　新金融产业

互联网金融是随着互联网产业的发展扩大而相应产生的一种新兴服务行业，指传统金融机构与互联网企业利用互联网技术和信息通信技术实现资金融通、支付、投资和信息中介服务的新型金融业务模式。互联网金融不是互联网和金融业的简单结合，而是在实现安全、移动等网络技术水平上，被用户熟悉接受后（尤其是对电子商务的接受），自然而然为适应新的需求而产生的新模式及新业务，是传统金融行业与互联网技术相结合的新兴业态。

为鼓励金融创新，促进互联网金融健康发展，明确监管责任，规范市场秩序，经党中央、国务院同意，中国人民银行、工业和信息化部、公安部、财政部、国家工商总局、国务院法制办、中国银行业监督管理委员会、中国证券监督管理委员会、中国保险监督管理委员会、国家互联网信息办公室于 2015 年 7 月联合印发了《关于促进互联网金融健康发展的指导意见》。

《指导意见》按照"鼓励创新、防范风险、趋利避害、健康发展"的总体要求，提出了一系列鼓励创新、支持互联网金融稳步发展的政策措施，积极鼓励互联网金融平台、产品和服务创新，鼓励从业机构相互合作，拓宽从业机构融资渠道，坚持简政放权和落实、完善财税政策，推动信用基础设施建设和配套服务体系建设。

《指导意见》按照"依法监管、适度监管、分类监管、协同监管、创新监管"的原则，确立了互联网支付、网络借贷、股权众筹融资、互联网基金销售、互联网保险、互联网信托和互联网消费金融等互联网金融主要业态的监管职责分工，落实了监管责任，明确了业务边界。

中国互联网金融发展历程要远短于美欧等发达经济体，经过了 20 世纪 90 年代至 2005 年左右的传统金融行业互联网化阶段和 2005—2011 年前后的第三方支付蓬勃发展阶段之后，在 2011 年以来才开始进入中国互联网实质性金融业务发展阶段。短短几年间，中国互联网金融业涌现了阿里巴巴集团旗下金融子公司浙江蚂蚁小微金融服务集团有限公司（简称"蚂蚁金服"，估值约 500 亿美元），首轮融资名单中包括多家知名创投公司如摩根士丹利、鼎晖创投等身影估值达 100 亿美元的陆金所，上市辅导期获比尔·盖茨青睐的 91 金融，联想控股入股（P2P 网贷平台最大金额融资记录拥有者，包括王思聪持股）的翼龙贷等行业先行者和领跑者，还有凤凰金融、京东金融、微贷网和融 360 等一大批期待后来居上者，覆盖了金融服务集团、互联网银行、互联网保险、互联网证券、财富管理、借贷、基础设施等众多细分行业。

2013 年 3 月，阿里巴巴集团筹备成立阿里小微金融服务集团，主要业务范畴包括支付、小贷、保险、担保等领域。通过阿里巴巴一个平台，帮助小微企业实现物种多样化，为网商提供工具，支持网面对消费者。同时通过小微金融服务集团，将为无数小企业和消费者提供资金、支付、担保等多种服务，支持他们的生存和发展。阿里小贷资金来源于四方面：一是旗下浙江、重庆两家小额贷款公司，注册资金总计 16 亿元人民币，二是面向银行融资，三是资产证券化，四是将面向越来越多的银行开放。

2016 年，中国 100 家入围互联网金融企业总估值超过 1.1 万亿人民币，中位数 26.3 亿人民币，并有 27 家估值超过 60 亿人民币的独角兽企业。2016 年10 月 13 日，为了规范中国互联网金融服务，防范可能出现的各种风险与陷阱，国务院办公厅发布《互联网金融风险专项整治工作实施方案的通知》。

2017 年 3 月 28 日，是世界金融史上浓墨重彩的印记时刻。当天，备受关注的中国金融巨头中国建设银行和互联网业界的龙头老大阿里巴巴、蚂蚁金服达成战略合作。此项战略合作，彻底打破了传统金融和互联网金融的行业信用壁垒，意义重大而深远，马云梦想的"信用等于财富"加速到来。合作内容包括支付宝上将可直接购买建行理财产品，建行将通过蚂蚁金服的技术能力，提供个性化、定制化产品和服务，马云将协助建设银行推进信用卡线上开卡业务，未来建行和支付宝的二维码可以互相扫描，等等。这一重磅炸弹，粉碎了互联网金融受到官方打压的各种传言。这一重大举措，是中国传统银行决心自破僵局、拥抱创新的真实写照，是马云麾下的阿里巴巴集团吹响了回归金融、不忘初心、帮助传统金融实现技术进步的正式号角。

一、服务业态

为了对互联网金融的经营管理模式做一个清晰的界定，北京软件和信息服务交易所互联网金融实验室从 2012 年开始，通过持续对互联网金融领域企业进行调研走访，深度解析互联网金融相关资讯，并对互联网金融创新产品、现象进行认真研究，最终系统梳理出了第三方支付、P2P 网贷、大数据金融、众

筹、信息化金融机构、互联网金融门户等六大互联网金融模式，并由罗明雄于
2013 年 4 月 21 日举办的"清华金融周互联网金融论坛"上首次提出。此后，
又有专家补充了"数字货币"，形成了互联网金融包括众筹、P2P 网贷、第三
方支付、数字货币、大数据金融、信息化金融机构和金融门户等一众新型服务
业态的完整体系。

1.众筹。众筹大意为大众筹资或群众筹资，是指用团购预购的形式，向网
友募集项目资金的模式。众筹的本意是利用互联网和 SNS 传播的特性，让创
业企业、艺术家或个人对公众展示他们的创意及项目，争取大家的关注和支
持，进而获得所需要的资金援助。众筹平台的运作模式大同小异，需要资金的
个人或团队将项目策划交给众筹平台，经过相关审核后，便可以在平台的网站
上建立属于自己的页面，用来向公众介绍项目情况。

2.P2P 网贷。P2P（Peer-to-Peerlending），即点对点信贷。P2P 网贷是指通
过第三方互联网平台进行资金借、贷双方的匹配，需要借贷的人群可以通过网
站平台寻找到有出借能力并且愿意基于一定条件出借的人群，帮助贷款人通过
和其他贷款人一起分担一笔借款额度来分散风险，也帮助借款人在充分比较的
信息中选择有吸引力的利率条件。

P2P 网贷有两种运营模式，第一种是纯线上模式，其特点是资金借贷活动
都通过线上进行，不结合线下的审核。通常这些企业采取的审核借款人资质的
措施有通过视频认证、查看银行流水账单、身份认证等。第二种是线上线下结
合的模式，借款人在线上提交借款申请后，平台通过所在城市的代理商采取入
户调查的方式审核借款人的资信、还款能力等情况。

3.第三方支付。第三方支付（Third-Party Payment）狭义上是指具备一定
实力和信誉保障的非银行机构，借助通信、计算机和信息安全技术，采用与各
大银行签约的方式，在用户与银行支付结算系统间建立连接的电子支付模式。

根据央行 2010 年在《非金融机构支付服务管理办法》中给出的非金融机
构支付服务的定义，从广义上讲第三方支付是指非金融机构作为收、付款人的
支付中介所提供的网络支付、预付卡、银行卡收单以及中国人民银行确定的其
他支付服务。第三方支付已不仅仅局限于最初的互联网支付，而是成为线上线

下全面覆盖，应用场景更为丰富的综合支付工具。

4.数字货币。以比特币为代表的互联网货币，也是互联网金融主要业态之一，甚至有业内人士认为，以比特币为代表的数字货币开始露出了自己的獠牙，"互联网金融真正目标是颠覆央行"。

以比特币等数字货币为代表的互联网货币爆发，从某种意义上来说，比其他任何互联网金融形式都更具颠覆性。2013年8月19日，德国政府正式承认比特币的合法"货币"地位，比特币可用于缴税和其他合法用途，德国也成为全球首个认可比特币的国家。这意味着比特币开始逐渐"洗白"，从极客的玩物，走入大众的视线。也许，它能够催生出真正的互联网金融帝国。

比特币炒得火热，也跌得惨烈。无论怎样，这场似乎曾经离我们很遥远的互联网淘金盛宴已经慢慢走进我们的视线，它让人们看到了互联网金融最终极的形态就是互联网货币。所有的互联网金融只是对现有的商业银行、证券公司提出挑战，将来发展到互联网货币的形态就是对央行的挑战。也许比特币会颠覆传统金融成长为首个全球货币，也许它会最终走向崩盘。不管怎样，可以肯定的是，比特币等数字货币的出现与发展，都会给人类留下一笔永恒的遗产。

5.大数据金融。大数据金融是指集合海量非结构化数据，通过对其进行实时分析，可以为互联网金融机构提供客户全方位信息，通过分析和挖掘客户的交易和消费信息掌握客户的消费习惯，并准确预测客户行为，使金融机构和金融服务平台在营销和风险控制方面有的放矢。

基于大数据的金融服务平台主要指拥有海量数据的电子商务企业开展的金融服务。大数据的关键是从大量数据中快速获取有用信息的能力，或者是从大数据资产中快速变现的能力。因此，大数据的信息处理往往以云计算为基础。

6.信息化金融机构。所谓信息化金融机构，是指通过采用信息技术，对传统运营流程进行改造或重构，实现经营和管理全面电子化的银行、证券和保险等金融机构。金融信息化是金融业发展趋势之一，而信息化金融机构则是金融创新的产物。

从整个金融行业来看，银行的信息化建设一直处于业内领先水平，不仅具有国际领先的金融信息技术平台，建成了由自助银行、电话银行、手机银行和网上银行构成的电子银行立体服务体系，而且以信息化的大手笔——数据集中工程在业内独领风骚，其除了基于互联网的创新金融服务之外，还形成了"门户"、"网银、金融产品超市、电商"的一拖三的金融电商创新服务模式。

7. 金融门户。互联网金融门户（ITFIN）是指利用互联网进行金融产品的销售以及为金融产品销售提供第三方服务的平台。它的核心就是"搜索比价"的模式，采用金融产品垂直比价的方式，将各家金融机构的产品放在平台上，用户通过对比挑选合适的金融产品。

互联网金融门户多元化创新发展，形成了提供高端理财投资服务和理财产品的第三方理财机构，提供保险产品咨询、比价、购买服务的保险门户网站等。这种模式不存在太多政策风险，因为其平台既不负责金融产品的实际销售，也不承担任何不良的风险，同时资金也完全不通过中间平台。①

二、主要特点

互联网金融具有着与互联网高度一致的相关特征，具有交易成本低、成交效率高、业务覆盖面广、产业发展速度快等特点。由于互联网金融属于新兴行业，存在着由中国人民银行、工业和信息化部、公安部、财政部、国家工商总局、国务院法制办、中国银行业监督管理委员会、中国证券监督管理委员会、中国保险监督管理委员会、国家互联网信息办公室等单位多头管理而又管理不到位且管控水平较低、技术手段较弱的问题，因而实际运营过程中风险较大，需要用户时刻具备防范意识。

1. 成本低。互联网金融模式下，资金供求双方可以通过网络平台自行完成信息甄别、匹配、定价和交易，无传统中介、无交易成本、无垄断利润。一方面，金融机构可以避免开设营业网点的资金投入和运营成本；另一方面，消费者可以在开放透明的平台上快速找到适合自己的金融产品，削弱了信息不对称

---

① 参见罗明雄、丁玲：《互联网金融六大模式解析》，2014 年 12 月 28 日，见 www.360doc. com/content。

程度，更省时省力。

2. 效率高。互联网金融业务主要由计算机处理，操作流程完全标准化，客户不需要排队等候，业务处理速度更快，用户体验更好。如阿里小贷依托电商积累的信用数据库，经过数据挖掘和分析，引入风险分析和资信调查模型，商户从申请贷款到发放只需要几秒钟，日均可以完成贷款1万笔，成为真正的"信贷工厂"。

3. 覆盖广。在互联网金融模式下，客户能够突破时间和地域的约束，在互联网上寻找需要的金融资源，金融服务更直接，客户基础更广泛。此外，互联网金融的客户以小微企业为主，覆盖了部分传统金融业的金融服务盲区，有利于提升资源配置效率，促进实体经济发展。

4. 发展快。依托于大数据和电子商务的发展，互联网金融得到了快速增长。以余额宝为例，余额宝上线18天，累计用户数达到250多万，累计转入资金达到66亿元人民币。据报道，余额宝规模500亿元人民币，成为规模最大的公募基金。《2017微信数据报告》显示，截至2017年9月，微信支付月社交支付次数较上年增长23%，月线下支付次数较上年增长280%，微信支付绑卡用户已超过8亿。

5. 管理弱。一是风险控制弱，二是监管弱。互联网金融还没有接入完整的人民银行征信系统，也不存在信用信息共享机制，不具备类似银行的风控、合规和清收机制，容易发生各类风险问题，已有众贷网、网赢天下等P2P网贷平台宣布破产或停止服务。互联网金融在中国处于起步阶段，还没有监管和法律约束，缺乏准入门槛和行业规范，整个行业面临诸多政策和法律风险。

6. 风险大。互联网金融的风险体现在两个方面：一是信用风险大，二是网络安全风险大。现阶段中国信用体系尚不完善，互联网金融的相关法律还有待配套，互联网金融违约成本较低，容易诱发恶意骗贷、卷款跑路等风险问题。特别是P2P网贷平台由于准入门槛低和缺乏监管，成为不法分子从事非法集资和诈骗等犯罪活动的温床。去年以来，淘金贷、优易网、安泰卓越等P2P网贷平台先后曝出"跑路"事件。中国互联网安全问题突出，网络金融犯罪问题不容忽视。一旦遭遇黑客攻击，互联网金融的正常运作会受到影响，危及消费者的资金安全和个人信息安全。

三、小微贷款

小微企业贷款业务简称小微贷款，其单个项目金额小，银行经营成本高。能否有效降低成本，发展小微企业贷款业务，是一个困扰多年的世界性难题。

20世纪90年代，美国银行业对小微企业贷款并不十分重视，普遍认为小微企业客户风险较高、经营成本较大，无利可图。美国富国银行最早论证和拓展小微企业金融服务，认为只要开发足够的风险控制手段，如批量开发模式、评分卡系统等，实现小微企业贷款业务的良性发展是可能的。在此理念指导下，富国银行从1995年开始面向销售额低于200万美元的小微企业发放最高额度为10万美元的无抵押循环贷款和信用卡，开创了美国银行业小微企业信贷的先河，目前已发展为全美最大的小微企业贷款银行。①

在我国的互联网金融体系中，传统银行业所定义的"小"和现实金融实践中的"小"有着很大差异。在中国银行体系中，中小企业的"小"是低于5亿元人民币年收入规模的都属于"小企业"，而"中"企业则是年收入在5亿元人民币以上50亿元人民币以下年收入规模的。很多银行做小微，除了平安银行做"小微"每笔十几万，真正符合现实需求外，民生银行做"小微"，平均贷款额160万元人民币左右，建设银行做"小微"，每笔贷款1000万元人民币以上。在传统银行体系中，"小微贷款"并非能够解决嗷嗷待哺的小小微企业的贷款困难，他们基本上被大多数传统金融机构和银行抛弃了。

这些年收入规模500万元人民币以下的小业主们，没有专业融资的CFO或财务总监，甚至连专职会计都没有，根本上不知道有哪些机构可以为他们贷款，只能转而选择了亲友借贷和一些不够正规的民间借贷，导致了各种社会问题的发生。

在这样一种中小微企业借贷不顺和传统银行体系高高在上的矛盾之间，阿

---

① 参见赖志坚、刘阳：《银行开发小微信贷要有创新思维》，《经济日报》2014年1月15日。

里巴巴开发的"支付宝—余额宝"应运而生，个体经营的专业微贷公司潜滋暗长，拥有着庞大使用人群的微信支付也参与其中争夺供需两旺的小微贷产业市场。截至 2015 年末，全国银行业金融机构小微企业贷款余额 23.46 万亿元人民币，占各项贷款余额的 23.90%。小微企业贷款余额户数 1322.6 万户，较上年同期多 178 万户。

2004 年，支付宝正式成立。2014 年 10 月，一家旨在为世界带来普惠金融服务、旗下至今已有支付宝、余额宝、招财宝、蚂蚁聚宝、网商银行、蚂蚁花呗、芝麻信用、蚂蚁金融云、蚂蚁达客等子业务板块的科技企业——蚂蚁金服横空出世。

蚂蚁金服以"为世界带来更多平等的机会"为使命，致力于通过科技创新能力，搭建一个开放、共享的信用体系和金融服务平台，为全球消费者和小微企业提供安全、便捷的普惠金融服务。蚂蚁金服之所以命名为"蚂蚁"，其寓意正契合普惠金融的本义，就是服务小微企业和普通人。在配套着巨无霸网络购物客户群支撑下，其已快速成长为中国互联网金融不可或缺的重要力量。目前，支付宝的年活跃用户 4.5 亿，余额宝服务 2.5 亿用户，为用户带来了 500多亿元人民币的收益。基于大数据体系的征信放贷系统，服务了 260 万小微企业，累计发放了 6000 多亿人民币的贷款。

2013 年 8 月 5 日，微信支付正式上线。秉承"微信支付·不止支付"的微信支付，一直以来持续打造"智慧生活"，将企业责任与更多行业及用户的需求关联，提供更多的商业和用户价值。2014 年 3 月 8 日，中国最具标志性的百货大楼王府井百货接入微信支付。2014 年国庆长假期间，丽江、大理、西塘、鼓浪屿、凤凰等热门旅游景区内近 3000 家客栈和民宿已全面上线微信支付。2014 年 11 月，继微信智慧酒店、智慧餐饮、智慧剧院相继落地后，顺丰速运在全国范围内支持微信支付，抢得"微信智慧生活"全行业解决方案在快递业的先机。此后的几年间，家乐福、麦当劳、中石油、中石化、星巴克、必胜客等纷纷上线微信支付。截至 2016 年 4 月 22 日，微信支付绑卡用户数超过 3 亿个，线下门店接入微信支付总数超过 30 万家，5 个月产生超过 5000 个注册服务商。2017 年，微信支付走出国门，让"歪果仁"在家门口感受中国

"新四大发明"带来的便利。11月，法国巴黎老佛爷百货集团推出微信支付。2017年11月23日，港铁与腾讯签约，为内地与香港用户提供微信支付购票服务。2017年12月，日本饮料企业伊藤园与开发智能手机相关服务的NEOS共同开发出面向访日中国游客、可用智能手机支付的自动售货机。

微信支付创新的产品功能（转账、红包、找零、支付＋会员等），不仅方便了用户的交易，提高了效率，还能让很多传统的生意和习俗更有新意，在交易的同时，带来更多乐趣，社交支付甚至成为情感交流、传达爱意的新方式。

微信支付线上线下场景的覆盖，为用户提供零售、餐饮、出行、民生等生活方方面面高效智慧的体验，让用户更加自在有安全感地生活和出行，用户从此告别钱包、告别排队、告别假钱、告别硬币零钱。

微信支付携手各行各业的商户共筑智慧生活，为传统行业带来智慧解决方案帮助传统行业转型，让传统行业搭上"互联网＋"的直通车，推动传统行业产业升级，带来新的机会和转变，更多商业化价值输出，引领行业共建智慧生活圈。

微信支付创新的技术支撑和开放的平台原则，与行业一起共享微信支付带来的价值，引领行业共同构建完善的智慧生活生态链，基于智慧生态链的延伸孵化出很多新兴的产业机会，微信支付的服务商遍布全球各地，携手微信支付一起为商户和用户带来智慧生活的体验而努力奔走，扶持帮助服务商共同成长，携手推进智慧化生活进程。微信支付一直以来持续打造"智慧生活"，将企业责任与更多行业及用户的需求关联，提供更多的商业和用户价值，引领行业走进全新的"智慧生活"时代。

第二节　新旅游产业

新媒体带给全球旅游市场巨变，"新媒体＋旅游"变化升级为新旅游产业。在新媒体浪潮的冲刷下，传统旅游纳入了更多的新内容，产生了更多的新业态，成长出更多新成员。在新旅游谱系中，涵盖了互联网住宿、互联网餐饮、互联网出行（约车）、互联网高铁民航景点景区订票、互联网导购导游、互联网人文地理等一切与旅游旅行相关的全部要素。

在新媒体旅游业态下，老牌旅游公司要么拥抱互联网接驳新媒体实现快速转型要么被抛弃被淘汰，一批又一批闻所未闻的互联网旅游公司如雨后春笋般蓬勃生长，其营销管理手段令传统旅业游瞠目结舌。

有着 30 多年发展历史的中国康辉旅游集团明确了"新康辉·大旅游"的发展思路，在互联网旅游市场上投入了更多，加快脚步全面开跑。携程、去哪儿、途牛在互联网旅游征程"弯道超车"，增长势头强劲。

随着我国经济进入新常态，多个产业面临产能过剩和增速放缓的问题，但有着互联网助推的旅游业却一枝独秀。2015 年，中国国内旅游突破 40 亿人次，旅游收入超过 4 万亿元人民币，出境旅游 1.2 亿人次。中国国内旅游、出境旅游人次和国内旅游消费、境外旅游消费均列世界第一。世界旅游业理事会（WTTC）测算：中国旅游产业对 GDP 综合贡献 10.1%，超过教育、银行、汽车产业。据国家旅游数据中心测算，中国旅游就业人数占总就业人数 10.2%。中国旅游研究院、中国国家旅游局数据中心 2018 年年初公布的"中国旅游集团 20 强"显示，伴随中国旅游需求市场的不断扩大，中国旅游企业、旅游产业发展迅速。2017 年中国规模最大的 20 家旅游集团总交易额达 1.53 万亿元人民币，同比增长 34.2%，创历史新高。

目前，中国旅游业经济效益大幅提升，成为中国经济增长新引擎。2017 年，我国旅游业综合贡献 8.77 万亿元人民币，对国民经济的综合贡献达 11.04%，对住宿、餐饮、民航、铁路客运业的贡献超过 80%，旅游直接就业 2825 万人，旅游直接和间接就业 8000 万人，对社会就业综合贡献达 10.28%。截至 2017 年 12 月底，全国已有 144 支旅游产业投资基金，总规模超过 8000 亿元，全国旅游投资达 1.5 万亿元人民币，同比增长 16%。

中国连续多年保持世界第一大出境旅游客源国和全球第四大入境旅游接待国地位。2017 年国内旅游市场为 50 亿人次，比 2012 年增长 69.12%，年均增长 11.08%。2017 年入境旅游人数为 1.39 亿人次，比 2012 年增长 5%，年均增长 1%；其中外国人为 2910 万人次，比 2012 年增长 7%，年均增长 1.4%。

2017年出境旅游市场为1.29亿人次，比2012年增长了4580多万人次，按可比口径年均增长9.17%。

中国旅游正从高速增长阶段转向优质发展阶段，中国旅游产品结构正极大优化，以邮轮旅游、自驾车房车营地、低空旅游为代表的"海陆空"旅游新业态新产品不断丰富，全域游、亲子游、周边游、邮轮游、乡村游、生态、休闲游、体育游、文化游、康养游、研学游、毕业游、海岛游等多形式多业态旅游融合产品层出不穷。①

一、旅游业态

近年来，全球旅游业深度结合互联网（移动互联网）技术，旅游人群、旅游业态和旅游形式正发生着深刻调整和更迭。当前，旅游业呈现出全域旅游、文化旅游、体育旅游、毕业旅游、乡村旅游和海岛旅游6种主要旅游业态。

1.全域旅游。全域旅游是指在一定区域内，以现代旅游业为优势产业，通过对一定区域内经济社会资源尤其是旅游资源、相关产业、生态环境、公共服务、政策法规、文明素质等进行全方位的优化提升，实现区域资源有机整合、产业融合发展，以旅游业带动和促进经济社会协调发展的一种新的区域协调发展理念和模式。②

全域旅游既可以是文化旅游、体育旅游和毕业旅游，也可以是休闲生态旅游、乡村旅游和海岛旅游，是各类旅游的集大成者，是各类旅游的"全幅式规划"和"全景式营销"。在互联网的"导演"下，大数据发挥出最大效能，全域旅游调度有序，区域内的各类资源得以高效高频利用。

2.体育旅游。体育旅游指的是每逢世界杯、奥运会等重大赛事和重大体育活动前后，众多旅行社总会早早谋划，设计多种多样的体育赛事旅游路线，安排恰到好处的体育旅游产品，实现最大化旅游效益。2016年欧洲杯在吸引无

---

① 参见赵珊：《中国迈向优质旅游时代》，2018年1月24日，人民网。
② 参见吕红星：《五大旅游业新业态值得关注》，《中国经济时报》2016年7月14日。

数球迷关注的同时，引爆了中外游客暑期赴欧洲旅游的热情。2018 年的俄罗斯世界杯足球赛，早早点燃了全世界游客的热情，去俄罗斯看球成为目前最受关注的旅游线路，中国跻身获得门票数量前五的国家。

俄罗斯世界杯对中国球迷来说是近几届世界杯里地缘最为便利的一次，再加上比赛举办城市中包括莫斯科、圣彼得堡、索契和叶卡捷琳堡等旅游热门城市，比赛时间也与旅游旺季正好"撞车"，这些因素刺激了中国游客赴俄罗斯观赛旅游的热情。为了避开疯狂的世界杯旅游旺季，一些非观赛类游客选择了提前赴俄罗斯旅游。来自旅行社的预订数据显示，2017 年 12 月中旬至 2018 年 1 月中旬，莫斯科、圣彼得堡、索契以及摩尔曼斯克等地的酒店预订量同比增长显著，去往这些城市的机票预订量也同比出现了较大增幅。

3. 文化旅游。文化是一个国家、一个民族的文明积淀和承载记录，寻求文化享受已成为当前旅游者的一种风尚。互联网 + 文化 + 旅游，大大激活了旅游市场的潜力。北京故宫旅游，既是中外游客的多年向往，也是诸多游客购票难游览拥挤的不快记忆。网络购票便捷了八方来客，数字故宫的推进演绎，让古老的故宫文物"生灵活现"。

1998 年，故宫博物院着手建设"数字故宫"，本着"急用先行、量力投入、社会协作、立竿见影、力争一流"的原则，利用计算机三维图形技术，对故宫主要古代建筑和珍藏文物的形式、结构特征、表面装饰乃至建筑技术和建筑艺术等基本元素进行准确、系统、综合性的采集和再现，建立完整的古建筑、古文物三维数学模型和数据库，现初见成效。2017 年，在数字故宫多媒体互动展示区，一面宽 7 米、高 4 米的互动触控屏幕，360 度全视角展示着来自故宫的 64 件珍贵藏品，随着手指轻巧滑动屏幕，文物跟着旋转、翻腾，实现 360 度全视角展示。出自战国时期的"燕乐渔猎纹壶"，文物上镂刻的采桑、射礼、宴享乐舞和攻守城之战，全都以动态呈现，栩栩如生，弥补了传统珍贵文物不能与民众近距离接触的遗憾。

4. 毕业旅游。毕业旅游很能反映着互联网 + 旅游 + 青春动感的别样氛围，毕业生这一庞大的群体日益成为旅游行业的"金主"，毕业旅游是最重要的集体旅游业态之一。

毕业旅游有高中生高考之后的毕业旅游、大学毕业生研究生博士生的毕业旅游，还有毕业纪念游等，借助新媒体呼朋引伴，兴趣爱好相投、年龄相仿、饮食起居方便兼顾通融，量身打造的旅游线路旅游产品，比较容易引发共鸣，而且有利于节约开支，实现旅游公司的最佳收益。

浓郁的浪漫气息之都，沉厚的人文底蕴之城，远离喧嚣的世外桃源，往往是毕业旅游的首选圣地。国内的北京（故宫、颐和园、天坛、明十三陵、什刹海、三里屯、南锣鼓巷、前门大街、王府井、大栅栏、西单）、成都（武侯祠、杜甫草堂、锦里、宽窄巷子、青城山、都江堰）、浙江（西湖、西溪湿地、乌镇、百草园、沈园、西塘、烟雨长廊、茅盾故居、西栅、东栅）、桂林（阳朔、漓江、叠彩山、独秀峰）、西安（阿房宫、华清池、华山、骊山）、南京（中山陵、明孝陵、美龄宫、梅花山、夫子庙）等，都是毕业旅游的主要目的地。

5.乡村旅游。在天晴气爽的时节，人们携家带小扶老携幼，远离城市的喧嚣，到附近特色农村耕种播养，采摘水果蔬菜，赏花品茗捕捞垂钓，呼吸新鲜空气，成为当下和未来人们非常看重的生活方式。

江西婺源被誉为"中国最美的乡村"，春季的"油菜花旅游"已经蜚声海内外。每逢春季，婺源迎来一年中最美的时节，也迎来全世界的赏花赏景游客。婺源万亩油菜花盛开，田野一片金黄。掩映在金黄油菜花中的粉墙黛瓦，一片徽派神采，古老徽韵焕发新姿。婺源的江南烟雨、古街古镇，婺源的婉约、秀美，婺源的皖风、徽韵，醉倒了五洲宾客。出游婺源，长雨初停，风和日丽，拂面三四缕杨柳风，偶尔一两点桃花雨，游春最是适宜。携三五游伴，轻装便履，踏青"扫黄"，何其乐而不为？

6.海岛旅游。远离大陆的海岛，充满着神秘，潜藏着梦幻，召唤着探索与冒险。美人蕉、美人鱼，引人入胜；金沙滩、比基尼，澎湃激情。普吉岛、苏梅岛、冲绳岛、济州岛、台湾岛、巴厘岛、塞班岛、热浪岛/兰卡威、长滩岛、帕劳、毛里求斯、西西里岛、夏威夷等，闻名遐迩，哪一处都是世外仙境，哪一地都是人间天堂。

潜水，踏浪，海钓，豪饮抒怀，沙滩约情，听海纵歌，互联网将天涯海角的游客吸引到一起，互联网将人间仙境传播到四面八方。目前，一些有条件的海岛先后开发了以休闲渔业、海洋文化和海洋休闲度假等为主题的旅游产品，将孤悬大海的一个个海岛变成了著名的旅游胜地，海岛旅游已经成为海洋资源丰富的国家和地区旅游发展的重点。

二、业界代表

当前，中国互联网旅游分销预订 / 零售端细分特性明显，出境游、非标住宿、定制游排前三位，涉及企业多以 B2C 平台、C2C 平台、B2C 自营三种模式为主。在单一要素产品中，住宿产品的产业链完整性、细分度更高。在旅游线路产品中，出境游的产业链表现突出，且正在不断地细分化、专业化。在"旅游 +"的创新产品中，"旅游 + 体育"、"旅游 + 教育"发展较好，且已出现较多细分产品供应商。在中国互联网旅游行业中，康辉旅行社、携程、去哪儿、马蜂窝、飞猪和美团等经营得各有特色。

1. 康辉旅行社。中国康辉旅行社集团有限责任公司（简称康辉旅行社）创建于 1984 年，是国家特许的经营中国公民出境旅游的组团社，经营范围包括入境旅游、出境旅游、国内旅游及会奖商务、差旅管理等全方位的旅游服务。目前，康辉旅行社在国内拥有控股分公司近 200 家。历经 30 余年的发展，已成为全国大型旅行社集团企业之一，是北京"首旅集团"旗下专业化旅行社集团公司，总部设在北京，以振兴和发展中国民族旅游业、服务于社会日益增长的精神文化需求为己任。

康辉旅行社在不断健全完善批发业务体系的同时，积极发展"连锁经营"——直客营销服务体系的建设。"康辉旅游"连锁经营体系保持统一形象、统一产品、统一价格、统一服务，并充分利用 800 电话呼叫中心以及网络在线服务，为旅游消费者提供立体化、多渠道的客户服务。一个网络化的全国直销服务体系的建设是"康辉旅游"贴近市场、贴近客户、确立"以客户需求为导向"的市场营销模式的具体表现，更是"中国康辉"长远发展的一个战略目标。

"在家靠自己、出门找康辉"的广告语蕴涵的是"康辉旅游"为广大消费者提供个性化关注、全方位旅游服务的品牌诉求，也是"康辉旅游"——"以客为尊"的经营宗旨的深层次体现。"康辉旅游"连锁经营体系倡导"终生客户、终生朋友"的服务理念，力求以相互的信赖及长期的服务树立服务品牌、赢得客户，最终在激烈的市场竞争中胜出。

康辉旅行社大力实施"网络化"、"规模化"、"品牌化"发展战略，积极推进"国内成网"的营销、接待体系建设，已在全国 32 个省（市、自治区）设有 100 多家以资本为纽带的子公司，并对其中的国际社、出境旅游组团社控股，是我国全国性旅游集团中具有资产纽带和垂直管理关系的子公司数量最多的旅行社集团。日臻完善的网络化营销、接待体系和垂直管理模式，在中国旅行社行业已形成独特的综合优势。

康辉旅行社遍及海内外的业务协作体系以及由近万名员工组成的优秀团队，具备为国内外旅游者提供全方位综合服务的实力，连续三次入选世界品牌实验室评选的"中国最具品牌价值的 500 家企业"名录，在国家旅游局评定的"全国旅行社百强企业"年度综合业绩排名中位列三甲。

2. 携程。携程是 OTA（Online Travel Agency，在线旅行社）的杰出代表，目前拥有 3 万名员工，逾 200 亿美元市值，是全球第二的中国互联网旅游行业老大。近几年，携程在资本市场频频出手，以投资入股的方式，把去哪儿、艺龙等昔日劲敌收编囊中，再度巩固其在国内 OTA 行业的领先地位。同时在海外市场展开一系列大手笔并购，成为全球互联网旅游市场一股令人瞩目的力量。以市值衡量，携程（220 亿美元）已超越此前的全球 OTA 行业老二 Expedia（170 亿美元），仅次于行业巨无霸 Priceline（700 亿美元）。从 2013 年到 2016 年，携程已花费超过 20 亿美元用于海外并购。每一笔交易背后，都能读出携程不同角度的战略思考。这几年欧洲市场相对萎靡，中国人赴美流量增长迅速，于是携程在 2016 年 10 月与美国领先的三大旅行社途风、海鸥、纵横达成战略投资与合作协议，一举占领 50% 以上的中国游客赴美地接市场。2017 年 1 月，携程看好印度更年轻的人口结构和未来旅游市场，以 1.8 亿美元收购印度最大旅游企业 MakeMyTrip。此前，携程以 14 亿英镑收购了总部位于英国爱丁堡、全球最大机票搜索平台之一的天巡（Skyscanner），显示出携程已不再满足于在某一个地区服务某一个人群，它已怀揣覆盖全球市场的野心，以及与世界一流企业对接的胆识。

携程的使命，是把中国最好的文化带给世界，把世界最好的文明带给中国。尽管已占据中国线上旅游市场近半壁江山，但如果算上线下，携程还只占中国整体旅游市场 5%—7% 的市场份额，携程任重道远。携程的目标是在 2018 年达到总成交额破万亿元目标，到 2021 年时，成交额力争突破 2 万亿元人民币。①

3. 马蜂窝。马蜂窝旅行网是中国领先的自由行服务平台。以"自由行"为核心，马蜂窝提供全球 60000 个旅游目的地的旅游攻略、旅游问答、旅游点评等资讯，以及酒店、交通、当地游等自由行产品及服务。马蜂窝的景点、餐饮、酒店等点评信息均来自数千万用户的真实分享，每年帮助过亿的旅行者制订自由行方案。

马蜂窝旅行网由陈罡和吕刚创立于 2006 年，从 2010 年正式开始公司化运营。马蜂窝的用户主要通过口碑获得。截至 2015 年 9 月 30 日，马蜂窝已积累 1 亿用户，其中 80% 的用户来自移动端（马蜂窝自由行 APP），月活跃用户数 8000 万，点评数量达 2100 万条。

马蜂窝旅行网站从自由行消费者的角度，帮助用户做出最佳的旅游消费决策。UGC（用户创造内容）、旅游大数据、自由行交易平台是马蜂窝的三大核心竞争力，社交基因是马蜂窝区别于其他在线旅游网站的本质特征。

三、发展方向

在新媒体语境下，中国新旅游产业有着中国国际地位和国际影响力不断提升、旅游目的地国家和地区不断增加、人民币支付体系日益国际化、新媒

---

① 参见孙洁：《携程使命超越一张机票一间房，表率作用很重要》，2017 年 2 月 6 日，见中国新闻网。

体渗透能力不断攀升系统不断完善、国民素质日渐提高、国民可支配收益年年看涨等诸多利好因素的影响，完全可以确定出适合中国特色的新旅游发展方向。

1.确立新媒体旅游的恰当地位。目前，很多旅游目的地（大景区）和旅游公司企业都积极运用网络订票、手机购票等新媒体开展宣传、营销和服务，某些环节处在国际领先水平。恰当运用新媒体传播渠道和手段，精准而又全覆盖业务范围，夯实后台工作基础和实体服务的支撑，还有着很大的提高空间。同时，研究新媒体在旅游目的地的传播特点和规律，做好新媒体旅游的差异化营销，对旅游目的地、旅行社、景区等的推送内容和传播节奏可区别对待和推进。

2.给予新媒体优势发挥以必要的条件。欲想充分发挥新媒体的传播优势，需要为其创造诸多便利，在很多情况下是对传统媒体的借力与接力。例如，电影《阿凡达》、《非诚勿扰2》播出以后，作为外景地的张家界景区、三亚阳光鸟巢酒店一下子火了，一个重要原因是新媒体巧妙地对传统媒体进行了接力传播，不仅让人们知道了实景地在哪儿，还把游客实地的旅游体验不断发酵和传播出去。

数字故宫文创产品的营销推介，让游客对故宫宣传刮目相看，受众除了看到专业拍摄的精美绝伦的图片文字音视频，还欣赏了那些充满历史底蕴、文化风采的介绍文章，让人们感觉到这远远不是简单的广告宣传，而是故宫新媒体旅游素养的集中展示。

3.新媒体与实体服务的无缝对接。新媒体的优势不仅在于快捷传播，还在于供需互动、多向联动和异地销售等，需要进一步做好新媒体与实体服务的无缝对接，做好线上线下的良性互动。

"线上"是企业通过互联网与潜在游客进行沟通最快捷的方式，但不论"线上"如何发达，"线下"都无法被取代，因为游客的旅游体验最终还要靠"线下"服务来满足。随着移动互动网时代的到来，游客在线上线下之间的切换会更加频繁。线上线下互动的一个重要结果，就是旅游消费的即时性、随机性更加突出。

　　我国多数 5A 级旅游景区已在网络平台售票，但由于中间环节较多，也出现了不少旅游网购投诉案例，主要原因是新媒体未与实体服务很好对接。这类投诉如不能很快解决，一些游客必然也会借助新媒体去传播负面影响。此外，旅游者实地进行食宿游消费时，也经常遇到与营销宣传不相符等各类问题，有的是由于旅游资讯和服务信息未及时更新，有的则是夸大性过分渲染所致，这对旅游目的地的口碑伤害将是后续的。①

　　4. 聚合网络营销资源，运用网站、网络视频、微博微信等不同网络平台进行品牌整合营销。网络视频是新媒体语境下旅游信息传播的重要途径，其特点是立体性、生动性和实时性，旅游企业可以将一些旅游信息植入网络视频中，也可以与视频制作网站建立起合作关系，通过征集主题广告的旅游片段来宣传旅游产品。我国很多旅游企业都看到了旅游产品宣传单的重要性，并且已经与网络媒体建立起了合作关系，双方联合举办充满创意的活动，以达到宣传自身产品的目的，如可以举办旅游景点介绍的视频竞赛来吸引网民，号召网民将自己制作的旅游景点视频上传到网站，这种方式不但可以取得良好的宣传效果，同时将宣传成本控制在较低的水平。旅游企业和网络平台可以一起商议参赛视频的主题范围，内容不能脱离自身的产品范围，必须坚持扩大自身旅游产品的影响以及提升在消费者群体的形象的基本原则。②

　　当下和未来一段时间，游客的选择更加多样化，旅游的服务更加个性化，各种针对游客个性化需要的定制化的旅游产品层出不穷，旅游市场营销将朝着精准化方向发展，不少旅游部门开始选择网络媒体作为传播旅游营销信息的主渠道。随着旅游闲置资源利用更加普遍化，旅游商业模式会更加复杂化多元化多样化，随着互联网对旅游业的加速深度渗透，旅游企业之间的竞争会更趋激烈，旅游目的地管理会更趋智慧化。③

---

①　参见高舜礼：《新媒体营销旅游要如何破局?》，《中国旅游报》2016 年 10 月 11 日。

②　参见彭莉：《新媒体语境下的旅游产业营销整合策略》，《商业时代》2014 年第 30 期。

③　参见曾博伟：《互联网时代旅游业的演变趋势》，《中国旅游报》2016 年 9 月 13 日。

第三节　新体育产业

新体育产业特指区别于传统体育产业的体育互联网产业，包括体育赛事网络产业、体育制造网络产业、体育组织网络产业、体育媒体网络产业、体育彩票网络产业和体育休闲康复网络产业等。

2012年我国体育产业实现总产出9526.38亿元人民币，比2010年增长45.15％。这一数据约占同年全年国内生产总值的1.83％，仅占第三产业的4.06％。美国2012年体育产业总产值为4350亿美元，占当年GDP的比重为2.7％。中国与发达国家体育产业的差距可见一斑，最主要的差距就是中国的体育媒体网络产业、体育休闲康复网络产业、体育彩票网络产业和体育制造网络产业与欧美发达国家不可同日而语。

李克强在2013年的《政府工作报告》中明确提出"发展全民健身、竞技体育和体育产业"，这是第一次将体育产业提升至与群众体育、竞技体育并列的高度，说明体育产业已经得到了国家层面的进一步推动。2014年10月20日，国务院颁发《关于加快发展体育产业促进体育消费的若干意见》即国发〔2014〕46号文件，指出"发展体育事业和产业是提高中华民族身体素质和健康水平的必然要求，有利于满足人民群众多样化的体育需求、保障和改善民生，有利于扩大内需、增加就业、培育新的经济增长点，有利于弘扬民族精神、增强国家凝聚力和文化竞争力"。同时，明确了发展目标——到2025年，基本建立布局合理、功能完善、门类齐全的体育产业体系，体育产品和服务更加丰富，市场机制不断完善，消费需求愈加旺盛，对其他产业带动作用明显提升，体育产业总规模超过5万亿元人民币，成为推动经济社会持续发展的重要力量。

借着国家大力发展体育产业的强劲东风，体育互联网正在焕发巨大生命力，移动互联网、大数据应用和云计算正无处不在体现着无与伦比的价值，且有希望成为中国新一轮体育产业大发展大繁荣的强心剂。

2012年11月18号，我国国家体育总局正式宣布把电子竞技运动列为第

99 个体育运动项目,与足球、篮球、排球、田径、游泳、武术等传统运动项目并驾齐驱。电子竞技作为一个新兴的项目,在许多国家和地区迅猛发展,世界电子竞技三大赛事已经得到世界各国的关注,参赛国家和地区已经达到近百个。在韩国,电子竞技运动已经成为继跆拳道之后最受欢迎的运动项目。

适逢中国体育产业大发展大繁荣的利好际遇,面对体育网络产业链所关联的形形色色的网络品牌定位与整体勾画、网络的技术支撑与后台管理、网站内容采写与编辑发布、广告策划与推广、体育彩票的运营、体育产品的营销、体育赛事资讯发送、体育场馆设施设备使用状况的公示以及体育康复保健的名家大师消息与教练费用等等,充分运用大数据资源云计算技术,体育网络产业的发展空间未有期限。

一、产业规模

每逢世界杯、奥运会和网球大满贯等重大赛事,全球体育互联网大发"横财"。脸书和推特等超一流社交媒体的出现,以一种特殊的传播形式丰富了体育赛事传播的内涵,实现了体育传播与新生代体育受众的无缝对接,创造出巨量网络财富。脸书是世界排名领先的照片分享站点,拥有 6.5 亿体育迷,是全球最大的"云体育场"。截至 2015 年 9 月,脸书日均活跃用户数达到了 10.1 亿人,无数体育迷都在其中参与讨论他们关注喜爱的体育赛事和体育明星。2016 年 1 月,脸书发布了一个名为"Facebook Sports Stadium"的实时体育平台,为用户提供实时的体育赛事播报、比分更新、粉丝热帖追踪以及专家点评等内容。

推特是一家美国社交网络及微博客服务的网站,最大优势就是深入到实况体育赛事的核心并且及时推送。2014 年巴西世界杯赛期间,美国观众在社交媒体活动异常活跃,42%的人发布了实时更新或发布喜爱广告的推特信息,总量超过 3 亿条。在世界杯开赛第一周(6 月 12 日—18 日),推特上的相关报道的数量已经超过超级碗、奥斯卡奖和索契奥运会。关于 2015 年 9 月和 10 月的橄榄球世界杯赛事,推特上有 68 亿条相关印象。

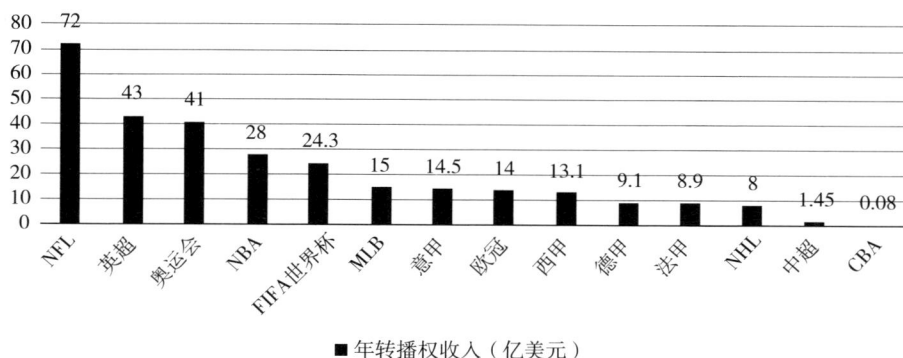

图 8.1　2016 年全球主要赛事年转播权收入

　　中国的体育社交网络则表现出另外一番风情，中国体育明星在互联网站的直播，带给广大体育爱好者极大的精神满足。2016 年里约奥运比赛结束后，中国明星运动员傅园慧、林丹、张继科和马龙等纷纷成为网络直播的抢手人物，他们在网络直播中的表现，或搞怪卖萌，或直抒胸臆，或环顾左右而言他，吸引了成千上万网民的热捧，网民们在互联网天空与明星球员零距离互动，为他们点赞喝彩，为他们送鲜花送高档礼物（潜水艇、航空母舰、法拉利豪车等等）表示爱意，成为体育交互网络新的热点，也为中国体育互联网产业平添了新的亮点。

　　将"洪荒之力"夸张到极致的傅园慧凭借一段不到 1 分钟的视频火爆全国，泳坛"洪荒少女"傅园慧瞬间变成了超级"网红"。比赛结束之后，傅园慧乘势做了一次网络直播，围观人数远远超越一线娱乐明星，直播中网友不停地刷评论送礼物，观看直播的人数共有 1054 万人。同时，傅园慧的新浪微博粉丝从 5 万人暴涨到 450 多万人，其知名度和商业价值水涨船高，商业价值超过 1000 万元人民币。

　　随着互联网的普及率大幅提升和带宽容量的提高提速，网络直播体育赛事成为各大商业门户网站新的经济增长点。在国外市场，顶级赛事的转播权如世界杯和奥运会、英超、NFL 和 NBA 等，基本处于完全竞争状态。据 TVSM 统计，2016 年全球体育版权市场规模达 430 亿美金，欧洲五大足球联赛及冠军联赛、美国四大职业联盟等十大体育联盟占据全球体育联盟（不含奥运会及世界杯等）总转播权收入的75%。2016年，国际赛事转播权收入前5名均在20亿美元以上，其中NFL转播权年收入达72亿美元，是世界上版权最高的体育赛事，远远高于同期的国内顶级赛事中超转播权价1.45亿美元（合10亿元人民币）。英超转播权收益自20世纪90年代初期开始大幅度提升，由1992年的5000万英镑猛涨到2016年的43亿美元，超过了2016年奥运会41亿美元的版权收益。NBA的商业化运营和国际化推广如影随形，赛事版权收益一跃超过了揽金大户世界杯，以28亿美元的年收益跻身国际赛事转播权收入TOP4，让业界内外大跌眼镜（见图8.1）。

在美国，ESPN、TNT、FOX、NBC等多个主流转播商围绕美国四大联盟和国际顶级体育赛事转播权展开激烈竞争。在英国，天空电视台与英国电信针对英超赛事转播权的争夺，促使每一个转播权周期（3年）的价格均有上涨。针对日本J联赛，有包括NHK、日本天空、朝日、TBS、东京、富士、独立UHF 7家民营电视台参与转播权的竞争。①

在中国大陆，除了奥运会、世界杯等炙手可热的顶级赛事，网球大满贯及系列巡回赛、足球欧洲杯、足球美洲杯、欧洲各国足球联赛和冠军杯赛、亚运会、全运会以及中国的足球、篮球、排球联赛和乒乓球、羽毛球超级赛等也逐渐成为了视频直播的主要组成部分。当下，体育媒体网络的产业纷争，已经集中到顶级赛事资源的新媒体转播权争夺。先是英超网络直播的免费午餐告一段落转为"豪门饕餮"，紧接着是伦敦奥运会、里约奥运会不再是群狼分吃，再者就是NBA在中国大陆的网络视频转播被腾讯独家购买，目前整个现状表现出顶级赛事资源"赢者通吃"的局面。

二、版权竞争

全球互联网寡头一直热衷体育赛事版权，他们凭借资本优势垄断大部分核

---

① 参见旷实、沈明辉：《体育版权行业——"政策放开、新媒体崛起、视频会员快速增长"，催化体育产业更新与迭代篇》，2017年8月23日，见广发传媒。

心赛事版权资源，NBC 在奥运会赛事转播权上"大包大揽"，ESPN 主打 BNA 赛事版权，中国大陆的腾讯、新浪、乐视和 PPTV 等体育网络巨头，花巨资将 NBA、英超、欧冠、西甲、德甲、中超和 CBA 等赛事直播版权一一集纳到新媒体传播平台上。

2016 年 8 月，新浪体育与美国网球协会达成协议，正式成为美国网球公开赛战略合作伙伴。算上此前已经达成合作的澳网、法网、温网这三项世界顶级网球大满贯赛事，如今四大满贯赛事版权齐聚新浪体育，新浪体育对国际顶尖大赛的版权投入可见一斑。

新浪体育将网球四大满贯赛事转播权一网打尽，成为国内互联网在网球大满贯赛事转播的王牌，为吸引更多网球迷关注并带动其他体育爱好者参与其中，这种方式收到了很好的效果。"看精彩网球，上新浪体育"，让广大网球迷们朗朗上口。新浪体育对于网球赛事的理解，高端人群的覆盖，超过亿万粉丝的忠实拥趸，以及微博社交平台的巨大影响力和渗透力，不仅可以帮助四大满贯扎根于中国市场，更是新浪体育影响整个体育网络传播市场的重要举措。

乐视网是我国国内近年来快速成长起来的视频专业网站，为了强化体育互联网核心地位，在优质赛事的版权购买方面也不惜下血本，乐视体育内容涵盖了西甲、英超、意甲、法甲、中超、2014 巴西世界杯预选赛、NBA、CBA、欧洲篮球冠军联赛、中国男篮热身赛、中网、澳网、MLB、NFL、世界棒球经典赛等众多大型精彩赛事的视频直播及点播权益。同时，乐视体育更是西甲、意甲、法甲、CBA、欧洲篮球冠军联赛、中国男篮热身赛、澳网、中网等赛事的独家互联网电视合作伙伴，是 2014 年巴西世界杯互联网视频的中国大陆最高版权转播商和 2016 年里约奥运会网络转播点播权（延迟 30 分钟）。2014 年 9 月，乐视体育成为 F1 赛事中国大陆地区独家新媒体转播权持有商。目前，乐视体育汇聚了足球、篮球、高尔夫、网球等受众最广的体育项目，通过赛事视频直播、视频回放、原创节目等多种形式为用户带来最立体化的体育赛事视频体验。据乐视体育官方宣传资料，在 2016 年中，乐视体育在内容平台上已经拥有 310 项全球顶级赛事版权，其中 72% 是独家。进入 2017 年，乐视体育先后丢掉了中超、亚足联赛事、ATP 等多项重要赛事版权。在曾经辉煌的香港市场，乐视体育的版权仅剩英超和 NBA 两项苦苦支撑（见表 8.1）。

表 8.1　中国新媒体主要体育赛事版权构架

名称	资金支持方	主要赛事版权资源
腾讯	腾讯	NBA、欧冠、德甲、中超、NFL、CBA
新浪	新浪、阿里巴巴	英超、欧冠、德甲、中超、NFL、中网、UFC、排超
乐视	万达、云峰基金	英超、欧冠、德甲、中超、日本 J 联赛、韩国 K 联赛、高尔夫、网球、赛车等 200 个版权
PPTV	苏宁、阿里巴巴	西甲、德甲、中超、荷甲、葡超
新英	IDG 资本	英超独家版权分销
爱奇艺	百度	WTA、ATP、澳网、PGA

1. 奥运版权。NBC 是世界上最大品牌的奥运会电视转播商，核心商品与"本业"就是奥运赛事实况转播。NBC 首次转播奥运会赛事始于 1964 年日本东京奥运会，与国际奥委会的电视转播合作已经是"跨世纪之交"。2014 年 5 月，NBC 花费 75 亿美元的天价，拿下了到 2032 年为止的奥运会美国所有电视和数字平台的独家转播权，被业界视为"豪赌"签下超长奥运会转播合同，NBC 一共转播 23 届奥运会。这项史无前例的长期协议，展示了国际奥委会对 NBC 的信任，包括其专业技术和多年来优秀的转播历史。

中国体育电视观众认识和了解 NBC 官网，不少是开始于北京奥运会开幕式转播的对比，他们惊呼，"NBC 版本的开幕式比 CCTV 震撼精彩完美得多"，网友列举了"击缶"、"念论语"、"水墨画远近景"、"宇宙星空"和"运动员入场举牌"等环节的对照高下立见。

2. 世界杯版权。2006 年德国世界杯，国际足联窥探到新媒体的商机与活力，第一次出售网络数字转播版权，全球包括中国、韩国、日本在内的 10 多个国家和地区购买了网络版权。自此，数字新媒体在世界杯大赛的张力下借势启动，三星的 T-DMB 手机电视在德国布局，意大利最大的 3G 运营商和记电讯拿下了世界杯的 DVB-H 独家广播权。

2005 年底，上海文广旗下的东方宽频斥资数千万从瑞士盈方手里取得内地唯一的网络数字转播版权，尽管授权仅仅是每场比赛的 4 分钟集锦，但却是中国大陆新媒体传播世界杯实实在在的有力尝试。2009 年，中央电视台以 1 亿美元的价格打包取得 2010 年—2014 年两届世界杯及期间国际足联全部赛事的电视和新媒体版权，其麾下以中国网络电视台（CNTV）为代表的新媒体单是 2010 年南非世界杯的收入就超过了 1 亿元人民币，加上传统电视部分，中央电视台在南非世界杯期间总收入不少于 20 亿元人民币。

2006 年德国世界杯，中国大陆仅有海派文化代表上海东方宽频在新媒体转播领域小试牛刀。2010 年南非世界杯，则有新浪、搜狐、腾讯、土豆、酷 6、优酷和"赛事批发商"CNTV 在内多达 7 家网站参与世界杯视频转播，激烈竞争的火药味极为浓郁，成为中国大陆世界杯新媒体转播的大亮相大比拼。[①]

拥有世界杯中国大陆地区的新媒体独家转播权的中国网络电视台，在巴西世界杯赛事期间为观众提供了多终端多渠道的收看平台，创造出良好的新媒体传播效果。央视—索福瑞媒介研究有限公司（CSM）、央视市场研究股份有限公司（CTR）和中国网络电视台（CNTV）联合发布的"世界杯多屏收视数据"显示，CNTV 新媒体直播表现不俗，成为世界杯赛事电视端直播的有效补充。权威机构发布的"世界杯多屏收视数据"，包括了对 CCTV、CNTV 转播的世界杯赛事在电视端、电脑端以及移动端等多终端的直播与时移收视行为的测量结果。通过 CNTV 网络直播观看冠军赛的用户规模超过 900 万人，达到电视直播观众的 21%。仅 7 月 14 日当天，用户在 CNTV 收看冠军赛点播的收视次数近 1000 万次，总点播时长超过 320 万小时。纵观 16 场决赛的多屏收视数据，通过 CNTV 新媒体收看每场赛事（含直播及点播）的平均用户规模超过 800 万人，新媒体收视率在多屏收视率中的平均占比约为 15%，新媒体收视已成为观众通过电视观看世界杯比赛外的一个有效途径。[②]

---

① 《世界杯会是新媒体的春天吗?》，《经济观察报》2010 年 5 月 22 日。

② 参见吴晓东:《世界杯首赛多屏收视率发布，电视播出吸引近 4600 万球迷》，《中国青年报》2014 年 6 月 17 日。

2018 年俄罗斯世界杯的赛事版权争夺继续呈火爆状态，美国福克斯体育台半路杀出，以 4.25 亿美元的价格在 2014 年 5 月击败强劲对手 ESPN 和 NBC，拿下了 2018 年俄罗斯世界杯和 2022 年卡塔尔世界杯的英语转播权。早在 2011 年，福克斯就与 Telemundo（NBC 旗下的西班牙语电视台）以 10 亿美元的价格，联合拿下 2018 年和 2022 年两届世界杯的北美转播权后，又在 2014 年 2 月与国际足联完成续约，两家电视台又获得了 2026 年世界杯的美国地区电视转播权，这两个合同同时包含三届女足世界杯（2015 年、2019 年和 2023 年）的转播权以及一些次级别足球比赛。

3.英超版权。英格兰足球超级联赛（简称英超）是世界上最具影响力的赛事之一，也是中国大陆电视转播和网络直播版权争夺最为激烈的赛事之一。这项赛事每年历时 9 个月，共举行 380 场比赛，最近连续四个赛季球场的平均上座率超过了 92%，电视转播和网络直播已覆盖到全球 212 个国家和地区的 7.2 亿个家庭，全球累计观众人数近 50 亿。仅仅是 2016/2017 赛季，英超在中国大陆地区以及澳门地区通过电视、IPTV、互联网及其他转播端口收看英超联赛的观众累计高达 3 亿人。

为了争夺英超赛事直播版权，中国的天盛、新英和苏宁体育可谓前赴后继，经历了抢占、倒下、培育、成功、抬价、换手等博弈厮杀，算得上是体育赛事版权争夺的经典范例。

2006 年初，英超开始渗透中国大陆赛事转播市场，中央电视台体育频道、地方体育频道联盟、主营收费数字电视的天盛集团等都加入了这场激烈的转播权争夺战中。经过了一系列曲折复杂的互相摸底和讨价还价，天盛集团以比主要竞争对手 ESPN 高出 1500 万美元达 5000 万美元的天价脱颖而出，成功拿下 2007—2010 赛季的英超转播权。浓郁的理想主义者天盛集团，在严峻的中国大陆幼稚版权漩涡中被"拍死在沙滩上"，成为英超赛事版权投资的"先烈"。

2012 年 10 月 30 日，新英体育续约英超转播权六年。新英体育与英超联盟的续约成功，预示着在未来的几年时间里，英超联赛将继续由新英体育操刀推广。经过新英体育的市场培育，英超赛事在中国深入人心。几年后，这道免费足球饕餮盛宴在吸引了大量铁杆球迷之时，陡然提高了网络直播转播费，

"接盘侠"改"免费"收看为"付费"收看，引发业界内外对体育网络转播的关注目光。

正当新英体育通过精心培育英超市场"苦尽甘来"收支基本平衡，并开始转向盈利时，声称"关系紧密，长期合作"的英超联盟一反常态，寻找到更大金主。2016年11月，在争夺英超2019—2022三个赛季中国内地及澳门地区独家全媒体版权时，苏宁体育以7.21亿美元（约合50亿元人民币）的总价斩获。自此，独揽英超独家版权多年的新英体育将在两年后正式告别英超。[①]

4.NBA版权。NBA是开放性的赛事，公开公平竞价是硬道理。在中国大陆，NBA赛事转播权的购买也是完全公平竞争的，中央电视台及地方电视台体育频道、各大门户网站和其他媒体机构等均可与握有赛事转播相关权益的机构进行谈判并购买。

作为联盟代表和全国性、国际性媒体就转播合同进行谈判，最终达成相关协议，再由获得转播权的媒体对其进行分销，包括电视节目、网络视频等的制作开发等一系列运作。2014年10月6日，NBA和TNT、华特迪士尼公司达成新的电视转播协议，ABC、ESPN、TNT将继续转播NBA比赛，这份新协议有效期为9年，自2016/2017赛季开始执行，到2024/2025赛季结束。新合同的总价值高达240亿美元，年均26.6亿美元，是现有合同（同样也是与ABC、ESPN和TNT）年均合约金额的近三倍。到2024/2025赛季，TNT与NBA合作时间将达到41年，而ABC、ESPN与NBA成为合作伙伴的时间也将达到23年。

NBA将继续与TNT共同管理NBA的数字资产，包含NBA TV、NBA.com、NBA Mobile、NBA LEAGUEPASS和WNBA.com等等。ESPN获得了NBA内容的数字版权，这些内容可以在多个ESPN的平台上使用，包括ESPN.com和WatchESPN。[②]

观察家认为，这份新转播合同敲定后，NBA已经远远把美国职业棒球联

---

① 参见孙麒翔、刘之爽:《新英体育气短——借壳上市变被吞并，失英超版权》,《北京商报》2017年4月14日。

② 参见《赛事转播权模式比较》,2015年2月14日,见凯兴体育汇。

赛甩在身后，成为仅次于橄榄球的全美第二大值钱运动。这份巨额转播合同的背后，说明体育转播并没有因为科技的日新月异而有太多改变，人们还是习惯通过电视收看体育比赛。实际上，TNT 和 ESPN 的电视频道是付费频道，同时有几个频道播放不同场次的比赛。此外，观众还可以在网络客户端、手机客户端收看比赛。

作为 NBA 中国数字媒体独家官方合作伙伴，腾讯在合作期间将会在包括 PC、移动端等新媒体渠道，推出直播、点播以及短视频等内容。这些赛事及节目不但能够通过腾讯网、腾讯视频进行直播，用户还可以进入 QQ、手机QQ、QQ 空间、微信、腾讯新闻客户端、腾讯视频客户端等移动终端观看。

三、发展方向

新体育产业倚靠的重心是"体育赛事＋互联网"、"体育媒体＋互联网"、"体育制造＋互联网"、"体育休闲康复＋互联网"，其关键要义就是深耕体育资源，放大体育资源，融合体育资源，打通体育资源与互联网络的边界，进而实现"互联网＋体育"的资源价值最大化。

中国与欧美发达国家体育产业的巨大差距，主要是体育媒体产业不够发达，体育制造与体育网络营销不成比例。2014 年，耐克的线上销售占所有直营销售额的 15%，比上一年度销售增长 65%，线上零售方式成为首要营销任务。耐克 2015 财年的财报显示，截至 2015 年 5 月 21 日，耐克在线销售额首次突破 10 亿美元，同比增长 55.1% 增至 11.9 亿美元。耐克集团 CEO 马克·帕克公开表示，耐克线上销售目标是五年增长 600%，实现从现在的 10 亿美元到 70 亿美元的提升。

体育媒体网络的最大资源优势是背靠"媒体"，具有着公信权威的媒体品牌、媒体综合立体的采编播发网络和"联合采购"的内容版权，这也是其核心竞争力所在。

纵观国内外体育媒体网络发展动态，可谓是"东边日出西边雨，亚非拉美各不同"。一方面，国外体育媒体网络大鳄凭借信息优势、渠道优势、技术优势、资金优势和经营多年的人脉优势等品牌资源，鲸吞世界一流赛事版权，拥有着一批专业化水平超高的国际化复合型人才梯队，占据着体育网络制高点，在全世界体育网络空间呼风唤雨纵横捭阖；另一方面，中国体育媒体网络面临着极好的发展机遇，也曾有新浪、腾讯、搜狐、网易、中国网络电视台和体坛传媒等在体育网络领域有过某一两个赛事版权引进（或开发）的偶然成功，但更多的情况是不熟悉国际体育赛事版权运营管理的法律条文和中国国情的对接融合，没有精心计算赛事版权实际价值的投入产出比值，没有充分意识到引进吸收消化购买顶级赛事版权的风险，盲目攀比，贪大求全，交了一笔笔不应该（有些也是交不起）的"学费"，或者被"游戏规则所戏弄"，苦心孤诣垫付资金培育了市场，等到中国市场成形有利可图时，熟谙规则"未雨绸缪"的外国体育公司往往会哄抬物价另择高枝。

中国体育媒体网络如何避免一哄而上疯抢赛事版权或得不偿失或后续资金不足或消化不良的怪状惨状，依据中国体育国情民情"夹缝中求生存"，求索一条中国体育文化中国体育产业迈向世界，中国特色体育媒体网络发展的康庄大道，需要选择几个符合自身发展的特色体育项目，作为赛事版权竞争的突破口。在充分做好媒体"品牌延伸"的基础上，以媒体力量撬动与开发体育赛事资源，将体育 IP 产业链进行到底。同时，中国体育媒体网络还得在社交联动方面做文章，"积沙成塔、集腋成裘"，积小胜为大胜，将体育媒体网络产业做大做强，为中国体育产业在 2025 年实现 5 万亿元人民币目标贡献力量。

1. 品牌为王。体育媒体网络有着高度的权威性和良好的公信力，传统报纸杂志广播电视媒体麾下的体育媒体网络更占有着数十年上百年的受众资源和媒体文化传载资源，有着和体育赛事主办方运营方多年的合作关系，以媒介品牌撬动赛事、以媒介品牌创造赛事、以媒介品牌贯穿网络品牌经营管理赛事，并且做到最优最强最大的体育媒体网络产业链，可谓水到渠成事半功倍。NBC、中央电视台、新浪网和体坛传媒集团等的体育媒体网络发展之路，可以为中国体育媒体网络的品牌建设与发展提供很好的借鉴与参考。

2. 重点突破。选择几个符合自身发展的特色体育项目，作为赛事版权竞争的突破口，精耕细作。面对高额（有时候完全背离了价值规律）的赛事版权，一味在"红海市场"追高杀热，只会赔光老本"一夜回到解放前"。四面出击，相当于"四面树敌"，往往会顾此失彼。乐视体育曾经希望通过"包揽"顶级赛事版权，勾画"IP运营＋内容平台＋智能化＋互联网服务"的全产业链体育生态，一度风光无二不同凡响，现在赛事版权变卖和拖欠情况严重，不少赛事版权已经成了一个个中国体育赛事版权"烂尾范本"，"乐视体育现象"值得深思借鉴。

3.借船出海。IP（Intellectual Property 的缩写，即知识产权）是一种无形的财产权，指的是通过智力创造性劳动所获得的成果。体育 IP 近年来不断受到重视，而且屡屡搭上奥运会、世界杯等重大赛事的顺风车（船）借船出海收到奇效，我国的 PPTV 聚力、腾讯体育和新浪体育等都是此间高手。

4.社交联动。体育媒体网络的发展，除了"品牌为王"、"内容为王"，还需要考虑用户的参与和意见表达，充分发挥移动社交平台的互动交流。

赛事版权转变为赛事产业衍化为赛事经济，不仅仅是版权费用潮起潮落，不仅仅是简简单单的赛事直播点播与新闻报道，而是需要创建赛事品牌，延伸出更多的创新内容与互动服务，帮助体育运动及赛事文化的普及，并形成独特的粉丝文化粉丝产业粉丝经济。在没有取得赛事版权"借船出海"过程中，通过微博微信"弹幕打赏"等社交联动，可以对重大赛事（包括开闭幕式及由赛事衍生的各项活动）通过互联网、手机移动等新媒体平台开发出"新财富门道"。

第四节　新快递产业

新快递产业指的是伴随着电子商务的急剧增长、在互联网等新媒体的推动下所形成的一种全新的快递服务行业，2016 年全球快递包裹约 700 亿件，其中中国的快递包裹就占据了半壁江山（超过了 300 亿件），快递业务收入超 4000 亿元人民币。2017 年，全世界快递业更显示出大爆发的趋势，智慧物流、跨境物流、同城配送、物流大数据平台、云仓储平台等等齐齐发展。新媒体背景下的快递行业，不仅具有庞大的单日交易量、巨量的交易人群、散布城乡的各区域消费者，而且还掌握着每一单交易背后各种隐私信息数据。2016 年 11月 11 日网络购物狂欢夜，全国邮政、快递企业揽收快件达 2.51 亿件，同比增长 52%，上海是全国日投递快件量最多的城市。2017 年"双十一"当天，全国主要电商企业全天共产生快递物流订单 8.5 亿件，各邮政、快递企业共处理3.31 亿件，"双十一"依然保持消费旺势，出现国内国际联动、城市农村互动的局面。

一、发展背景

"十二五"期间，我国快递业实现持续高速增长，快递业务收入占邮政业业务收入比重由 45% 提升到 69%，快递产业的重要地位日益凸显，初步形成6 家年收入超 200 亿元人民币、9 家年收入超 100 亿元人民币的快递企业，快递业市场化、网络化、规模化、品牌化程度不断提高。"十二五"末的 2015年，我国快递年业务量突破 200 亿件，继 2014 年首次突破 100 亿件后再创新量级，稳居全球首位，最高日处理量突破 1.6 亿件，成为中国经济的一匹"黑马"。中国快递业务量从零到 10 亿件，用了 26 年时间；从 10 亿件到 100 亿件，只用了 8 年时间；而从 100 亿件到 200 亿件，仅用了 1 年时间。

"十二五"期间，全国快递服务营业网点从 6.4 万个增至 18.3 万个，县级网点覆盖率达 95% 以上，乡镇网点覆盖率提升至 70%，快递网络向中西部地区、中小城市及县域乡镇加快延伸。全国建成快件分拣中心逾千个，配备全自动分拣设备的枢纽型分拣中心 61 个，在建或建成投入使用的快递专业类物流园区超 200 个，处理能力显著增强，集约化程度进一步提高。中国快递行业中已有 EMS、顺丰、圆通 3 家企业拥有自主航空公司，自有货机超过 78 架，航空快件占国内货邮吞吐量比例已超过一半。高铁运快件和电商快递班列取得突破，快递干线车辆从 7 万辆增至 19 万辆，快递综合运输能力大幅提升。手持终端近 80 万台，主要城市使用智能快件箱逾 6 万组，快递电子运单使用率达到 55%，行业智能化水平明显提升。

我国重点快递企业探索建立现代企业制度，多元资本在快递领域交叉持股、相互融合，市场主体活力和创造力不断激发。业务板块由"1+1"向"1+3"拓展，重点聚焦电子商务、制造业、跨境贸易等领域，产业链进一步延伸。仓配一体化、代收货款、供应链管理等业务种类加快发展，服务内涵不断扩大，部分快递企业正由传统快递服务提供商向综合性快递物流运营商转型。快递公共服务站、连锁商业合作等末端收投新模式相继涌现，末端服务方式日益多元。快递服务满意度逐年提高，时限准时率相对稳定，用户有效申诉率逐年下降，快递服务质量明显改善。

随着国内包裹快递市场全面放开，统一开放、竞争有序的市场体系正在加快形成。三级邮政管理体制建立并运转顺畅，县级邮政管理机构建设取得突破，依法行政能力不断加强。事中事后监管不断强化，监督检查力度加大，市场秩序得到有效规范。快递服务满意度、时限准时率、用户申诉率和快递市场监管报告四维并举的"三率一报告"质量监控体系逐步成熟。快递业诚信体系加快构建，诚实、自律、守信、互信的行业信用环境逐步形成。服务投诉、申诉渠道更加畅通，纠纷处理更加规范有效，消费者对申诉处理工作满意率达到90%以上，消费者权益得到有效维护。社会监督功能进一步发挥，三级协会组织建设成效明显，覆盖全国的行业自律组织体系基本形成。寄递安全综合治理和属地化管理加速推进，信息化监管手段陆续投入使用，监管效能显著提升。

"十二五"末，快递日均服务用户超过 1.1 亿人次，人均快递使用量 15 件，分别达到"十一五"末的 8.8 倍和 8.6 倍。五年间，中国快递业发展指数年均增速超过 30%。快递业支撑网络零售交易额突破 3 万亿元人民币，占社会消费品零售总额的 10% 左右，已成为服务电子商务的主渠道。全国共培育 92 个快递服务制造业示范项目，已经形成涵盖航天、汽车、电子、制药、服装等多个领域的服务制造业试验群，快递服务制造业进程加快。快递企业加紧布局海外市场，积极服务跨境贸易。全国农村地区收投快件量超过 50 亿件，带动农副产品进城和工业品销售下乡超过 3000 亿元人民币，农民消费需求得到激发，农村市场活力不断释放。快递行业的发展直接吸纳就业超百万人，间接带动就业超千万人，进一步扩大了就业渠道。2016年我国年快递包裹量首次突破300亿件，快递网点覆盖率达到80%以上，全国快递网点达到18.5万处。

2016年被称为快递企业上市元年，中国有五家快递公司成功登陆资本市场，除中通在美国IPO外，圆通、申通、韵达、顺丰都通过借壳上市的方式登陆A股，四家快递公司市值合计超过3500亿元人民币。作为民营快递企业领头羊的顺丰和"三通一达"，通过资本市场运作来实现资源整合，加速转型升级，致力于从单一的快件服务商向供应链综合服务商转变，在仓储、物流等领域协同发展。

2017年2月13日，国家邮政局发布《快递业发展"十三五"规划》，提出了到2020年要基本建成普惠城乡、技术先进、服务优质、安全高效、绿色节能的快递服务体系，形成覆盖全国、联通国际的服务网络，要求中国快递市场规模稳居世界首位，服务网络进一步健全，基本实现乡乡有网点、村村通快递的目标。

按照规划，中国要建设一批辐射国内外的航空快递货运枢纽，积极打造"快递航母"，形成3—4家年业务量超百亿件或年业务收入超千亿元人民币的快递企业集团，培育2个以上具有国际竞争力和良好商誉度的世界知名快递品牌。

二、竞争格局

庞大广博的市场需求，快递公司与网络购物企业的融合，混杂多头的管理乱局，资本热炒的快递公司群雄并起，快递公司、物流园区与地方政府的多头博弈，标示着中国快递产业的竞争与合作一刻也没有停止。

2017年2月24日，一直号称"不上市"的顺丰也上市了。当天，顺丰控股开盘价53.5元，大涨6.59%，市值2310亿元人民币，超万科、美的，成深市第一大市值公司。至此，2016年，除中通在美IPO外，圆通、申通、韵达、顺丰均已通过借壳上市登陆A股，四家快递公司市值合计超过3500亿元人民币（见表8.2）。

表 8.2 中国快递产业上市公司情况表（搜狐财经《潜望》制表）

公司	顺丰	申通	圆通	韵达
获批时间	2016.10.11	2016.10.24	2016.07.28	2016.11.08
被借壳方	鼎泰新材	艾迪西	大杨创世	新海股份
交易作价	433 亿	169 亿	175 亿	180 亿
拟发行数量	39.98 亿股	9.06 亿股	22.69 亿股	8.7 亿股
股票发行价格	10.76 元/股	16.44 元/股	7.72 元/股	19.79 元/股
最新市值	1909 亿	422 亿	706 亿	492 亿
2016 预计营收	超 500 亿	超 130 亿	超 150 亿	…
借壳承诺净利润	不低于 21.8 亿	不低于 11.7 亿	不低于 11.0 亿	不低于 11.3 亿
预告净利润	24.6 亿—27.5 亿	12.38 亿—12.51 亿	13.5 亿—14.5 亿	11.6 亿—12.2 亿

以"国字号"打头的 EMS"挟天子以令诸侯"当仁不让，顺丰速运延伸深港货运登录 A 股市场风头正劲，圆通速递背靠阿里巴巴大树"和菜鸟携手同行"。2017 年 6 月前后，"顺丰申通中通受宠，圆通 EMS 被晾"、"EMS、圆通等站队菜鸟，他们的对面是顺丰、京东、美团和网易"等标题的新闻报道，昭示着中国快递产业又闹出了新的"幺蛾子"。

1.EMS。中国邮政速递物流股份有限公司（简称中国邮政速递物流，Express Mail Service），是经国务院批准于 2010 年 6 月由中国邮政集团联合各省邮政公司共同发起设立的国有股份制公司。EMS 分为航空和陆运两种，邮递方式多样，价格优惠，方便快捷，网点发达，是中国经营历史最悠久、规模最大、网络覆盖范围最广、业务品种最丰富的快递物流综合服务提供商。

中国邮政速递物流在国内 31 个省（自治区、直辖市）设立全资子公司，资产规模超过 210 亿元人民币，员工近 10 万人，业务范围遍及全国 31 个省（自治区、直辖市）的所有市县乡（镇），通达包括港、澳、台地区在内的全球

200 余个国家和地区，营业网点超过 4.5 万个。

中国邮政速递物流主要经营国内速递、国际速递、合同物流、快货等业务，国内、国际速递服务涵盖卓越、标准和经济不同时限水平和代收货款等增值服务，合同物流涵盖仓储、运输等供应链全过程；其拥有享誉全球的"EMS"特快专递品牌和国内知名的"CNPL"物流品牌。

2. 顺丰速运。顺丰速运于 1993 年 3 月 26 日在广东顺德成立，是一家主要经营国际、国内快递业务的港资快递企业，是中国速递行业中投递速度最快的快递公司之一。

顺丰以"成就客户，推动经济，发展民族速递业"为自己的使命，积极探索客户需求，不断推出新的服务项目，为客户的产品提供快速、安全的流通渠道。

为了向客户提供更便捷、更安全的服务，顺丰速运网络全部采用自建、自营的方式。经过 20 多年的发展，顺丰已经拥有 6 万多名员工和 4000 多台自有营运车辆，30 多家一级分公司，2000 多个自建的营业网点，服务网络覆盖中国大陆 20 多个省市和中国香港、台湾地区在内的 100 多个地级市。

为给客户提供更优质的快递服务，顺丰仍然不断投入巨资加强公司的基础建设，提高设备和系统的科技含量，不断提升员工的业务技能、自身素质和服务意识，以最全的网络、最快的速度、最优的服务打造核心竞争优势，塑造"顺丰"这一优秀的民族品牌，立志成为"最值得信赖和尊重的速运公司"。

2016 年 5 月 23 日，顺丰股权置换欲借壳上市，资产作价 433 亿元人民币。2017 年 2 月 24 日，顺丰控股在深交所举行重组更名暨上市仪式，正式登陆 A 股。由王卫持股 99.9% 的明德控股持有鼎泰新材占总股本 64.58% 的股份，以 24 日收盘价参考，王卫目前身价 1490 亿元人民币，成中国民营快递业首富。顺丰控股最新快报显示，2016 年扣除非经常性损益后归属于上市公司股东的业绩净利润为 26.43 亿元人民币，增速约 34%。

2017 年 11 月 20 日，三架波音 747 飞机在深圳中院的指导下在阿里巴巴旗下拍卖平台正式开拍，顺丰航空有限公司分别以 1.607808 亿元人民币和 1.620386 亿元人民币拍下其中两架飞机，总共耗资 3.2 亿余元人民币。2017 年

12 月 20 日，湖北国际物流核心枢纽项目在湖北鄂州开工建设，将为打造全球第四个、亚洲第一的航空物流枢纽奠定坚实基础。

3. 中通快递。中通快递股份有限公司于 2002 年 5 月 8 日在上海市闸北区普善路 290 号宣告成立，是一家集快递、物流及其他业务于一体的大型集团公司，注册商标"中通®"、"zto®"。而后中通开始普及信息化系统，于该年 10 月 1 日官网（www.zto.cn）正式上线。

2005 年，中通快递率先开通跨省际网络班车。10 月，顺利通过 ISO9001：2000 国际质量管理体系认证。

2011 年，中通快递全网络日快件量突破百万大关，成为用最短时间跨入我国行业"百万俱乐部"的企业。2015 年，中通快递全网单日业务量突破 2000 万件。在中国快递行业第一梯队里，中通快递起步最晚但发展最稳健，并且是用最短时间、实现日最高业务量超 1000 万件、2000 万件的企业。

2016 年 10 月 27 日，中通快递成功登陆美国纽约证券交易所，创当年美国证券市场最大 IPO，也是继阿里巴巴 2014 年赴美上市以来最大规模的中国企业赴美 IPO。经过 10 多年的发展壮大，中通快递现已成为国内业务规模较大、第一方阵中发展较快的快递企业，2016 年中通快递业务量近 45 亿件，服务质量连续三年（2014—2016 年）位居"通达系"之首。

截至 2017 年 11 月，中通现有员工超 30 万名，中通服务网点约 2.89 万个，转运中心 79 个，网络合作伙伴超过 9400 家，干线运输车辆超过 4410 辆，干线运输线路超过 1920 条，网络通达 97.69% 以上的区县，乡镇覆盖率超过 81.5%。

三、未来发展

中国快递产业发展迅猛，潜力巨大，但仍可以在技术渗透管理能力、产能结构和人员素质等方面有较大提升，逐渐建设中国特色快递的体系化、普惠化、智能化、国际化、联动化、历史化、安全化、品质化，形成"无所不至、无所不包、无所不能、无所不含"的格局。

1.打通上下游，拓展产业链。这是快递业供给侧改革的重要方式，也是行业转型升级的必然路径。中国快递业已发展成为国民经济的重要组成部分，是关系国计民生的基础行业，已到了需要转型升级、提升发展质量的阶段。全面整合仓储、运输、加工、配送等环节的物流资源，推动物流企业与制造业、商贸业的联动、协同和融合发展，打通物流服务的全链条，有助于降低整个产业链的物流成本，是中国新媒体快递产业的未来方向所在。

2.链接互联网，助力智能化。下一代中国快递将朝着网络化、智能化、协同化方向发展，成为我国经济社会发展的新动力。现代快递业对接供需两端，积极提高服务匹配能力，必须逐步打造一个服务于各行各业、服务于新经济的生态体系。快递发展空间未来将向更广阔的领域延伸，随着快递与电商合作不断深化，与现代农业、制造业、跨境贸易等协同模式不断拓展，线上线下保持高度互动，将进一步畅通实物流、信息流、资金流，推动快递业加速升级，发展便民利商新业态。新一代信息技术与现代制造业、生产性服务业等的融合发展，将进一步创新服务链、打通信息链、改造实物链，助推快递业步入新的发展时代。

3.改革"放管服"，资源再利用。中国快递业务经营许可程序不断优化，商事制度改革进一步推进，有利于推动社会资源有效聚合，持续释放快递市场活力。加强快递业事中事后监管，坚持放管结合，有利于规范市场秩序，适应新业态、新模式发展，促进快递市场主体公平竞争。

随着快递业持续高速发展，传统发展模式受成本、资源和环境的制约越来越严峻，快递材料再利用提上议事日程。车辆、包装材料等生产资料需求量大幅增加，资源消耗和环境影响将进一步加大。未来快递业将全面节约和高效利用资源，通过减少收寄、分拣、封发、运输、投递等各个环节对环境的污染和资源消耗，降本增效。通过减少对传统能源的依赖，优化要素投入结构，实现快递业"低污染、低消耗、低排放、高效能、高效率、高效益"的绿色发展。

| 第九章 |

新融合产业

美国圣迭戈大学传播学院教授萨默瓦说:"人们的传播方式,就是他们的生活方式",而新技术和信息系统、世界人口的变化和世界经济领域的转移三种国际发展状况使跨文化交往更加明确与广泛。①

传媒产业是指传播各类信息、知识的传媒实体部分所构成的产业群,它是生产、传播各种以文字、图形、艺术、语言、影像、声音、数码和符号等形式存在的信息产品以及提供各种增值服务的特殊产业。新媒体产业的发展,已经进入到原本人们始料未及而又风起云涌的"融合媒体时代",形成巨大的融合媒体产业。融合媒体产业包括了传统媒体之间的融合、传统媒体与新媒体的融合、新媒体之间的融合诞生的新型媒体融合产业,以及由新兴技术融合催生的三网融合产业、物联网产业和云计算产业。

皮尤研究中心的调查发现,传统媒体的品牌影响力在新媒体转型中发挥着重要作用,与传统个人电脑等用户相比,移动终端用户在消费新闻时似乎更看

---

① 参见 [美] 拉里·A. 萨默瓦、理查德·E. 波特:《跨文化传播》,闵惠泉等译,中国人民大学出版社 2004 年版。

重新闻机构的品牌和声誉。约35%的传统电脑，手机和平板电脑用户会首先选择传统媒体的正式网站或其移动应用版来阅读新闻，然后才是通过搜索新闻关键词和新闻门户网站。

第一节　媒体融合产业

媒体融合即是报纸杂志广播电视等传统媒体间、电脑媒体、手机媒体、楼宇广场媒体、车船媒体和星空媒体等新媒体间以及传统媒体与新媒体之间的相互依存、相互渗透、资源共享和利益共赢。这种新型的产业形式，即是媒体融合产业。

一、传统媒体间的融合

传统媒体历史悠远，积淀厚重，有着强烈的受众黏合度，有着其自身的不可替代性。

报纸的浓郁墨香让中老年读者爱不释手，它可以传阅可以收藏甚至可以传代，不需要借助任何电子设备就能诵读；广播的即时性满足了听众随时随地的信息需求，它的伴随性解决了很多在漫长行程中的枯燥与无聊，完全可以不受外界干扰享受娱乐休闲资讯；电视声像俱佳，现场感强烈，让观众身临其境浸染其中。受众在选择媒体上不存在排他性，可有多种选择。于是，传统媒体之间的融合应运而生。

随着各种传媒技术的涌现，全球经济一体化的不可遏阻，以及我国文化体制改革的逐步深化，各种媒体之间的门槛被打破，报纸杂志广播电视间的合作融合案例越来越多。

2004年5月，原牡丹江广电集团和报业集团重组合并为牡丹江新闻传媒集团，在全国率先实行了产业化、公司化改革，第一个实现了同一区域内跨媒体的融合重组。经过近10年的改革和发展，这家全国第一个企业性质的传媒集团，现拥有五张报纸、一个期刊、三个广播频率、五个电视频道、一个新闻网站，已经发展成为一家横跨广播、电视、报纸、杂志、音像出版、网站等多种媒体，涵盖广告、影视、网络、印务、出版发行、传媒教育、旅游、国际贸易等多种业务领域的全媒体集团。

中央电视台与地方广播电视台一直长期协作，无论是新闻联播数十年来广泛采纳全国各级广播电视台选送的新闻素材、综艺娱乐节目的全国性巡演联播和开门办春晚等举措，还是体育赛事转播的全国联手及至联合组建奥运会电视转播"国家队"、携手国内外优秀纸质媒体的系列动作，都让中央电视台尝到了融合产业的甜头。2008年底，中央电视台异常"温情"地牵手全国49家地方电视台，共同成立了一个"中国电视新闻直播联盟"。2009年9月27日，中央电视台财经频道（CCTV2）与浙江日报报业集团签署战略合作协议，探索电视媒体与平面媒体合作发展的新路径，实现人员共享、选题共享、设备共享的合作新模式。

近年来，在强大的市场竞争压力下，不同行政级别的媒体之间合纵连横、合作经营的案例不断涌现。光明日报报业集团与南方报业传媒集团合作经营的《新京报》已成为首都市场的大报之一 ①。

新华社凭借全球新闻网络，积极进军电视媒体市场。新华社与黑龙江电视台、江苏电视台等媒体的合作已经多年，收获颇丰。

2009年3月7日，新华社和黑龙江电视台签订了全面战略合作的意向协议，在电视业务方面展开全面合作。新华社正努力实现战略转型，大力推动由传统新闻产品生产为主向现代多媒体新闻信息业态拓展、由面向媒体为主向直接面向终端受众拓展、由立足国内为主向有重点地更大范围参与国际竞争拓展，力争早日将新华社建成中国特色的世界性现代国家通讯社。

新华社与黑龙江电视台共同对新华社的中国新闻名专栏《新华视点》电视版、黑龙江电视台的《今日话题》节目进行整合，将《新华视点》打造成为有广泛影响力的品牌电视新闻节目。同时还在扩大新闻播出量、建立重大新闻和

---

① 参见陆地：《跨界，中国媒体产业经营的五个突破》，《新闻战线》2011年第3期。

突发事件快速反应机制、打造新闻直播平台等方面进行了合作。①

二、传统媒体与新媒体间的融合

新媒体与传统媒体原本有着密切的联系，早期互联网大量的内容就源自传统报纸杂志广播电视。因此，如果说传统媒体之间的融合是近水楼台，那么，新媒体与传统媒体间的融合可谓水到渠成。

2000 年 1 月 10 日，美国在线公司和时代华纳公司合并，组建"美国在线—时代华纳公司"，成为全世界最为庞大的因特网和传媒业集团。这起引爆全球关注"媒体蛇吞象"事件，拉开了全球传统媒体与新媒体全面融合的序幕。新公司的价值高达 3500 亿美元，相当于当时墨西哥、巴基斯坦的国内生产总值。

韩国广播公司（KBS）是韩国最大、最具代表性的广播电视台。1997 年 11 月，KBS WORLD Radio 开始网络广播，实现了广播机构与听众及网民融为一体的新概念的广播，实现了"边听边看"的广播时代，满足世界各地听众新的要求。

最近几年，全球报业暗淡无光，报纸的读者急剧下跌。由于移动终端和网络的普及和成熟，全世界的报业都将目光更多地投向了移动新媒体，中国也不例外。

中央级纸媒《人民日报》、新华社等机构先后都开办了自己的网站，刚开始时主要是将内容平移到网络。近年来，以 App 形式接入移动互联网的模式获得了巨大成功，逐渐取代了传统移动互联网接入模式（如浏览器、网页等）的主导地位，成为众多商业机构追捧的热点。目前，比较著名的 App 商店主要包括苹果的 App Store、谷歌的 Google Play Store、诺基亚的 Ovi Store 和微软的 Windows Phone Marketplace 等。各类纸质媒体顺势而上，借此找到数字化新闻的发展方向。传统纸质媒体借助移动互联终端获取新闻，包括 RSS 订

---

① 参见董琳：《新华社音视频部和黑龙江电视台开展全面战略合作》，2009 年 3 月 7 日电，见新华网北京。

阅推送、手机报等，同时需要培养用户的纸媒 App 黏性。如读者从国内著名的《南方周末》的 App 上就可以读到他们的特色的"南周专栏"、"民调中心"等，不仅增强了品牌的意识，而且建立用户的黏性。

随着智能手机、平板电脑等移动终端的不断涌现和快速普及，谷歌的 Android、苹果的 iOS 成为目前两大主流移动终端操作系统。开放和封闭，各有取舍。而下一代 Web 技术 HTML5 与云计算技术的兴起，使得 Web 能力得到极大扩展，富媒体、图形高级处理、终端能力访问、高性能 JavaScript、运行环境、3D 渲染硬件加速、数据本地存储、数据本地查询等技术将把 Web 打造成为全功能高效率跨终端的统一应用层平台。

美国市场研究公司 Comscore 在 2011 年 10 月公布的调查结果显示，移动终端推动《纽约时报》和《华尔街日报》等美国 5 大报纸网站的流量平均上涨9%。为了开拓市场，韩国各大报业媒体不仅强化了自己的网络建设，而且纷纷打算进军广播电视行业，希望通过建立自己的广播电视台来赢得市场。韩国的电视台和通讯社也纷纷加强网络建设，将制作精良的视频产品放到网上供人们收看。

2007 年 1 月，中国移动与凤凰卫视签署战略联盟协议，在创新移动内容、产品、服务和应用的开发和推广方面展开合作。同日，中国移动与新闻集团和星空传媒集团有限公司（"星空传媒"）签署了战略合作备忘录，双方将致力于建立长期的无线媒体战略合作伙伴关系。

中国移动与凤凰卫视的战略联盟，旨在通过联合开发、销售及提供创新的无线内容、产品、服务和应用，进一步提升中国移动与凤凰卫视各自于移动通信及传媒行业的领导地位。

通过与新闻集团及星空传媒签署战略合作备忘录，各方将在全球范围内共同探索基于移动多媒体通讯平台的，与高质量媒体内容相结合的新业务。合作的初步范围可能包括开发、集成及营销多媒体内容和其他移动增值服务。

从 2006 年开始，中央电视台投入财力物力人力，专注传统电视与新媒体的综合利用。第一步，将原来容易引起歧义的"央视国际网络"改名"央视网"；第二步，借力 2008 年北京奥运会独家承揽新媒体转播权的良好机遇，扩大品牌影响力；第三步，2009 年 12 月 28 日，正式开通以视听互动为核心、融网络特色与电视特色于一体的全球化、多语种、多终端的公共服务平台——中国网络电视台。

2008 年 8 月 8 日—8 月 24 日，央视网充分利用所取得的奥运会新媒体转播权，联合新浪、搜狐、网易、腾讯、酷 6、PPS、悠视网、PPLive 共 9 家网站进行奥运会联合转播，并与合作伙伴人民网、新华网等 174 家网站进行公益性联合推广。

2010 年春晚，中国网络电视台实施多终端、多语种、全球化直播推送，覆盖全球 140 个国家和地区。直播期间，中国网络电视台海内外累计观看人次达 7850 万人次，比 2009 年增长 1.34 倍。

2010 年全国两会，中国网络电视台通过中、英、西、法、阿、俄等联合国 6 种语言进行了多语种、全球化的图文视频互动报道。此外，中国网络电视台首次借助 iPhone 手机平台，实现"两会"境外移动传播，覆盖全球 142 个国家和地区的 4500 万部 iPhone 用户。中国网络电视台两会报道累计访问总量达 2 亿页次。

南非世界杯比赛期间，中国网络电视台世界杯赛事直播累计观看超过 4 亿人次。最高同时在线观看人数为 556 万人，出现在 7 月 3 日德国与阿根廷队的比赛时段，创造了全球互联网直播并发最高纪录。

上海世博会报道，中国网络电视台创建了国内最大的世博会网络视频节目数据库，发起"筑梦上海滩"、"世博寻宝"等网络原创栏目与活动，对上海世博会进行了全程、全景式报道，总访问量达 5.81 亿页次。

广州亚运会报道期间，中国网络电视台总访问量达 22 亿页次，直播观看人次累计达 7300 万次。作为广州亚运会官方独家新媒体转播机构，中国网络电视台网络直播亚运赛事近 900 场，直播时长近 1000 小时，其中网络独家直播赛事 350 场，时长 450 小时。此外，中国网络电视在亚运会赛事转播中，对当下最时尚的高科技 3D 视频技术进行了尝试，首次在网络上进行 3D 视频实验性播出。

2010 年 7 月 8 日，南方广播影视传媒集团与南方报业传媒集团签订了一项战略合作协议，内容涉及新闻、经营、大型活动和新媒体等多个方面。广东电视台珠江频道先后与《羊城晚报》、《广州日报》、《南方都市报》、《南都周刊》和腾讯娱乐、搜狐娱乐、新浪娱乐、大洋网、优酷、酷6、广州日报手机报以及广州地铁电视等建立了广泛的、多层次的经营与合作关系。电视节目在门户网站播出的跨媒体模式已经非常普遍。2010年8月26日，上海广播电视台和搜狐网就节目发行、策划定制节目、商务整合营销、跨平台内容播出等达成跨媒体合作协议，开启了国内互联网原创节目登陆电视台的新模式。

三、新媒体与新媒体间的融合

互联网是一种典型的新媒体形式，在新技术的支撑下，它与其他新的终端嫁接汇聚，就形成了新媒体与新媒体的融合，衍生出新的产业业态。

互联网与电脑终端的融合，产生了电脑媒体产业；互联网与定位技术的结合，产生了物联网产业；互联网与手机、各种PAD、车船、飞机火箭等的结合，派生出移动互联网产业；互联网与臆想中的云端结合，又孵化出了前途无量的云计算产业。鉴于此类种种的新媒体与新媒体间的融合，已经在不同篇章中展开专论，不再赘述。

四、媒体融合产业的样态

新媒体的发展，模糊了不同媒体之间的界限，打破了传统媒体的生存格局。新旧媒体在现有媒介格局中各占一席之地，不断细分媒介市场。一般认为，传统媒体和新媒体可以从以下几个角度进行融合。

1. 从媒体形式互补的角度进行融合。其一，传统媒体和互联网的融合。互联网已经成为有效提高传统媒体到达率的重要载体。其二，传统媒体和手机的融合。这种融合是较之前者融合可以有效细分受众群，获得较高的回报。其三，多种媒体的融合。这种融合更有利于各媒体的发展，实现多方获益。

2. 从吸引受众关注的角度进行融合。传统媒体的公信力和权威性吸引受众，新媒体的自由开放和多元互动吸引受众。两种媒体互相依托吸引受众的注意力。以东方卫视《我型我秀》节目为例，除了传统的电视播出之外，东方卫视还将这一节目通过短信互动、手机流媒体、宽频网络等多种传播渠道进行播映，设置了网络点播、幕后花絮、在线直播、选手博客、会员用户上传歌曲、投票（选手和网民）、论坛几大板块。

3. 从信息共享和信息传播的角度进行融合。新媒体的不少内容，都是对传统媒体内容的转述，使新媒体的技术与传统媒体的内容相结合达到信息共享。例如，电子报纸在印刷报纸的基础上，适应电脑网络的内容与形式上的需求，出版同印刷版有所不同的网络版，在内容上，网络版可以不受限制，依托报纸的新闻内容，发表详尽的深度报道和背景资料，还可以发挥多媒体技术的优势，提供生动的声音、影像服务。

美国学者迈克尔·波特认为，在一个产业的上游、中游和下游都有相应的产业。这些产业由若干优势资源组成。产业价值链可以分解，也可以融合。分解就是将产业价值链的各个节点切割，独立成一个新产业；融合就是把两个或两个以上的经济实体进行融合，在更大的范围内对资源进行优化配置。依照波特理论，新媒体产业融合有水平融合、垂直融合和多元融合三种样态。

第一，水平融合。就是在同一层次上或同一类别的企业中进行融合，并有一个新的机构对此进行经营管理。表现在新媒体融合上，就是多个具有相同性质的新媒体机构互相融合，组建一个新的媒体机构，如新媒体集团。这种融合的好处，一是可以扩大新媒体机构的规模。传媒经济具有规模经济特质，尤其是复制生产成本较低，其复制量大，单位产品生产成本越低，竞争力就会增强。二是可以最大限度地实现资源共享和优化配置。通过优化配置产业集团内各产业各环节的优势资源，使资源产生的效益最大化，从而实现效益的最大化。三是降低管理成本。新媒体集团组建完成后，对内部组织机构进行整合，诸如人事、财务等可由原来的多个部分合成一部分，实现人力资源的节约；同时，通过整合后的组织机构，可以实现扁平化管理，节约行政成本；还可以通过集团制定统一的发展战略，增加新媒体集团的竞争。

第二，垂直融合。就是新媒体机构以某项业务为核心，将其上游、中游、下游的制造商、运营商进行整合。新媒体已不是简单的知识密集型或者技术密集型产业，而是"资本＋知识＋技术＋人才"密集型产业。新媒体机构支持该业务的相关技术企业包括平台进行垂直融合，成立一个具有强竞争力产业的新媒体集团。这种垂直融合的好处，一是可以节约交易成本，二是实现资源互补。以互联网为平台的新媒体产品，将产品最终呈现给受众，至少需要内容支持、技术支持、平台支持和网络支持。垂直融合还可以增强对领域的控制力。垂直融合后的新媒体机构，因为涉及新媒体的各个环节，也就是整个生产流程可以在企业内部完成，成本相对较低，且能保证质量，从而提升企业的核心竞争力。

第三，多元化融合。指新媒体机构与相关行业进行融合，将多个产业收归旗下。就新媒体机构而言，这种融合表现在两个方面：一是跨媒体的融合，即传统媒体和新媒体融合。二是跨行业融合。非媒体行业寻找有助于机构发展的资源，通过收购或控制这些资源，使自己做强做大。跨媒体融合可以促进新媒体机构内获得广告资源优势资源配置，如果一个新媒体资源机构通过融合，获得了视频、游戏、报刊和广播、电视、电影等多个媒体的资源，那么媒体经营机构就可以获得广告资源进行优化配置，既可以使其他相关媒体得到更好的发展，也可以提升客户的广告效果。多元化融合的核心是实施品牌战略，通过培育核心品牌提升新媒体机构的影响力，带动广告及相关客户和受众及链条内各种资源的消费。

第二节　"三网融合"产业

"三网融合"指的是互联网、电信网与广播电视网的共同支持、互相协作背景下的资源共享与互利共赢。按照国际电联（ITU）的定义，互联网属于电信业务的一分子，实际上早就熔为一炉了，而互联网与广播电视网的合作已经渗透到多个层面。所以，"三网融合"的焦点主要是电信网和广播电视网的传载平台共享、内容业务互通与政策法规的有序施行。

一、中国"三网融合"

中国一直在着力倡导与推进"三网融合"。国家《"十一五"规划纲要》中指出："积极推进'三网融合',建设和完善宽带通信网,加快发展宽带用户接入网,稳步推进新一代移动通信网络建设,建设集有线、地面、卫星传输于一体的数字电视网络,构建下一代互联网,加快商业化应用,制定和完善网络标准,促进互联互通和资源共享。"2008年1月,国办发〔2008〕1号文件进一步指出:以有线电视数字化为切入点,加快推广和普及数字电视广播,加强宽带通信网、数字电视网和下一代互联网等信息基础设施建设,推进"三网融合",形成较为完整的数字电视产业链,实现数字电视技术研发、产品制造、传输与接入、用户服务相关产业协调发展。2009年2月18日,国务院审议并原则通过了《电子信息产业调整振兴规划》,明确指示"落实数字电视产业政策,推进'三网融合'"。3月22日,中广移动卫星广播有限公司与中国移动签署了关于移动多媒体广播与TD-SCDMA合作的协议,共同推动TD及CMMB两个自主知识产权标准的应用,为"三网融合"在手机电视领域的突破奠定了良好的基础。

随着3G时代的到来,互联网、广播电视网与电信通信网在新技术促进下业务渗透与合作增多和提速,特别是伴随着下一代互联网(NGN)构想的正式诞生,给中国"三网融合"迎来了新的发展机遇。

2013年8月,国务院颁发国发〔2013〕32号文件,"关于促进信息消费扩大内需的若干意见",在第二大项"加快信息基础设施演进升级"第六条再次提及"全面推进'三网融合'"——加快电信和广电业务双向进入,在试点基础上于2013年下半年逐步向全国推广。推动中国广播电视网络公司加快组建,推进电信网和广播电视网基础设施共建共享。加快推动地面数字电视覆盖网建设和高清交互式电视网络设施建设,加快广播电视模数转换进程。鼓励发展交互式网络电视(IPTV)、手机电视、有线电视网宽带服务等融合性业务,带动产业链上下游企业协同发展,完善"三网融合"技术创新体系。

我国"三网融合"早在10多年前就有了明确的发展思路,并且在最近几年有了很多实质性的动作。国家广电总局的数字电视业务发展给"三网融合"的发展储备了丰厚的物质基础和人才梯队，IPTV 更是实现了行业跨越，先行尝试了市场接轨与业务合作，成为打破行业坚冰的重要举措。

在"2007 中国移动通信产业高峰论坛"上，工业和信息化部方面指出，"三网融合"是通信技术和业务发展的必然趋势。"三网融合"将首先在互联网和无线网上实现。在互联网上将表现为 IPTV（网络电视），在无线网上表现为手机电视。

2007 年前后，泛在网使得各行业尤其是移动通信用户能够随时随地地享受到"无所不在的网络"。从泛在网概念的提出，到目前的局部应用，通过"无所不在的网络"已经将部分原来不属于电信范畴的技术，如传感器技术和标签技术等各种距离通信技术纳入其中，从而真正构建起一个范畴更大的网络体系。2009 年，以物物相连风靡世界为特征的"智慧地球"，让以互联网为基础的"物联网"身价倍增，产业前景无以限量。

2009 年 5 月，北京市经济和信息化委员会表示，北京将在农村开展"三网融合"试点，IPTV、手机电视等也会出现在农村。6 月，新疆移动与当地广电部门签署业务合作协议，双方利用有线电视网络，结合新疆移动家庭产品，共同拓展家庭宽带市场。同期，广东省政府出台了《关于加快推进珠江三角洲区域经济一体化的指导意见》，明确提出要建设珠江三角洲高清互动数字家庭网络，率先实现电信网、有线电视网和互联网"三网融合"。

江苏省的"三网融合"也有了具体行动。江苏省通信管理局现正式向"江苏省广播电视信息网络股份有限公司"发放互联网信息服务业务 ICP 和因特网接入服务业务 ISP 经营许可证，这是电信行业管理局首次向广电系统下属公司发放许可证，打破电信和广电行业"互不进入"壁垒的决心之大由此可见。

在江苏之前，深圳、山西、重庆等省市也已经向广电网络发放了 ICP 的经营许可证。除此之外，许多地方有线网络的运营商在未获得相关许可的情况下已经介入了宽带业务的运营。分析人士指出，电信的 VOIP、国际出口及 ICP、ISP 许可是广电最想涉足的领域，ICP 和 ISP 是广电已经实际涉入的领域，并且其开放对电信的威胁度最低。因此，这极有可能成为推动"三网融合"的首个突破口。

中国真正意义的举国体制"三网融合"推进与实施应该是始于 2010 年。2010 年 1 月 13 日，中国国务院召开国务院常务会议，决定加快推进电信网、广播电视网和互联网"三网融合"，并且明确了推进"三网融合"的阶段性目标，即 2010 年至 2012 年重点开展广电和电信业务双向进入试点，探索形成保障"三网融合"规范有序开展的政策体系和体制机制。2013 年至 2015 年，总结推广试点经验，全面实现"三网融合"发展，普及应用融合业务，基本形成适度竞争的网络产业格局，基本建立适应"三网融合"的体制机制和职责清晰、协调顺畅、决策科学、管理高效的新型监管体系。

经过几年来多方面协调运作，前后确定了第一、第二批"三网融合"试点城市（见表 9.1）。第一批试点城市如上海、南京、杭州、深圳、厦门、青岛和绵阳等，都是传统电视生产基地，对"三网融合"先行先试的设备近水楼台，这些生产制造商对未来商机充满渴望，政府说服它们先无偿拿出一批装备推进当地的"三网融合"相对容易。

表 9.1 "三网融合"试点城市表

第一批试点城市	第二批试点城市
北京市 上海市 南京市 杭州市 武汉市 深圳市 哈尔滨市 长株潭（长沙、株洲、湘潭） 绵阳市 青岛市 厦门市 大连市	直辖市：天津、重庆 省会城市：石家庄、太原、呼和浩特、沈阳、长春、合肥、福州、南昌、济南、郑州、广州、南宁、海口、成都、贵阳、昆明、拉萨、西安、兰州、西宁、银川、乌鲁木齐 计划单列市：宁波 地级市：扬州、泰州、南通、镇江、常州、无锡、苏州、孝感、黄冈、鄂州、黄石、咸宁、仙桃、天门、潜江、佛山、云浮

经过几年的试运行，中国"三网融合"进展没有预期顺利，距离实现产业化运营还有漫漫征程，主要是围绕谁来主导"三网融合"以及对"三网融合"的演进方向争执不休。尽管国家广电总局和工信部都非常明确朝向"下一代网络融合"，但围绕"下一代网络融合"的概念，却有着三种不同版本的诠释：NGB、NGN 与 NGI。

NGB 是英文 Next Generation Broadcasting Network 的缩写，即下一代广播电视网。NGB 是以有线电视数字化和移动多媒体广播电视，即我们熟知的 CMMB 的成果为基础，以自主创新的"高性能宽带信息网（3TNet）"核心技术为支撑，构建的适合我国国情的、"三网融合"的、有线无线相结合的、全程全网的下一代广播电视网络。NGB 的主要特点就是全程全网、互联互通和可管可控。

国家广电总局将"三网融合"的战略重心放在 NGB。2008 年 12 月 4 日，科技部与国家广电总局在钓鱼台国宾馆举行了《国家高性能宽带信息网暨中国下一代广播电视网自主创新合作协议书》签字仪式。2009 年 7 月 31 日，国家科技部和广电总局在上海举办了中国下一代广播电视网（NGB）的启动仪式，这标志着我国广电 NGB 建设进入了实质性的推进阶段，预示着 NGB 不仅仅是一个抽象的概念，而是揭示出一个实实在在的、触手可及的美好前景。

国家广电总局认为，现有广播电视网无法支持跨域类服务，也无法实现统一管理。作为国家下一代信息基础设施，下一代广播电视网（NGB）要实现媒体内容的全网交换、业务的互操作、跨域运营、全网统一管理等客观需求。只有实现全程全网，才能基于全网调度网络资源和业务资源，凸显"全国一张网"的概念，满足人们日益增长的多样化、多层次的业务需求。实现全程全网主要体现在以下三个方面：一是实现全网内容和业务的管控；二是实现全网内容和业务的调度，实现资源共享；三是实现调度业务的区域间结算。

国家广电总局指出，以广播电视网为基础建设下一代网络具有以下几个方面的优势。首先，可以充分利用我国广播电视网络的带宽资源，在较短时间内，以较低成本建设国家高性能宽带信息网，使之成为新一代国家信息基础设施，在我国较快普及信息化；其次，可以构建传输快捷、覆盖广泛的现代传输网络体系，提升改造传统媒体和发展新兴媒体，加快我国信息服务业的发展，支撑相关技术领域的创新，带动相关产业的发展，提升国家的核心竞争力；第三，我国广播电视网络经过几十年的发展，已经形成了适合中国国情的安全播控体系。有线电视网络通达千家万户，目前是入户带宽最宽的基础网络，已经拥有 1.6 亿有线电视用户，用户规模居全球首位。因此，广播电视网络天然地满足 NGB 可管可控、宽带的需求。此外，广播电视网在业务内容丰富、内容可管可控、用户群体巨大等方面具有不可替代的优势，完全符合以视频为主导的融合业务发展需求。

NGN 是英文 Next Generation Network 的缩写，即下一代通信网络。NGN 是以软交换为核心的，能够提供包括语音、数据、视频和多媒体业务的基于分组技术的综合开放的网络架构，代表了通信网络发展的方向。NGN 具有分组传送、控制功能从承载、呼叫 / 会话、应用 / 业务中分离、业务提供与网络分离、提供开放接口、利用各基本的业务组成模块、提供广泛的业务和应用、端到端 QoS 和透明的传输能力通过开放的接口规范与传统网络实现互通、通用移动性、允许用户自由地接入不同业务提供商、支持多样标志体系、融合固定与移动业务等特征。

NGI 是 Next-Generation Internet 的缩写，目标是将现在网络的连接速率提高至现有 Internet 速率的 100 倍到 1000 倍，进而突破网络瓶颈的限制，解决交换机、路由器和局域网络之间的兼容问题。

时至今日，NGI 在诸多方面都取得了长足进展，例如无损失及低损失数据压缩技术（MP3 与 MP4）降低了音、视频信息传输对带宽的需求，速度更快、成本更低的接入技术也大量涌现，从而使 Web 视频已成为各类新型应用系统及操作系统的常备应用组件之一。下一代 Internet 协议的 IPv6 等也为 NGI 的发展奠定了坚实的基础。IPv6 是由 Internet 工程工作小组研发的最新 IP 协议技术，旨在取代已沿用了 20 年之久的 IPv4，它可以大大增加 IP 地址的数量和安全性能。NGI 具有广泛的应用前景，支持医疗保健、国家安全、远程教学、能源研究、生物医学、环境监测、制造工程以及紧急情况下的应急反应和危机管理等等。

工业和信息化部力推 NGN。电信网不仅仅是互联网规模扩张、用户增长、应用繁荣的基础网络支撑，更是在宽带化、移动化两个方面直接拉动了互联网产业的发展。近年来，这个拉动趋势更加明显。专家指出，电信网本身发展出来的多媒体信息服务正在改变未来的互联网发展模式，视频、搜索、无线等三大互联网"新贵"成为新的亮点。随着互联网日趋宽带化、移动化，向传统电信业渗透的步伐还在进一步加快。网络新媒体、在线娱乐、网络咨询和搜索业务、移动信息业务等互联网服务，都已经在一定程度上运用了电信网络技术，并得到了深入的发展和全面提升。

中国工程院李幼平院士自称"天马行空，不属于任何一派"，其对"三网融合"的理解语出惊人。他认为，电信网、广播网、互联网这三张大网未来的发展趋势将是电信网与广播网将相继融入互联网。李幼平指出，"三网融合"是信息产业生产力的一种突破，首先是"整合异构网络"的能力要有新的突破，其中最关键的一条是："广播网如何助力互联网"。运用存储转发（store-and-forward）原理，广播网有可能帮助互联网化解"带宽不足"和"内容难管"两大难题。今天的互联网，只依托电信网作为基础设施，将来可能依托电信网和广播网两者作为双基础设施，形成三网融合的互联网，从"各献所知"造就"各取所需"的信息环境。

笔者认为，"三网融合"对于广播电视行业、电信通信业和互联网产业都是极大利好，是一个多赢大局。对于广电和电信行业，都是补充和完善，是由大而强，而对于互联网行业，则是形成完整的价值链，商机万千，生机无限。

以我国网络融合的实践为例，其过程首先是"一网融合"，如通信网络内部的融合，其技术以电信固网和电信移动网融合即 FMC（固定移动融合）技术为代表，目前还没有完成。广播电视网络面临着广播网与电视网的融合、传统广播电视与数字广播电视、中央级广播电视网与省地市广播电视网的融合等等问题亟待解决。在"一网融合"基础上发展而来的"二网融合"，如互联网和通信网的融合刚刚起步，电信固网与互联网正在融合过程中。互联网和广播电视网的融合势头强劲，以传统广播电视内容为核心竞争力的广播电视网络正在蓬勃发展，从中央到地方的各级网络电视台、网络广播台的建设正紧锣密鼓地开展，我国"三网融合"的发展轮廓日益清晰。①

中国的"三网融合"市场前景巨大，推进迟缓的缘由盘根错节，需要从政策法规、行业监管、技术成果、内容渗透、市场运营等各个方面进行"大动作"施行"大手术"。同时，要尽快改变当下"三网融合"研究与决策光从各自领域（行业）的势力范围、技术运用、商业利益或业务推及等微观角度出发的现状，从中观或者宏观层面透视政府决策部门在此间的重大意义，洞悉"三网融合"与国家信息化建设的紧密关系，远虑至铸造"资源节约型社会"和国民经济和谐发展等国计民生的重大影响。如斯，则中国的"三网融合"兴盛可期。

二、美国"三网融合"

美国是全球最早尝试"三网融合"的国家，电信和信息通信业市场开放较早，竞争更为成熟和充分。早在 1934 年，美国就颁布了《通信法案》。同时，由《通信法案》授权，成立了由 6 个局和 10 个办公室组成的联邦通信委员会（FCC），作为独立的联邦行政机构对商业广播电视和电信通信行业进行统一管理，负责颁发相关的许可证。其组成的 5 位委员，须经参议院同意后由总统任命，可见其位置显赫。

随着时间的推移和技术的发展进步，《通信法案》已经不适应新形势的要求。1996 年 2 月，美国时任总统克林顿和副总统戈尔在全力打造信息高速公路之时，调整通信产业法规制度，在《通信法案》的基础上适时推出了新的《电信法》，从法律上解除了对"三网融合"的禁令，拉开了广播电视与电信通信全面竞争与合作的帷幕。

从根本上说，原来基本上垄断市话的地方贝尔公司将面临来自长话公司和有线电视经营者发起的竞争，而原来垄断有线电视的经营者将首先面临市话公司的挑战。在市话领域，除了 7 家贝尔公司和 GTE 之外，还有 1400 多家小的电话公司参与竞争。长话市场的竞争虽早已展开，但主要还是由 AT&T、MCI

---

① 参见曾静平：《论三网融合的融合方向与市场前景》，《南方电视学刊》2010 年第 6 期。

和 Sprint 三家公司垄断，除了三家大的公司之外，还有 300 多家较小的长话公司参与竞争，加上进入长话市场的市话公司和有线电视公司，竞争将更加激烈。

新的《电信法》颁布后，美国的接入市场成为竞争焦点。有线电视已连接到千家万户，同时由于其带宽具有能够同时提供话音、数据和视频业务的优越性，首先成为长话和市话公司争夺的重要领域。

在美国有线电视与电话的融合当中，政策是决定性的首要因素。美国《电信法》和联邦通信委员会（FCC）为有线电视公司进入电信市场大开绿灯，不仅规定"有线电视经营商经营电信业务不需要申请营业执照"，同时"在有线电视公司要提供电话业务而介入电信领域时，电话公司要允许与它们相互接通"。不仅如此，《电信法》也为电信公司进入有线电视市场打开了大门。例如，在《电信法》第三篇"有线电视业务"中，就明确规定电话公司可提供视频节目业务。

新技术和新业务加速了"三网融合"进程。由于新的《电信法》明晰了有线电视产业以"开放式视频系统"（OVS）取代"视频拨号系统"（VDT），有线电视公司纷纷从新技术和新业务方面寻找出路，打入电话市场。由于大多数多媒体业务并不能由窄带通信设施支持，大多数高速数据业务也已不能由现有的互联网服务器提供，提供高速电缆调制解调器成了有线电视公司的一大市场机会。同时，VP 宽带多媒体网络的实施也由大西洋贝尔抓紧进行，它使用 ADSL 和其他技术，在互联网上实现全综合话音与视频宽带网络业务。

在电信行业全面开放的环境下，美国信息产业的"三网融合"是一种自然实现的过程，融合是竞争的产物。网络和业务的融合要达到增强竞争实力的目的，必然采用新技术或新业务来实现，使自己在市场竞争中立于不败之地。"三网融合"是由市场来推动的，不是人为规定来实现的，因此管制总体上说是宽松的。在政策和市场双重利好的条件下，美国的三网一步步地朝着融合的方向迈进。

2000 年，美国在线和时代华纳（Time Warner）宣布计划合并。这一被业界称之为"蛇吞象"的合并案例，彻底打破了广播电视与电信通信的藩篱，引起了全球广播电视业、互联网业和电信通信业的极大兴趣。这一兼并重组，旨在扩展品牌内容服务以及通信服务的大众市场，合并后的公司形成了一个通信和大众媒体紧密汇聚的"大媒体"公司。这个大公司拥有因特网最大用户群体，并有娱乐、出版和有线电视领域的广泛基础，实现了最大限度的资源共享。此后，世界各地的广播电视等大众传播机构纷纷与电信通信业巨头结盟，有些甚至是跨国家跨地区的兼并重组。

三、英法"三网融合"

英国是全球实施"三网融合"较早的国家。1997 年，英国政府作出政策性的决定，逐步取消对公众电信运营商经营广播电视业务的限制。1999 年，英国的 Video Network 推出了基于 DSL 的视频点播业务。从 2001 年 1 月 1 日开始，电信运营商可以在全国范围经营广播电视业务。目前，英国基本实现了有线电视与电信的双向进入。

2003 年，英国《通信法》颁布实施，并依法成立了融合的管制机构——广播监管局（OFCOM），统领电信管理局、无线电通信管理局、独立电视委员会、无线电管理局、播放标准委员会五大机构，彻底打破了原来信息领域中存在的各种壁垒，使技术和业务得到进一步融合。

OFCOM 在成立和组建过程中，高度重视新机构的高层次与整体性，直接对议会专门委员会（该议会专门委员会同时负责英国贸工部和文化、媒体与体育部的有关事务）负责，而无须对内阁大臣或政府部长负责。在财务上，OFCOM 只接收国家审计办公室的审计和监督。这样的做法使 OFCOM 独立于政治，具有高度透明性和延续性。英国政府无权干涉 OFCOM 的监管工作，仅在有关无线电频谱的国际事务中，OFCOM 需要与英国贸工部一起处理相关事务，如出席有关无线电国际大会。

当前，英国模拟电视逐渐被数字电视取代，固定和无线宽带电信服务增长迅速。截至 2008 年年底，英国使用数字电视的家庭已经超过了 50%，并还在以每周 3 万户的速度增长，宽带数字用户线和 Cable Modem 网络已经覆盖全英国80%的家庭和企业。英国宽带无线业务频谱的划分，使乡村消费者更易于接入宽带。移动电话用户达到5450万，普及率超过90%。使用图像信息的消费者越来越多，以3G为代表的技术变化，使英国信息市场涌现出许多新服务。

法国的"三网融合"进展比较顺利，电信和广播电视彼此是对称开放的，融合发展是主旋律。在市场准入方面，法国电信业和广播电视业并不互相排斥。但目前的实际情况是，广电进入电信的不多，主要的问题在于资金方面——法国广播电视运营商需要投入大量的资金建设新网络、开发新业务，无暇进入电信领域。相对而言，电信进入广电的动作则大一些，尤其是在数字电视方面。

到目前为止，法国的电信部门与广电部门还没有像英国一样建立统一独立的电信和广播电视监管机构，其仍然存在电信与广电多头管制的状况。

四、日韩"三网融合"

日本是亚洲较早开始"三网融合"业务的国家，总务省是日本通信与广电的统一管理机构，在管理体制上实现了通信与广电监管的融合。2001年，日本总务省设立了电信业纷争处理委员会，该委员会履行四项职责：一是利用其专业性迅速解决纷争，二是通过商谈在纷争出现之前解决问题，三是在通信业者与其他业者协商时，保持中立，保障双方对等，四是通过向总务大臣建言改善竞争规则等。此外，日本总务省还设有信息通信审议会、独立行政法人信息通信研究机构、电信团体组建的协会等，这些机构都在一定程度上保障"三网融合"的竞争与合作能够有条不紊地进行。由于宽带业务的不断普及，日本政府出台了若干基于通信与广电融合的相关法律，例如《广电经营电信业务法》和《促进开发通信广电融合技术法》等。

几年前，日本"三网融合"在业务层面上还仅限于电信网与互联网的两网融合。随着宽带业务的推广，2005年广播电视与电信的融合已经成为政府与相关企业研究的热点问题。根据NTT信息通信综合研究所对这一问题的研究，得出了以下结论：传统的通信方式为一对一的方式，传统的广电方式为一对多的方式，但随着通信与广电的融合，已经打破了这一传统的概念。由于 ICT 技术的发展，目前已经提供了许多不能按上述基本概念划分和管制的中间业务。即很多新业务已不能区分是属于通信或是广电的管理范畴。在现行法律框架下，通信管制方式与广电管制方式十分不同，两大领域的划分成为大问题，急需在法律层面解决管制体系的问题，制定适应当前业务发展的法律法规。①

2008 年，韩国国会通过法律，允许电信运营商通过宽带网络提供电视节目服务。这意味着为包括 KT 在内的韩国固网运营商提供 IPTV 服务扫清障碍。

2009 年之前，韩国的"三网融合"十分混乱，IPTV、DMB（移动数字电视）、数字电视等电视广播一直没有进展。随着韩国信息通信部和广播委员会合并，成立韩国广播通信委员会，统一负责韩国的电视广播、通信和新传媒政策。这一做法果然灵验，新的管制机构成立不久，韩国"三网融合"总体比以前顺畅许多。

韩国电信 KT 已在首尔及周边地区推出试验性 IPTV 服务，并计划推广到全国。而在此前，韩国另一家运营商 Hanaro 电信也推出了 IPTV 业务——"HanaTV"，现已发展用户 50 多万，并拟于 2008 年初扩展到 100 万，实现盈利目标。市场调查表明，韩国电信 84% 的用户都愿意购买"MegaTV"服务。

短短十年，韩国电信业异军突起，成为全球宽带最发达的国家之一。IPTV 的正式起步，将进一步促进韩国宽带业务的发展及社会信息化进程。优惠的政策支持和良好的产业基础以及积极的社会人文环境，为韩国 IPTV 的顺利起步打下了坚实基础。

第三节　物联网产业

根据国际电信联盟（ITO）的定义，物联网（Internet of Things，简称

---

① 参见曾静平、李炜炜:《国外三网融合发展沿革及启示》,《电视研究》2009 年第 10 期。

IOT），就是通过二维码识读设备、射频识别（RFID）装置、红外感应器、全球定位系统和激光扫描器等信息传感设备，按约定的协议，把任何物品与互联网相连接，进行信息交换和通信，以实现智能化识别、定位、跟踪、监控和管理的一种网络。简而言之，物联网就是物物相连的互联网。基本特征是物体使用协议与其他物体或物联网基础设施进行信道联系。这里的物体可以是真实世界的实体或虚拟物体，它们可以通过标识被自动识别。物联网被认为是继计算机、互联网、移动通信网之后的又一次信息产业浪潮。近年来，美国、欧盟、日本和中国等全力助推物联网建设，试图将物联网产业作为振兴经济、抢占未来国际竞争制高点的"法宝"。

2005 年 11 月 17 日，在突尼斯举行的信息社会世界峰会（WSIS）上，国际电信联盟发布了《ITU 互联网报告 2005：物联网》。这算是国际组织正式提出了"物联网"的概念。

2008 年 11 月，美国政府将 IBM 公司提出的"智慧星球"战略作为美国信息化战略的重要内容，并将物联网列为"2025 年对美国利益潜在影响最大的关键技术"。美国总统奥巴马就职后，将"新能源"和"物联网"列为振兴经济的两大"武器"。

欧盟各国在物联网方面进行了大量研究，并开始推动物联网的主要技术 RFID 在经济、社会、生活各领域的应用，着力解决安全和隐私、国际治理、无线频率和标准等问题。2009 年 6 月，《欧盟物联网行动计划报告》提出 14 项行动计划，试图夺取物联网发展主导地位。同年 10 月，欧盟推出"物联网战略研究路线图"，力推物联网在航空航天、汽车、医疗、能源等 18 个主要领域应用，明确 12 项关键技术，首推智能汽车和智能建筑。

2009 年 3 月，日本提出"数字日本创新计划"，同年 7 月，进一步提出"I-Japan 战略 2015"，物联网被列为与交通、医疗、智能家居和环境监测同等重要的发展方向。

韩国积极地开展多项物联网城市建设试点项目，并将物联网城市称为"U-City"（"U"是"Ubiquitous Network"泛在网络的第一个字母）。韩国给出 U-City 一个明确的定义，即通过在道路、桥梁、学校、医院等城市基础设施之中搭建融合信息通信技术（ICT）的泛在网平台，实现可以随时随地提供交通、环境、福利等各种物联网服务的城市。韩国的物联网城市是一种通过 IT 与环境技术综合管理城市生活中必不可少的电、水、建筑等构成要素而实现环保性、宜居性的 21 世纪城市体系。

2009 年 8 月，中国时任国务院总理温家宝在无锡考察传感网产业发展时明确指示，要早一点谋划未来，早一点攻破核心技术，并且要求尽快建立中国的传感信息中心。2010 年 3 月 2 日，上海物联网中心在上海嘉定揭牌。上海以此打造国内最具竞争力、具有国际影响的物联网技术研发基地，形成规模应用示范，推动物联网及其相关产品、服务的产业化。物联网传感器产品已率先在上海浦东国际机场防入侵系统中得到应用，ZigBee 路灯控制系统点亮济南园博园，部分城市也有了未来智能交通系统（ITS）的雏形。我国目前物联网的发展，以北京、上海、无锡、杭州、嘉兴和深圳这几个城市最为突出①。

物联网的应用和产业发展在欧美国家方兴未艾，欧美国家已将 RFID 技术应用于交通、车辆管理、身份识别、生产线自动化控制、仓储管理及物资跟踪等领域。飞利浦、西门子等半导体厂商垄断了 RFID 芯片市场，IBM、惠普、微软等国际巨头抢占了 RFID 中间件、系统集成研究的有利位置，不少公司提供 RFID 标签、天线、读写器等产品和设备，而沃尔玛、麦德龙等零售巨头和宝洁、宝马、大众等顶级制造商，已把 RFID 技术应用于供应链管理。②

一、美国物联网产业

物联网无论是从构想到概念还是最终核心技术的突破，以致引领全球新型产业浪潮，美国是当之无愧的创作者和领跑者。

早在二战时期，美国就出现了作为物联网发展最核心的 RFID 技术，后来在美国对伊拉克战争中得到大量使用，用于管理军需后勤物资。1991 年，美

---

① 参见马志国、孟梦：《物联网介绍》，《移动通信》2011 年第 5 期。

② 参见张泽伟：《美欧日抢占物联网国际竞争制高点》，《经济参考报》2010 年 6 月 25 日。

国提出普适计算的概念，它具有两个关键特性：一是随时随地访问信息的能力；二是不可见性。通过在物理环境中提供多个传感器、嵌入式设备，在用户无察觉的情况下进行计算和通信。普适计算总体来说是概念性和理论性的研究，首次提出了感知、传送和交互的三层结构，可以认为是物联网的雏形。

1995 年，比尔·盖茨在《未来之路》书中首次提出"物－物"相联的雏形。1999 年，在美国召开的移动计算和网络国际会议上，提出了传感网的概念，认为"传感网是下一个世纪人类面临的又一个发展机遇"。美国国防部在 2000 年时把传感网定为五大国防建设领域之一，仅在美墨边境"虚拟栅栏"（即防入侵传感网）上就投入了 470 亿美元。

物联网的完整概念一般认为是麻省理工学院 Ashton 教授于 1999 年最早提出来的，其理念是基于射频识别技术（RFID）、电子代码（EPC）等技术，在互联网的基础上，构造一个实现全球物品信息实时共享的实物互联网，即物联网。此设想有两层意思：第一，物联网的核心和基础是互联网，是在互联网基础上的延伸和扩展的网络；第二，其用户端延伸和扩展到了任何物体与物体之间，并进行信息交换和通信。简单而言，物联网就是传感网、互联网、智能服务的综合体，就是把世界所有物体连接起来形成的互联网络。

2008 年 11 月，美国 IBM 公司发布了"智慧星球（Smarter Planet）"战略。"智慧星球"提到，在信息文明的下一个发展阶段，人类将实现智能基础设施与物理基础设施的全面融合，实现信息技术与各行各业的深度融合，从而以科学和智慧的方式对社会系统和自然系统实施管理。"智慧星球"提出，"把感应器嵌入和装备到电网、铁路、桥梁、隧道、公路、建筑、供水系统、大坝、油气管道等各种物体中，并且被普遍连接，形成所谓"物联网"，再通过超级计算机和云计算将"物联网"整合起来，实现人类社会与物理系统的整合。"智慧星球"其本质是以一种更智慧的方法，利用新一代信息通信技术来改变政府、公司和人们相互交互的方式，以便提高交互的明确性、效率、灵活性。该战略预言，"智慧星球"战略能够通过刺激政府加大对智能铁路、智能高速公路、智能电网等基础设施的投资，促进经济增长，创造大量的就业岗位，使美国经济甚至世界经济走出困境，并将为未来的科技创新开拓巨大的空间，增强国家的长期竞争力。同时，"智慧星球"战略能够提高对于有限的资源与环境的利用率，改变政府、公司和人们相互交互的方式，以便提高交互交流的明确性、灵活性和高效性。

依据"智慧星球"的研究结果，如果在新一代宽带网络、智能电网和医疗IT系统的建设方面投入 300 亿美元，就可以产生 100 万个就业岗位，并衍生出众多新型现代服务业态，从而帮助美国建立长期竞争优势。

近年来，美国高科技巨头谷歌、苹果以及传媒大腕迪斯尼等纷纷涉足物联网产业，美国物联网已经渗透到高新产品制造、零售购物等多个方面，整个产业规模迅速增长。全球知名管理咨询公司麦肯锡预计，到 2025 年，全球物联网的经济规模将达到 6 万亿美元。

美国店内移动营销平台提供商 Swirl CEO 希尔米·奥兹古奇（Hilmi Oz-guc）表示，物联网正在迅速形成。谷歌和苹果公司都已拥抱这项技术，分别推出了谷歌眼镜和 iBeacon，这无疑会加快物联网的发展步伐。

在很多美国人看来，科学家正借助传感器，堪称连接物联网的"黏合剂"，将我们周围的事物以一种新奇且有力的方式连接起来，显著提升和改善了我们的日常生活，带来了之前难以想象的益处。比如，腕带可以追踪我们的步伐和消耗的能量；冰箱在牛奶喝完以后向我们发送短信；恒温器知道主人最喜欢的居室冷热程度，然后自动调温；甚至泰迪熊还能感应婴儿心律等。而世界最大的一些品牌正在引领这种潮流，谷歌眼镜通过传感器探测周围灯光、物体的距离和活动。

迪士尼在数字腕带中置入了传感器技术，这种数字产品可以当作门票、支付工具和房门钥匙等使用。另一款可穿戴计算产品——耐克 Nike+ Fuel Band，则能追踪用户的日常活动，报告他们的健康水平。

希尔米·奥兹古奇表示，传感器现在已经开始融入零售购物环境。当顾客刚一走进商店，这些公司就会利用传感器激活系统，向他们的智能手机上发送个性化商品优惠信息和内容。传感器可以更为准确地锁定一个人的地理位置，零售商就可以基于顾客所在位置——无论他们是恰好经过商店外面而走进商店，还是浏览店内某件东西，量身定制优惠信息并发送至他们的智能手机。利用传感器激活增值移动体验或高度个性化服务，可以从根本上转变零售购物体验。除了更为便捷外，这些传感器还会让我们变成更聪明的消费者，能让零售商根据我们每一个人的口味和喜好，打造一种高度定制化体验。

二、欧盟物联网产业

2000 年 3 月，在葡萄牙的里斯本举行的欧洲首脑特别会议上，欧洲理事会提出了一个未来十年的战略目标——使欧盟成为世界上最有竞争力、经济最活跃的知识经济体，计划建设"为所有人的信息社会（Information Society for all）"，推出了"E- Europe"行动方略，旨在充分利用欧洲的整个电子潜力、依靠电子业务和互联网技术及其服务，使欧洲在核心技术领域，例如移动通信方面保持领头羊的地位。

2006 年 3 月，欧盟召开会议"从 RFID 到物联网"，对物联网作了进一步的明确描述。2008 年在法国召开的欧洲物联网大会的重要议题包括未来互联网和物联网的挑战、物联网中的隐私权、物联网在主要工业部门中的影响等内容。

为确保欧洲在物联网发展过程中的主导作用，2009 年 6 月 18 日，欧盟委员会发布了世界第一个物联网发展战略——《欧盟物联网行动计划》（Internet of Things An action plan for Europe），描绘了物联网技术应用的前景，并提出要加强欧盟政府对物联网的管理，消除物联网发展的障碍。该行动计划系统地提出了物联网发展的管理设想，在世界范围内尚属首次。其中，管理体制的制定、安全性保障和标准化是行动计划的重点。从该计划可以看出，欧洲联盟试图掌握未来信息社会竞争的主动权，希望借助物联网的发展，实现"弯道超车"，改变既往互联网的发展落后于美国的局面。为了保证该计划的顺利实施，《欧盟物联网行动计划》还配套了"加强管理"、"提高可信度"、"保护隐私和个人数据"和"推广标准化"等 10 项政策建议。

欧盟提出物联网的三方面特性：第一，不能简单地将物联网看做互联网的延伸，物联网是建立在特有的基础设施上的一系列新的独立系统，当然部分基础设施要依靠已有的互联网。第二，物联网将与新的业务共生。第三，物联网包括物与人通信、物与物通信的不同通信模式。物联网可以提高人们的生活质量，产生新的更好的就业机会、商业机会，促进产业发展，提升经济的竞争力。

2009 年 11 月，欧洲联盟发布了《未来物联网战略》，提出要让欧洲在基于互联网的智能基础设施发展上领先全球，除了通过信息与通信技术研发计划投资 4 亿欧元、90 多个研发项目提高网络智能化水平，欧盟委员会还于 2011 年至 2013 年间每年新增 2 亿欧元进一步加强研发力度，同时拿出 3 亿欧元专款，支持物联网相关公私合作短期项目建设。

2010 年 6 月，欧盟委员会推出了《数字议程》（Digital Agenda）五年行动计划，该议程是《欧盟 2020 战略》七项旗舰举措中的一项，该议程提出了七个优先行动领域，分别是统一数字市场的建立、更强的互操作性、增强互联网的信任度和安全性、更快的互联网接入、更多的研发投资、增强数字化文化技能和包容性、更多地应用信息和通信技术以应对气候变化和人口老龄化。

目前，欧洲是全球物联网运用最先进地区。德国电信的 M2M（机器与机器间无线通信业务）应用已经覆盖了能源、医疗、交通物流、汽车、消费电子、零售、工业自动化、公共事业和安全九大行业。英国正在推进智慧网格项目的规划，将在 2020 年前部署 5300 万个燃气和电力计量器。知名咨询公司弗若斯特·沙利文发布报告称，预计到 2016 年前，欧洲国家的 M2M 市场复合年增长率将达到 33%。

三、日韩物联网产业

2009 年 2 月，日本为应对日渐疲软的经济环境，紧急出台了宏观性的指导政策"ICT 新政"。2009 年 4 月，日本总务省公布了"新政"的实施性文件——数字日本创新计划（ICT Hatoyama Plan，亦称 ICT 鸠山计划）纲要，将其作为未来 3 年中优先实施的政策。"数字日本创新计划"的目的是在数万亿日元的 ICT 行业创造新的市场，并在未来 3 年内增加 30 万至 40 万个就业机会（以累积方式计算），通过鼓励基于新增长策略的 ICT 投资行为，向 ICT 产业投入资金。通过这些措施，该计划还希望达到在 2015—2020 年使信息通信产业总值翻倍的中期目标（产业总值届时将高达百万亿日元）。该项目包括 9 个行动项目。通过实施这些行动项目，所有 ICT 领域的投资将加速进行，国内用户也将体验到一个通过 ICT 手段实现的真正繁荣、安全的应用环境。深入应用 ICT 也将引发全国工业结构的创新和国际竞争力的加强。

2009 年 7 月 6 日，日本 IT 战略本部发表了"I-Japan 战略 2015"，目标是体现以人为本，实现以国民为主角的数字安心、活力社会。I-Japan 战略中提出重点发展的物联网业务包括：通过对汽车远程控制、车与车之间的通信、车与路边的通信，增强交通安全性的下一代 ITS 应用；老年与儿童监视、环境监测传感器组网、远程医疗、远程教学、远程办公等智能城镇项目；环境的监测和管理，控制碳排放量。通过一系列的物联网战略部署，日本针对国内特点，有重点地发展了灾害防护、移动支付等物联网业务。

韩国是目前全球宽带普及率最高的国家，同时它的移动通信、信息家电、数字内容等也居世界前列。自 1997 年起，韩国政府出台了一系列推动国家信息化建设的产业政策，包括 IFRD 先导计划、IFRD 前面推动计划、USN 领域测试计划等。实现建设 U 化社会的愿景，韩国政府持续推动各项相关基础建设、核心产业技术发展，RFID / USN（传感器网）就是其中之一。

2009 年 6 月，韩国通信委员会（KCC）决定促进未来物体通信网络建设，实现用户随时随地安全方便地进行人与物、物与物之间的智能通信。2009 年 10 月 13 日，韩国出台了《物联网基础设施构建基本规划》，将物联网市场确定为新增长动力，提出到 2012 年实现"通过构建世界最先进的物联网基础设施，打造未来广播通信融合领域超一流信息通信技术强国"目标，并确定了构建物联网基础设施、发展物联网服务、研发物联网技术、营造物联网扩散环境 4 大领域、12 项详细课题。

从 2010 年年初开始，韩国政府陆续出台了推动 RFID 发展的相关政策，为使其成为 RFID 和传感网行业世界前三强进行努力。韩国政府称，为了加强对于行业全面情况的掌握，将在钢铁、电子和医药产品行业内应用高科技识别标签。韩国知识经济部表示，此举旨在推广RFID标签，并建立相关的传感器网系统，以维持对各种产品进行实时的、准确的监测。2010年1月，韩国首尔市表示将耗资27亿韩元，建设RFID公共自行车系统示范项目。而韩国的其他国家部门也相继推出一系列关于RFID的项目：韩国海洋研究院出台了构建RFID资产管理系统的政策，韩国警察厅宣布试行第四次RFID基础档案管理系统扩大项目，韩国国土海洋部推出了关于构建顺天地区USN海洋群及融合服务的项目，韩国行政安全部推出2010年视频档案RFID运用安全扩大项目。目前，韩国的RFID发展已经从先导应用开始全面推广，而USN也进入实验性应用阶段。2010年9月，韩国通信委员会（KCC）确立了到2012年"通过构建世界最先进的传感器网基础设施，打造未来广播通信融合领域超一流ICT强国"的目标。①

韩国政府倾力打造U-City，通过随时随地提供U-行政、U-交通、U-医疗、U-环境、U-教育、U-文化、U-物流、U-安全等物联网服务，旨在从根本上改变韩国人生活的方方面面。②

四、中国物联网产业

中国物联网产业经过几年的不断发展与创新，应用领域日益扩大且逐渐明朗，产业链逐步形成，产业体系初具雏形，产业规模快速增长。在国计民生重大关切的安防、交通和医疗三大领域以及举世瞩目的上海世博会和南水北调工程等重大项目应用上，中国物联网正显现着不同凡响的影响力。

根据2010年中国国际物联网博览会上发布的《2009—2010中国物联网年度发展报告》，2009年中国物联网产业市场规模达1716亿元人民币。2012年我国物联网产业市场规模达到3650亿元人民币，比2011年增长38.6%。至2015年，中国物联网整体市场规模将达到7500亿元人民币，年复合增长率超

① 参见陈柳钦：《物联网，国内外发展动态及亟待解决的关键问题》，《决策咨询通讯》2010年第5期。
② 参见王喜文：《聚焦韩国物联网智能城市（U-City）建设》，《物联网技术》2011年第6期。

过 30%，市场前景将远远超过计算机、互联网、移动通信等市场。①

中国工业和信息化部已将物联网规划纳入"十二五"的专题规划，列为国家重点发展的七大战略性新兴产业之一。明确提出，要发展宽带融合安全的下一代国家基础设施，推进物联网的应用，锁定十大领域重点发展。

中国移动的物联网应用走在世界前列，现有网络规模与覆盖范围全球第一，进一步提升城市信息化发展速度，积极探索以通信技术实现节能减排的解决之道，方案涉及政务、交通、就业信息、公共事业等多个领域，覆盖用户 7000 多万，推动了传统行业加速转型，助力全社会实现节能减排和可持续发展。

在美国提出物联网概念之前的 2007 年，中国移动已经启动了 M2M 建设，率先提出中国的物联网标准，并且通过 ITU 在国际上得到认可。目前，具有网络和标准双重优势的中国移动在物联网应用创新和产业发展上取得了突出成效，M2M 终端数已超过 300 万，年均增长超过 80%，并成功在上海世博会上开创世博手机票等前沿应用，中国移动系列自主创新的物联网应用成果，正成为上海等国际化大都市在信息化时代提升城市服务能级的重要力量。

世博手机票是全球首次把物联网领域 RFID 技术与移动 SIM 卡相结合的应用，突破性地为中国移动用户实现了"不换手机，更换一张 RFID-SIM 卡就能'刷手机'坐地铁、游世博、去购物"的便捷服务。用户在世博园区每个出入口半数以上检票闸机和所有世博直达公交专线共约 500 辆公交车上都能获得方便、环保的游世博体验。

RFID-SIM 卡承载的"手机钱包"是移动物联网产品中贴近市民的创新应用，中国移动用户可以应用它来便捷完成坐地铁、购物等小额手机支付。上海地铁 11 条线路全部 280 多个车站共近 3300 个专用闸机通道可供"刷手机"通行，每座车站至少有 2 组进、出站闸机，并标识"手机钱包专用通道"字样，方便乘客使用。另外，世博园区内外的伊利自动售货机、星巴克、老丰阁餐饮、联华超市等 2000 多家商铺都安上了支持手机钱包功能 POS 机，供上海市民和世

---

① 参见《2009—2010 中国物联网年度发展报告》。

博游客"刷手机"消费。世博运营首月，中国移动上海公司的手机钱包月交易金额超过 100 万，越来越多的市民和世博游客享受到中国移动物联网带来的城市智能生活。

同时，基于物联网技术的世博"车务通"率先实现无线环境下对车辆跟踪定位、运输路径选择、货况信息获取等服务，规模应用于上海出租车和公交车行业，在世博会期间全面服务于上海公共交通。同时，基于物联网的智能停车信息服务系统作为中国移动一类科技成果，已在中国移动上海公司内部停车场及无锡市"市民中心"大型停车场使用，并被中国移动海南、湖南等公司引入使用，在全国实现更大范围的推广应用。

远程智能无线抄表是中国移动率先将物联网技术服务于城市公共事业的典型创新应用。远程智能抄表系统不仅能利用无处不在的移动网络，实现自动"抄表"，为电力企业大幅节省人工抄表成本，使上海市民免受打搅，还能对收集的数据进行一系列智能化的处理，提高电力企业运营效率。目前，北京、上海、广东、重庆等地已实现了 100 多万台电表的远程无线抄表。[①]

随着物联网应用模式的日趋成熟，国内许多地区的物联网产业快速发展。据来自工信部网站公布的信息，湖南省已有 250 多家从事物联网研发、制造、运营和服务的企业，主营业务收入已约达 400 亿元人民币。

据悉，目前湖南物联网业在传感器、芯片设计、电子标签与读写机具、智能终端、应用软件、系统集成、运营服务等产业环节，全省都有企业涉足，基本形成初级产业链，在部分领域还有一定优势。

物联网在湖南工业、交通、电力、医疗等领域的应用模式正日趋成熟。全省电网 80% 的业务和物联网有关联，无线电表的远程抄表、对配电变压器的运行状态进行实时监控、电能质量检测、负荷管理等应用逐步拓展。物联网在智能家居、环境监测、智能农业等领域的应用步伐也在不断加快，将成为新的应用增长点。湖南省经济和信息化委员会提出，到 2015 年要在全省培育 30 家物联网骨干企业，突破一批核心技术，产业规模突破 1000 亿元人民币。另外，

[①] 参见叶凯、吕网大：《中国移动物联网开创城市智能生活》，人民网 2010 年 6 月 22 日。

湖南省将以长株潭为核心，打造智能工程机械、智能交通、数字医疗、智能电网等 3—5 个特色产业基地。①

第四节　云计算产业

云计算（cloud computing）是一种通过互联网以服务的方式提供动态可伸缩的虚拟化的资源的计算模式。"云"即是一个包含大量可用虚拟资源（例如硬件、开发平台以及 I/O 服务）的资源池。这些虚拟资源可以根据不同的负载动态地重新配置，以达到更优化的资源利用率。这种资源池通常由基础设施提供商按照服务等级协议采用按时付费的模式开发管理。

2006 年 8 月 9 日，谷歌首席执行官埃里克·施密特（Eric Schmidt）在搜索引擎大会（SES San Jose 2006）首次提出"云计算"的概念。谷歌"云计算"的概念起源于谷歌工程师克里斯托弗·比希利亚所做的"Google 101"项目，其核心思想是一种新的分布式计算架构，具有大规模扩展、水平分布的系统特性，所拥有的资源抽象为虚拟 IT 服务，并可进行持续配置，同时作为公用的资源进行管理。乔治·吉尔德（George Gilder）于 2006 年 10 月在 Wired 杂志上发表的文章，标题为《信息工厂》（*The Information Factories*），对这种架构模式进行了详细介绍。

2007 年末，Cloud computing 单词在英文中出现，2008 年初，Cloud computing 被直译为"云计算"。这个单词背后代表的是一种全新的商业模式趋势，是一个继 PC 时代、网络时代以后的 IT 新时代的代名词。

2008 年 7 月 29 日，雅虎、惠普和英特尔宣布一项涵盖美国、德国和新加坡的联合研究计划，推出云计算研究测试床，推进云计算。该计划要与合作伙伴创建 6 个数据中心作为研究试验平台，每个数据中心配置 1400 个至 4000 个

---

① 参见魏慧：《湖南物联网已形成初级产业链，规模达 400 亿元》，通信世界网 2013 年 7 月 9 日。

处理器。这些合作伙伴包括新加坡资讯通信发展管理局、德国卡尔斯鲁厄大学 Steinbuch 计算中心、美国伊利诺伊大学香宾分校、英特尔研究院、惠普实验室和雅虎。

戴尔公司称，云计算是在数据中心和巨型规模的计算环境中，为他人提供计算机硬件定制制造。为加强对这一未来可能重塑技术架构的术语的控制权，2008 年 8 月 3 日，戴尔申请"云计算"商标。

美国政府方面认为，云计算不仅能够对"地盘"敏感的政府部门之间促进信息分享，云计算技术还能帮助企业租赁计算机资源，减少自主数据中心的建设及运营，从而削减成本。

在以美国为首的高科技巨头牵引下，世界各国政府十分关注云计算，并推出系列措施推动云计算的研发和应用。全球电子信息领域的主要厂商都在围绕云计算重新布局。主要互联网公司纷纷通过开放平台对外提供云计算服务，构建生态链，形成新的竞争焦点。各个行业也意识到云计算的优势和价值，纷纷推出云计算相关应用，大量云计算、大数据领域的创新公司在风险投资的推动下快速发展。仅 2012 年第四季度，就有近 50 家企业获得高达 13.9 亿美元的投资额。

中国的云计算起步晚，规模小。2012 年中国公有云市场规模只有 5.6 亿美元，仅为全球云服务规模 220 亿美元的 2.5%。

2010 年 10 月 23 日，国家发展改革委、工业和信息化部在《关于做好云计算服务创新发展试点示范工作的通知》中指出：为加强我国云计算创新发展顶层设计和科学布局，推进云计算中心（平台）建设，在充分考虑各地区产业发展情况的基础上，经研究，国家发展改革委、工业和信息化部拟按照自主、可控、高效原则，在北京、上海、深圳、杭州、无锡五个城市先行开展云计算创新发展试点示范工作。

2010 年 10 月 18 日，由北京市科学技术研究院计算中心打造的云计算平台已经建成。这个"云平台"，拥有每秒百万亿次的超强计算能力，是目前国内最大的工业云计算服务平台。

2013 年 9 月 18 日，浙江建德投资 40 亿元人民币建设云计算数据中心，旨在充分开发利用新安江水资源，并结合目前国际上最先进的低温水冷云计算存储集装箱技术，成为华东区域最大的云计算数据中心。云计算数据中心一期项目建成后，将实现年销售产值 100 亿元人民币。

一、典型代表

自云计算概念问世到真正进入产业发展，仅仅几年的时间，云计算已成为影响所有人日常生活的一种新锐科技形式，个人文件的云储存，移动手机和平板电脑通过云端来运行各类应用软件，开始不信任云计算的各类企业，现在斥资数十亿美元开始布局云服务。云计算已经影响到整个世界。

在所有云计算领域最具代表性的公司中，亚马逊由于向用户提供云计算服务 AWS（Amazon Web Service），被视为云计算的先驱者。随着 2008 年谷歌的 Appengine 和微软的 Azure 的推出，谷歌和微软被视为云计算市场的新参与者，IBM 则在 2009 年初推出了云计算方案，被视为企业云计算市场的开拓者。亚马逊、微软、谷歌和 IBM 四大供应商巨头四足鼎立，亚马逊更是被美国信息技术咨询与研究公司 Gartner 视为当之无愧的云霸主。2013 年，亚马逊一举击败 IBM、微软、AT＆T 等竞争对手，"意外"赢得美国中央情报局 6 亿美元云计算服务的合同，让业界对亚马逊的云计算服务 AWS 更加刮目相看。

亚马逊是目前云计算领域当之无愧的最重要参与者，因为这家公司从根本上发明了 IaaS（基础设施即服务）市场，主要产品为 EC2（Elastic Compute Cloud）、EBS、S3（Simple Storage Service）和 SimpleDB 等。亚马逊云计算提供了非常多的选择，从每月几便士的云储存到每小时 5000 美元的超级计算机增强驱动租赁，比如新兴创业公司 Dropbox、Instagram 等都是由亚马逊提供云技术驱动。

亚马逊 AWS 服务（Amazon Web Services）为初创公司和小型企业提供在线计算机服务，多年来一直被业界所忽视。公共云计算服务让企业可以租赁与其他客户共享的数据中心提供的计算能力、存储资源和其他服务。与创建和维护自己的数据中心相比，公共云计算服务通常更为便宜，更具灵活性。亚马逊的 AWS 部门于 2006 年率先推出了这项服务，并且赢得三星、辉瑞制药、美国公共电视台 PBS（Public Broadcasting Service）和美国航空航天局（NASA）等一批重要客户。

亚马逊现在已经真正进入企业云计算市场，并为其云服务提供了更多安全的功能。同时，亚马逊还组建了一支企业客户销售团队，亚马逊这些举措就是不想让对手 Vmware，Citrix 和 OpenStack 轻松跟它抢企业客户。

2005 年 11 月 2 日，亚马逊正式发布其首个 Web 服务——Amazon Mechanical Turk。[①] 在随后的几年间，亚马逊陆续推出了 30 余种丰富多样的 Web 服务，拥有遍布 200 多个国家的上百万用户。

分析师们预计，亚马逊 AWS 业务目前一年的营收至少为 20 亿美元，未来几年 AWS 的营收将达到 100 亿美元以上，继续长时间领跑全球云计算业务。

2008 年，IBM 发布了"蓝云"计划相关的新产品和服务，并公布了最新云计算客户及合作伙伴。凭借发布的多款产品与服务，IBM 已拥有了最为完整的包括硬件、软件与服务的云计算解决方案，来帮助企业客户利用云实现成本与效率的优势。

"蓝云"代表了 IBM 在一直领先的计算领域中的下一个重大进步，因为其根植于 IBM 数十年来在开发和领导大规模计算方面的丰富经验，其中包括并行系统综合体（Parallel Sysplex）、IBM 的"深蓝"SP 集群（Deep Blue SP Cluster）、"蓝色基因"（Blue Gene，一种强大的大规模超级计算机网络，它充分利用了开放系统和大量的非常低成本和高能效的组件）和网格计算（Grid Computing，基于一套开放标准和协议，包括主要的 SOA 标准）。

此外，IBM 云测试环境设计与部署服务可支持客户在自己的 IT 环境内构建一个云平台，安全地进行新应用测试。

在推出新的软件同时，IBM 还推出了云计算服务管理中心，该中心包含

---

① https://www.mturk.com.

一套可共同为客户提供构建与交付云服务平台的产品。

在不断拓展云计算价值链的同时，IBM 将与其业务合作伙伴 Juniper Networks 公司一起为选定的客户展示一些新功能。IBM 与 Juniper Networks 将展示当资源有限，高优先级应用得到优先处理时，混合云如何支持企业将其私有云无缝扩展至位于安全的公共云中的远程服务器。目前，IBM 与 Juniper 正在将此网络功能安装到 IBM 在全球的九个云实验室中，以促进客户参与。一旦安装完毕，IBM 与 Juniper 就能使客户机工作负载在北京、硅谷和圣保罗之间实现无缝转移，确保客户不错过任何一个服务等级协议。①

"蓝云"建立在 IBM 领先的大规模计算领域的专业技术，将基于由 IBM 软件、系统技术和服务支持的开放标准和开源软件。全球超过 200 名 IBM 研究人员参与开发的"蓝云"，将帮助客户快速和简便地探索云计算基础架构以实现极限规模运算。

二、基本层次

云计算体系可以分成 5 个层次，即云应用层、软件环境层、软件基础构架层、软件核心层和硬件层。

云计算最上层是云应用层，是云提供给用户服务的接口，这种模型简化了云计算服务提供商的应用部署，一个云应用是部署在服务提供商的计算中心而不是用户的机器之中，可以称这种模型为软件即服务（SaaS），很有名的两个 SaaS 的例子就是 CRM（Salesforce Customer Relationships Management system，销售人员客户关系管理系统）和 Google Apps。

第二个层次是云软件环境层，也可以称之为软件平台层，这个层的用户是云应用的研发者，软件平台提供商为研发者提供一种研发环境以及很好的 API（Application Programming Interface 应用程序编程接口），提供这个层次的服务可以称之为平台即服务（PaaS），在这个层中最有名的就是 Google's App

---

① tech.ccidnet.com/art/3089/20090311/1705851_1.html.

Engine，另一个范例就是 SalesForce Apex language。

第三个层次是云软件基础设施层，由这个层次提供基础资源给上一层。这一层提供的云服务有三种：计算资源，数据存储和通信。虚拟机是最常见的计算资源提供形式，可以称这种服务为平台即服务（PaaS），因此虚拟化技术是云计算的关键理论技术之一，目前以开源的虚拟化技术 XEN 和 KVM 为代表，同时 vmware 虚拟化在企业虚拟化应用中也很广泛，在 IaaS 中最出名的就是亚马逊弹性云计算平台 EC2（Amazon's Elastic Compute Cloud）和 Enomalism 弹性云计算平台（Enomalism elastic computing infrastructure）。数据储存是第二个基础设施资源，提供存储服务，也就是很有名的数据存储即服务（DaaS），例如 Google 的分布式文件系统 GFS。最有名的 DaaS 提供商就是亚马逊的 S3 和 EMC 存储管理服务。

第四层是软件核心层，这一层提供组成云实际物理服务的基本软件的管理。这一层的实现可以是操作系统核心、系统管理程序（Hypervisor）和虚拟机监视器或集群中间件。

云计算的最底层便是硬件层，这一层的用户通常是有巨大 IT 需求的大企业，可以称提供的这种云服务为 HaaS——硬件即服务。最大的 Haas 范例便是 Morgan Stanley 和 IBM 建立的 sublease contract，本层相关技术有 remote scriptable boot-loaders（PXE，Uboot，IBM Kitty hawk）等。

云计算的主要特点是数据密集型的计算方式，同时还具有移动计算的特点。云计算的上述基本层次的关键支撑技术包括虚拟化技术、并行计算、分布式存储和分布式数据管理等。①

三、中国云产业

中国政府非常关注云计算的发展，在"十二五"规划和"国务院关于加快培育和发展战略性新兴产业的决定"中，都强调了重点支持云计算的发展。目

---

① 参见刘刚、侯宾等编著：《Hadoop 开源云计算平台》，北京邮电大学出版社 2011 年版。

前，国家部委与地方政府已经着手建设云计算试点城市和开展各类云计算战略计划，云服务也进入政府采购目录，并通过出台云计算数据中心标准、相关牌照重新开放等措施，以多种形式推动云计算的发展。2009 年 12 月，由中国电子学会主办了中国第一届云计算国际学术会议，会议的主题是关于云计算的定义、技术、发展和安全问题。来自中国、日本、英国、美国、德国、挪威、加拿大、韩国和印尼等国的代表近 100 人参加了会议。截止到 2013 年，中国已经召开了 5 届云计算大会。

第二届中国云计算大会主要探讨云计算的实质内涵及发展趋势，云计算对产业、教育和社会发展的影响，交流国内外云计算的最新研究成果，分享云计算应用的实践经验，中国移动、思杰、CORDYS、EMC、IBM、Intel、联想、微软和友友新创等厂商参会发表了重要演讲并进行了产品演示。国内外企业围绕中国云计算产业开始了尝试性的行动：中国移动的"大云"项目不仅为其自身 IT 支撑系统服务，而且将能够满足对外提供移动互联网业务和服务的需求；IBM 作为企业级计算中云计算的先驱者，已经在中国完成了全球第一个云计算项目——无锡云计算中心项目，并开始产业化运作；广东电子研究院基于龙芯和曙光等技术，建成国内首个自主产权的云计算平台，并与东莞当地产业密切结合，开展了 SaaS 云、教育云、动漫云、云制造等应用，"云产业"初见雏形。

到了 2011 年第三届中国云计算大会，云计算从概念的讨论到部分云架构方法的实验，升华进入了部分云运用的阶段，中国已有不少大型企业在全国或者在国际上自有分支机构的一些企业，依据自己的需要，已经开展了云服务的应用实验，提出了一些有价值的云服务的模型和架构。在企业系统内部进行了资源整合，软件的升级向云服务的总体方向探索，实际应用的势头正在扩大。

2012 年，云计算理念已经在中国深入人心，催生了诸多新的技术和商业模式，成为中国主要平台厂商和创新企业兵家必争之地，深刻改变着 IT 软硬件、互联网、电信、移动设备、消费电子、医疗卫生、电子商务等各行业的面貌。阿里云、盛大云、新浪云、百度云等公共云平台的迅速发展，腾讯、淘宝、360 等开放平台的兴起，标志着中国云计算真正进入到实践阶段。因此，2012 年被称为"中国云计算实践元年"。这一年，成规模上档次的中国云计算实践企业已经有 189 家，其中包括了阿里、新浪、百度、盛大、腾讯、用友、360、淘宝、华为和中国电信等知名大牌企业。

后　记

几度春秋，几地辗转，几易其稿，几次会商会审，几经检馈回炉，2018年2月4日立春之日，《新媒体产业》终于在北京邮电大学明光楼画上了最后的句号。

当年著写《中外新媒体产业》时，多少有些领导意图因素（属于国家出版基金系列，不曾想经费到位，出书不了了之），其基本上在北京邮电大学的小院子里完成。《新媒体产业》则是"新媒体系列丛书"（16卷）的其中之一，是北京、浙江、湖南、陕西、重庆、四川等众地专家学者成果集萃的一分子。作为丛书主编，自知使命高沉责任重大，不敢有一丝懈怠。

《新媒体产业》希望能够完整吸纳新媒体理论研究成果，真实映现出新媒体业界的发展动态，全面展示自身多年来对新媒体产业的独立思考，对新媒体产业的基本类别进行了尽可能科学的理论切割。"新服务产业"涵盖了"新金融服务"、"新旅游服务"、"新体育服务"和"新快递服务"，体育互联网产业归纳进"新服务产业"可能会引发争议。这里，更多强调的是体育的"网络意识"、"产业意识"归根结底是具备"体育服务意识"做好"体育服务"。

几年间，受命于北京邮电大学、浙江传媒学院和湖南工业大学三所高校，担任研究中心主任和研究院院长，颠路奔波，乐在其中。北京邮电大学给了我宽松的工作环境、互联网技术氛围和大国工匠精神，学科钻研教学游学如鱼得水海阔天空；浙江传媒学院知人善任，托付我互联网与新媒体研究院院长和学报执行主编重任，感奋我砥砺前行；湖南工业大学衔吞三湘四水搏击学术苍宇，鞭老骥伏枥，催老树新发。

在北京邮电大学开设《新媒体产业》研究生课程，受到不同专业背景同学的热情呼应。冬日早晨 8 点上课时，当时住在大运村（靠近北京航空航天大学，离北邮 3 公里多）的同学，哈着热气，一边吃着喝着走进教室，禁不住心头热浪滚滚——自己做学生时未必愿意在冬天一大早爬起来上早课呢！

领导前辈，至爱亲朋，师长同学，你们的教诲和鞭策，是我永恒前行的动力。

2018 年 2 月 4 日

责任编辑：江小夏　于祝新

封面设计：胡欣欣

图书在版编目（CIP）数据

新媒体产业／曾静平，王欢芳，郑湘明 著 . — 北京：人民出版社，2018.12

ISBN 978 - 7 - 01 - 020279 - 2

I.①新… II.①曾… ②王… ③郑… III.①传播媒介－产业经济学－

研究 IV.① G206.2

中国版本图书馆 CIP 数据核字（2019）第 005542 号

新媒体产业

XINMEITI CHANYE

曾静平　王欢芳　郑湘明　著

人民出版社 出版发行

（100706 北京市东城区隆福寺街 99 号）

北京盛通印刷股份有限公司印刷　新华书店经销

2018 年 12 月第 1 版　2018 年 12 月北京第 1 次印刷

开本：710 毫米 ×1000 毫米 1/16　印张：17.5

字数：270 千字

ISBN 978 - 7 - 01 - 020279 - 2　定价：58.00 元

邮购地址 100706　北京市东城区隆福寺街 99 号

人民东方图书销售中心　电话（010）65250042　65289539